Bernard Pascuito

Romy
»Wenn nichts mehr
vom Leben übrig bleibt«

Bernard Pascuito

Romy

»*Wenn nichts mehr vom Leben übrig bleibt*«

Biografie eines Abschieds

Mit 48 Fotos

sowie einem Rollenverzeichnis
für Film, Fernsehen und Theater

Langen Müller

Aus dem Französischen von Kirsten Ruhland-Stephan

Bildnachweis:
Archiv Henschel Verlag, Berlin: 8, 13, 14, 24, 26–28, 30–33,
35, 36, 38–42, 44, 47, 48;
Interfoto, München: 1–7, 9–12, 15–23, 25, 29, 34, 37, 43, 45, 46

Besuchen Sie uns im Internet unter:
http://www.langen-mueller-verlag.de

Titel der Originalausgabe »La double mort de Romy«
© 2002 by Editions Albin Michel S. A., Paris

© 2003 für die deutsche Ausgabe by Langen Müller
in der F. A. Herbig Verlagsbuchhandlung GmbH, München
Alle Rechte vorbehalten
Umschlaggestaltung Wolfgang Heinzel
Umschlagbild: Interfoto, München/Lu Wortig
Herstellung und Satz: VerlagsService Dr. Helmut Neuberger
& Karl Schaumann GmbH, Heimstetten
Gesetzt aus der 11,7/14,5 Weiss-Antiqua
Druck und Binden: GGP Media, Pößneck
Printed in Germany
ISBN 3-7844-2898-3

Meiner Tochter Justine

Alles Leben ist ein Prozess des Zerfalls.

Francis Scott Fitzgerald

*Jeder Mensch ist allein
und keiner schert sich um den anderen
und unser Leid ist
eine einsame Insel.*

Albert Cohen

Inhalt

1. Wann beginnt man zu sterben? 9
2. Zurück in die Kindheit 17
3. Das Leben nach dem Tod 23
4. Erste Wunde 28
5. Die Spaziergängerin von Sanssouci 37
6. Liebeskummer 54
7. Rendezvous in Berlin 60
8. Eine Leidenschaft fürs Leben 66
9. Das Messer in der Wunde 85
10. Im Namen des Vaters und des Sohnes 92
11. Und dennoch dreht sie 112
12. Wiederauferstehung 118
13. Filme sind schöner als das Leben 133
14. Die Dinge des Lebens 141
15. »Leben ist Scheiße …« 160
16. Kriegsjahre 171
17. »Zu meinem Andenken …« 199
18. Der Blick von Hélène 204
19. »Ein Kummer, den ich niemals vergessen will …« 218
20. Der Glanz erlischt 226
21. Die beste Zeit zu sterben 244
    Bibliografie 259
    Rollenverzeichnis für Film, Fernsehen und Theater 261

1
Wann beginnt man zu sterben?

Wann beginnt man zu sterben? Von dem Augenblick an, in dem man vor dem Tod keine Angst mehr hat. Am späten Nachmittag des 5. Juli 1981 hat Romy Schneider aufgehört, den Tod zu fürchten. Und ganz allmählich trat sie ein in eine lange und manchmal kaum wahrnehmbare Agonie. 5. Juli 1981 – 29. Mai 1982: zwei Daten gleich einer Grabinschrift. Der Tod des Sohnes, David, und der Tod der Mutter, Romy. Und zwischen beiden liegt ein Leidensweg, der an denselben Ort führte, unter die Erde und in den Himmel. Und es gab nur ein lohnendes Ziel, sie beide nach einem oder fast einem Jahr der Trennung endlich wieder zu vereinen.

Als jener 5. Juli 1981 anbricht, ist Romy Schneider, zumindest scheinbar, noch eine Frau wie andere auch. Gar nicht so weit entfernt, bisweilen sogar nah verwandt mit jenen Persönlichkeiten, die sie auf der Leinwand verkörpert. Frauen, die lieben oder nicht mehr lieben, Frauen, die leiden oder andere leiden lassen, enttäuschte Geliebte oder betrogene Ehefrauen. Wäre sie Romanschriftstellerin, würde sie ihr Leben in ihren Romanen beschreiben, wäre sie Regisseurin, dann würde sie dies alles in Szene setzen. So aber ist sie Schauspielerin, spielt Charaktere, die von anderen erfunden wurden, spricht Worte, die sie selbst nicht geschrieben hat, durchlebt Geschichten, die andere erdacht haben, und doch, daran besteht nie ein Zweifel, findet man jedesmal zumindest ein Stück von ihr. In Césars Rosalie etwa, die zwei Männer zugleich liebt, in der halb verräterischen, halb verratenen Lebensgefährtin aus *Der Swimmingpool*, in der so schönen und leiderfüllten Figur von *Eine einfache Geschichte*, in der Alkoholikerin aus *Mado*, der Kaiserin *Sissi*, Alain Delons *Christine*, Yves Montands Abenddämmerung in *Die Liebe einer Frau*, Piccolis letztem Lächeln in *Die Dinge des Lebens* ... Jedes Mal ist sie eine andere und doch auch Romy. Zumindest einmal in ihrem eigenen Leben hat diese Österreicherin, die alle Welt für eine Deutsche hielt, all diese Rollen zu spielen gehabt. Würdevoll und einsam, gelegentlich elend im Stich gelassen, bisweilen zurückgestoßen, stark und aufrührerisch, zerbrechlich und widerspenstig, hat sie gelitten und andere leiden lassen, sie hat geliebt und ebenso verlassen, wie sie wiederum geliebt und verlassen worden ist.

Genau genommen hat Romy Schneider an jenem 5. Juli 1981 nicht allzu viele Gründe glücklich zu sein. Und sie ist es auch nicht. Immer war ihr Leben ein unentschiedenes Schwanken zwischen Hell- und Dunkelgrau. Erst in den letzten Jahren gibt es keine Zwischentöne mehr: Das Dunkle setzt sich als die eigentliche Farbe durch.

Zwar gibt es da den jungen Liebhaber, der seit einigen Monaten wieder ein wenig Licht in die allzu öde Landschaft bringt, doch um den Preis neuen Leids. Diese letzten Monate waren weitgehend bestimmt durch die Scheidung von ihrem zweiten Ehemann Daniel Biasini. Der zweite Mann, der zweite Misserfolg. Der erste, Harry Meyen, hatte sich einige Zeit nach ihrer Scheidung das Leben genommen. Und ganz Deutschland war sich einmal mehr darin einig gewesen, sie dafür verantwortlich zu machen. Sie hatte Harry verlassen, sie hatte ihm den Sohn genommen und weit fort von ihm gebracht. Harry, ein Mann, der ihr so viel gegeben, so viel beigesteuert hatte. Der sie so sehr geliebt hatte. Der kranke, geschwächte Harry, dem Romy den letzten Rest gegeben hatte. Wie einfach die Dinge doch sind, wenn man sie in ein kleinliches Licht rückt. Eines steht fest: Es zielt genau dahin, wo es wehtut.

Seit ihrer frühen Kindheit litt Romy ohnehin an Schuldkomplexen. Und dazu sollte Harry Meyens Selbstmord ihre Gefühle von Schuld und Ohnmacht noch um einiges mehr vertiefen. Als sie sich ein paar Jahre später dazu entschließt, einen Schlussstrich unter ihre zweite Ehe mit Daniel Biasini zu ziehen, eine Beziehung, die mit jedem Tag mehr zerbricht und in der keiner von beiden emotional noch auf seine Kosten kommt, sind die Schuldgefühle wieder da.

Auch diesmal gibt es ein Kind, Sarah. Doch Romy Schneider schließt keine Kompromisse, weder mit sich selbst noch mit anderen: Wenn die Zeit zu gehen gekommen ist, dann bleibt sie nicht, auch nicht einem Kind zuliebe.

Während sich jener Tag, der 5. Juli 1981, in ihrem Leben schier endlos hinzuziehen beginnt, trägt Davids Verhalten zu ihrem ganzen Leid bei. David, der die Scheidung seiner Mutter von Daniel Biasini nicht akzeptiert. Der auch Romys neuen Lebensgefährten Laurent Pétin nicht akzeptiert. Der bereits seinen Vater verloren hat und nun nicht auch noch den Stiefvater verlieren will.

Seitdem er in Romy Schneiders Leben und damit auch in das ihres Sohnes getreten ist, hat Daniel Biasini dem kleinen Jungen viel Zuneigung entgegengebracht. Ganz allmählich und ohne sich offenkundig aufzudrängen, ist er für ihn zu etwas wie einem großen Bruder und Ersatzvater zugleich geworden. Daniel gehört zu seiner Familie, ebenso wie seine Mutter oder die kleine Schwester. Wie sollte er hinnehmen können, dass seine Mutter all das wegen eines anderen Mannes zerschlägt, der urplötzlich in ihrem Leben aufgetaucht ist? Kinder sehen und begreifen viel. Leider aber sehen und begreifen sie nicht alles ...

An jenem 5. Juli 1981 hofft David immer noch, dass die Scheidung sich verhindern lässt, dass irgendein plötzliches Wunder alles ändern wird. An die hundertmal schon sind Romy und er deswegen aneinander geraten.

Erst zehn Tage zuvor hatten sie wieder einmal einen heftigen Krach: Das Kind steckt mitten in seiner Entwicklung zum Jugendlichen und ist im Begriff, in eine Welt einzutauchen, in der man wenig und Erwachsenen am allerwenigsten verzeiht.

Es war Ende Juni, und kaum wiederhergestellt nach einer schweren Operation, hatte Romy die Nachsynchronisation für den mit Michel Serrault und Guy Marchand gedrehten Film *Das Verhör* von Claude Miller in Angriff genommen. Mit der Frische seiner vierzehn Jahre zeigte David, der sie dort besuchen gekommen war, viel Begeisterung für diesen anderen Aspekt der Arbeit seiner Mutter. Gemeinsam gingen sie in die Cafeteria der Filmstudios von Boulogne-Billancourt, beide offensichtlich wieder in versöhnlich aufgeräumter Stimmung. Romy ist stolz auf ihren Sohn, stolz darauf, ihn allen vorführen zu können, mit denen sie arbeitet, und mit ihm wie mit einem Verehrer aufzutreten. So stolz ist sie auf ihn, dass sie sich an diesem Tag sogar dazu bereit erklärt, der Zeitung *L'Humanité* ein Interview zu geben und eine David betreffende Frage zu beantworten. Ironie des Schicksals: Dieses Interview wurde am 7. Juli, zwei Tage also nach dem Tod des Jungen, veröffentlicht: »Zu meinem vierzehnjährigen Sohn David habe ich eine sehr tiefe Bindung aus Liebe und Achtung. Für mich ist er ein wundervoller Gefährte. Er begeistert sich für meinen Beruf, und er

scheut sich nicht, mir Ratschläge zu geben oder meine Aussprache zu verbessern, wenn ich im Eifer des Gefechts über einen Vokal zu stolpern drohe. Es ist durchaus möglich, dass auch er Schauspieler oder Regisseur werden will.«
Einige Stunden später, als man auf die nächsten Sommerferien – ohne Daniel – zu sprechen kommt, ist die Stimmung dahin. Eine Wut ist da. Auf der einen wie der anderen Seite. David will das nicht akzeptieren, und Romy akzeptiert nicht, dass ihr Sohn nicht akzeptiert ... Danach haben sich die beiden nicht mehr wieder gesehen.

Jenen Sonntag, den 5. Juli, verbringt er wie alle Tage, seitdem er Schulferien hat, bei seiner »anderen« Familie, bei den Menschen, die er »meine Großeltern Biasini« nennt, in der Rue de Lorraine von Saint-Germain-en-Laye.

Daniels Eltern sind ihm wie leibliche Großeltern geworden. Ihr Zuhause ist auch sein Zuhause. Ihre zärtliche Fürsorge hat er mehr denn je nötig in diesen wirren Tagen. Er selbst hat sie zu seiner Zuflucht erwählt, und Romy, die auf ihr Mutterherz hörte, wollte dem keinesfalls entgegenstehen.

An diesem Sonntagnachmittag ist David mit ein paar Freunden Fußball spielen gegangen. In der drückenden Hitze kehrt er in die Rue de Lorraine zurück. Als er am Haus der Biasinis anlangt, ist das Tor verschlossen. Es ist zwei Meter hoch, doch anstatt zu klingeln, klettert der Junge auf die Mauer, um über das Gitter zu springen. Ein Kinderspiel. David hat das schon oft gemacht. Weil er nicht klingeln und andere stören mag. Und wohl auch, weil es jedes Mal eine Art kleiner Herausforderung für ihn ist.

An diesem unseligen Sonntag jedoch sollte eine winzige Kleinigkeit alles ändern: Als er sich auf der anderen Seite herunterfallen lassen will, rutscht David aus. Eine hundertstel Sekunde nur hat er die Kontrolle verloren, mehr nicht, doch schon hat die Gitterspitze ihm die Oberschenkelschlagader durchbohrt. Ein Stich zunächst, dann ein Riß. Weiß der Junge überhaupt, dass hier gerade alles schon entschieden ist, dass das Schicksal seinen Lauf nimmt?

Er hält die Hände auf die blutende Wunde und läuft tapfer bis zum Haus, wo ihn die Biasinis gemeinsam mit Daniel und seiner kleinen Schwester Sarah erwarten. Kreidebleich schleppt er sich hinein, versucht zu erklären, was geschehen ist. Während Daniel ihn auf den Boden legt, ruft Madame Biasini den Notarzt. Mit der Bangigkeit, die er in ihren liebevollen Blicken entdeckt, wird sich David plötzlich auch seiner eigenen Angst bewusst.

»Kinder haben keine Angst vor dem Tod«, schrieb Pascal Jardin. Zum ersten Mal hat David diese Angst, auch wenn er ganz ruhig bleibt. Immer noch auf den Boden gebettet, forscht er im Gesicht seines Stiefvaters nach einer Antwort auf die Frage, die er schließlich flüsternd hervorbringt: »Ich muss doch jetzt nicht sterben, oder?«

Man antwortet ihm, er solle nur kein dummes Zeug reden und sich still verhalten, um Kräfte zu sparen. Vor allem aber möchte man ihn anflehen, keine Fragen mehr zu stellen, die umso schlimmer sind, als man keine Antwort auf sie weiß ... Er wird ins Krankenhaus von Saint-Germain-en-Laye gebracht, wo die Ärzte alles versuchen, um ihn zu retten. Romy konnte bei Laurent Pétins Familie erreicht werden.

Gelähmt und wie versteinert durch die Worte, die sie am Telefon hört, hat sie immerhin begriffen, dass ihrem David etwas passiert ist. Doch warum redet man von einer Notoperation?

Da ist weder Zeit zum Weinen noch zum Beten. Schnell, in rasender Eile macht sie sich auf den Weg ins Krankenhaus, wo ihr Sohn gegen etwas ankämpft. Aber nicht gegen den Tod, das doch nicht ...

Als sie endlich eintrifft, schlägt ihr die Stille entgegen: Es ist die gewöhnliche Stille eines Sonntagnachmittags im Krankenhaus. Sofort ist aber dann auch diese andere um vieles grausamere Stille da: die des Chirurgen am Ausgang des Operationssaales. Und dann noch die Stille in den stummen Blicken von Daniel und seinen Eltern. Zuviel Stille, die beredter ist, als Worte es sein können: Romy hat verstanden, aber sie kann das, was hier geschieht, nicht annehmen.

Niemals werden die Mauern des Krankenhauses von Saint-Germain-en-Laye, die doch an so viele Gefühlsausbrüche gewöhnt sind, den Aufschrei voll Entsetzen über den Tod vergessen können.

In diesem Augenblick, in dieser Umgebung, die von ihrem Schmerz wie gebannt und von ihrer unerträglichen Klage wie gelähmt ist, hört Romy Schneider auf, das Leben genügend zu lieben, um es weiterleben zu können. Genau hier, nur wenige Meter getrennt von ihrem Sohn David, der bereits gestorben ist, beginnt sie ihren eigenen Todeskampf.

Sie will ihr Kind sehen, streichelt sein Gesicht am Operationstisch, hört völlig verloren Daniel zu, der ihr, in seinem eigenen Schmerz gefangen, Bericht erstattet. Sie hat keine Gedanken mehr und keine Empfindungen. Sie sieht die letzten Tage an sich vorüberziehen, diese ganze Liebe, die sie mit David geteilt hat und die sie beide zuweilen schier zerriss. Ihr Stolz, ihn heranwachsen zu sehen. Ihre Verärgerung über sein Verhalten, das er ihr gegenüber zeigte. Ihr letzter Zusammenstoß, der nur beweisen sollte, wie sehr sie sich gegenseitig brauchten.

Schuldig? Natürlich ist sie es nicht. Doch wer soll ihr das jetzt oder jemals begreiflich machen können ... Keiner. Dies geschieht an einem Sonntagabend im Sommer.

Und dieses bedrückende Gefühl der Schuld, das Romy Schneider an jenem Abend wieder empfindet, hat sie fast seit vierzig Jahren nie verlassen. Es ist da seit jener frühen Kindheit, eine Kindheit, von der sie sich nie ganz erholt hat und auf die sie, egal, was passiert, immer wieder zurückgeworfen wird. Schuld zu empfinden hat sie damals schon gelernt, so jung sie auch war. Und es ist ja bekannt, dass Kinder schnell lernen. Wie eine zweite Haut wird sie dieses Schuldgefühl ihr ganzes Leben hindurch mit sich herumtragen.

Eltern, die sich scheiden lassen, Deutschland, dem sie den Rücken kehrt, ein Verlobter, der sie verlässt, die Rolle einer Jüdin im Film, ein Kind, für das sie das Sorgerecht erhält, ein Ex-Mann, der sich das Leben nimmt, ein Glas zuviel, eine Liebe, die stirbt, eine Leidenschaft, die erwacht: schuldig, Romy, schuldig, schuldig, nochmals schuldig, immerzu schuldig.

Um ihr den entscheidenden Hieb zu versetzen, musste das Unvorstellbare eintreten: der Tod eines Kindes, das Einzige, was man weder Gott noch sich selbst verzeiht.

Mit Gott ließe sich die Rechnung allemal noch regeln. Und das würde gewiss nicht der schwerste Augenblick in ihrem Leben sein.

Mit ihr selbst ist das schon etwas anderes: Die Zeit drängt. Auch ohne zu wissen, wie viel sie noch zu leben hat, ist sie sich da ganz sicher. Sie weiß einfach, dass das Ende eines langen und beschwerlichen Wegs bevorsteht. Wie das Ende eines erbitterten Kampfes, der von vornherein verloren war und in einem Alter begonnen hatte, in dem es noch undenkbar sein sollte, unglücklich zu sein …

2

Zurück in die Kindheit

Mitunter gibt es Tragödien, die eigentlich nichts als verratenes Glück sind. Oder auch Glück, an das man nicht mehr glaubte. In einer solchen Tragödie, zu der Romy Schneiders Leben letztendlich werden sollte, steckt ein wenig von alldem. Zu viele Chancen wahrscheinlich, zumindest auf den ersten Blick. Das Glück kann recht nachtragend sein, wenn man es zu wenig würdigt.

Zunächst einmal war da also eine schöne, viel verheißende Kindheit. Zur Familientradition erhoben, war der kleinen Rosemarie die Liebe zum Theater und zur Schauspielerei in die Wiege gelegt. Aufseiten ihres Vaters, Wolf Albach-Retty, der selbst Schauspieler war, findet man die Urgroßeltern, den Schauspieler Rudolf Retty und die Sängerin Käte Retty, sowie die Großeltern Karl Albach mit der Bühnenschauspielerin Rosa Albach-Retty. Mütterlicherseits hatte einzig ihre Mutter, Maria Magdalena, genannt Magda, sich dem Theater und dem Film verschrieben.

Magda war in ein Milieu hineingeboren worden, in dem kein Familienmitglied oder Vorfahre je den Fuß auf eine Bühne gesetzt hatte. An dem Tag, an dem sie ihrem Vater Xaver Schneider, dem Begründer eines Installationsbetriebes, verkündet hatte, dass sie von einer Schauspielerkarriere träumte, hatte sie einigen Aufruhr verursacht. Trotzdem schlug sie mit knapp über zwanzig diese Laufbahn ein und achtundzwanzigjährig, 1937, heiratete sie, nunmehr bereits die berühmte Filmschauspielerin Magda Schneider, den nicht minder bekannten Schauspieler Wolf Albach-Retty. Er war ihr Partner in so vielen Erfolgsfilmen, darunter *Geschichten aus dem Wiener Wald* (1934) oder *Winternachtstraum* (1935). Sie liebten sich auf der Leinwand, sie liebten sich im Leben, und so gaben sie einander am 11. Mai 1937 im Rathaus von Berlin-Charlottenburg das Jawort.

Der Nationalsozialismus ist unaufhaltsam auf dem Vormarsch, Deutschlands Politik liegt in den Händen eines Mannes, der Österreich verlassen hat, um als Eroberer glorreich zurückkehren zu können: Adolf Hitler. Im März 1938 marschieren die deutschen Truppen in Wien ein. Am 15. März wird der Anschluss ans Deutsche Reich verkündet: Ganz Österreich wird von seinem Nachbarn besetzt und annektiert.

Als hätten Liebe und Glück noch einen kleinen Platz in jener Welt, die nach und nach in den Krieg abtriftet, erwartet Magda Schneider ein Kind: »Ich erlebte in jenen Märztagen des Jahres 1938 aber auch eine große Freude«, erinnert sich Rosa Albach-Retty vierzig Jahre später. »Magda und Wolf teilten mir mit, dass ich im Herbst Großmama werden würde. Welchen Namen sollte das Kind bekommen?

›Wenn's ein Bub wird, muss er Wolf heißen‹, erklärte Magda. Mein Sohn legte sich nicht fest. ›Mir is des wurscht. Vielleicht hast du a gute Idee, Roserl?‹ Magdas Mutter hieß Marie. Rosa und Marie? Das war's! Eine Enkelin sollte die Namen von uns Großmüttern tragen. Das Mädchen Rosemarie kam am 23. September 1938 um 21 h 45 (Achtung: im Originalzitat heißt es 22 h 05, d.Ü.) zur Welt. Mein Mann hatte Magda am frühen Morgen ins Rudolfinerhaus gebracht, denn Wolf filmte in Berlin. (...)

Wir sahen Romy noch in derselben Nacht. Mit dem goldblonden Flaum, der sich in vielen kleinen Kringeln um ihr Köpfchen legte, den großen blauen Augen mit den langen Wimpern und den zwei Wangengrübchen sah sie wie einer von den Blasengeln aus, die in der kleinen Kirche am Königssee, wo ihre Eltern geheiratet haben, über dem Altar schweben. Auf meine Enkelin war ich genauso stolz wie 32 Jahre vorher auf meinen Sohn. Nun erlebte ich diese glückliche Zeit ein zweites Mal. Immer wenn ihre Eltern in den folgenden fünf Jahren in Wien filmten, war sie bei uns. Oft viele Wochen lang. Hier bekam sie ihre ersten Zähnchen, hier hörte ich sie zum ersten Mal Mama und Papa, Oma und Opa sagen. Sie konnte damals kein ›ö‹ aussprechen. ›Geh nicht weg‹, sie hängte sich an meinen Hals, an mein Kleid. ›Dieses blüde, blüde Burgtheater nimmt mir meine Oma weg!‹ rief sie weinend.«[1]

Romys früheste Kindheit ähnelt einem jener Romane, die man unterschiedlich angehen kann. Es genügt eigentlich, zwischen den Zeilen zu lesen, hinter die glückliche und unbeschwerte Fassade zu blicken. Der 7. Juni 1939 ist ein herrlicher Tag: Rosemarie kann zum ersten Mal frei stehen, ganz allein wie eine Große. Am 12. Juni 1939 brabbelt sie unbeholfen die beiden magischen Worte: »Papapa und Mamama«. Am 1. September 1939 bricht der Krieg aus. Am 23. September 1939 feiert Romy ihren ersten Geburtstag.

Eine sonderbare Kindheit zeichnet sich nun ab. Es ist ein wenig, als sollte der Weg dieses kleinen Mädchens zum Symbol für eine ganze Epoche werden. Sofort begegnet man Krieg, Tod und Zerstörung. Da sind die ewig abwesenden Eltern, die sie zwar zärtlich lieben, aber viel zu weit weg und völlig von ihrem Beruf beansprucht sind. Selbst die

---

[1] Rosa Albach-Retty, *So kurz sind hundert Jahre*, München 1978.

liebevollsten Großmütter der Welt können Vater und Mutter leider nicht ersetzen. Erst recht kein Kinderfräulein, und sei es auch so aufmerksam wie das Fräulein Hedwig, dem die kleine Romy ihr ganzes erstes Lebensjahr über anvertraut war.

Sehr bald zeigt Romy ihr Bedürfnis nach liebevoller Zuwendung. Sie erträgt es nicht, dass man sie allein lässt, weint, wenn man sie verlässt, und verlangt ständig nach Gesellschaft. Ahnt sie, welche Schatten über ihrer unschuldigen Kindheit heraufziehen? Für die Dreijährige in ihrer Arglosigkeit mag es wohl nichts bedeuten, doch immer wenn sie draußen außerhalb des Hauses spielt, nähert sie sich dem unheimlichen »Adlerhorst« im Berchtesgadener Land, etwa zwanzig Kilometer entfernt, wo der neue Herr der Welt, Adolf Hitler, sich zu erholen pflegt. Ob sie wohl begreift, weshalb an dem Tag, als sie, ohne jemandem ein Wort zu sagen, auf eigene Faust einen Ausflug macht und nicht ins Landhaus zurückkehrt (einen Blumenstrauß im Arm, war sie auf der Bank einer kleinen Kapelle eingeschlafen), ganz Schönau auf den Beinen ist und angstvoll nach ihr sucht?

Und warum der Pappi und die Mammi, wenn sie überhaupt kommen – sie haben beide Verpflichtungen am Theater –, fast nie gemeinsam nach Hause kommen und sich gelegentlich gerade mal die Klinke in die Hand geben in dem Haus, in dem ihr Töchterchen immer nur auf sie wartet? Sicherlich begreift sie nicht alles, aber Kinder haben eine Begabung dafür, ihre Gemütsregungen nach den Ängsten, Sorgen und Abneigungen der Erwachsenen auszurichten. Sie ist noch in einem Alter, in dem man nichts weiß, aber sie spürt, dass all das schlimm enden wird.

Die ständigen Trennungen bewirkten schließlich, dass es Wolf und Magda plötzlich wieder zueinander hinzog, wie das zuweilen selbst Paaren passiert, die sich nicht mehr viel zu sagen haben. Prompt ist die junge Frau zum zweiten Mal schwanger und ihr Mann hocherfreut, so als sollte ihnen das zu erwartende Baby dazu verhelfen, die Liebe ihrer ersten Ehejahre wieder zu finden. 1941 schenken sie Romy ein kleines Brüderchen, Wolfdieter. Und diese wird den Neuankömmling sehr bald unter ihre Fittiche bringen. Kaum dass sie ihm Zeit lässt, ein wenig größer zu werden, und schon hat sie das Heft in der Hand: Ein paar herbe Jahre stehen dem Kleinen bevor.

Wie sollte man in der kleinen Fünfjährigen, die in ihren Wutanfällen den kleinen Bruder bisweilen tyrannisiert, nicht bereits die erwachsene Romy Schneider erkennen, die noch Jahre später dasselbe Verhalten, vor allem Männern gegenüber, an den Tag legt? Immer scheint es, als brächte sie ein Unbehagen zum Ausdruck, eine kaum wahrnehmbare Wunde und das Gefühl, eine Menge Unheil in sich zu tragen, das die anderen nicht sehen können und im Übrigen auch gar nicht sehen sollen.

Magda Schneider berichtet: »Als ihr Brüderchen angekommen war, mein Sohn Wolfi, entwickelte sie sich förmlich zum Tyrannen. Wolfi war in seiner Kindheit dick und schwerfällig wie ein Teddybär, das genaue Gegenteil von Romy. Älter, schneller und mit einer flinken Auffassungsgabe, machte sich Romy ihr Brüderchen ganz untertan. Wolfi war dabei von einer sagenhaften Langmut. Manchmal haben sie zusammen Theater gespielt, und Romy hat Wolfi dabei mit phantastischen Kostümen aus Kleidern, Decken und Handtüchern behangen. Während sie ihn anzog, musste Wolfi ganz ruhig stehen bleiben. ›Rühr dich nicht ...‹, ›Wehe, wenn du weggehst ...‹, ›Ich habe dir doch gesagt, du musst stehen bleiben.‹ So ging das. Ich musste die Kampfhähne oft trennen, und Romy ließ alle

Schimpfwörter los, die sie von den Nachbarsbuben gelernt hatte. ›Mein Bruder soll das sein? Das ist ein Sauhammel ist das, ein ganz gescherter!‹ Natürlich waren sie gleich darauf wieder ein Herz und eine Seele, wie das bei Kindern so ist …«[1]

Wieviel Unterschied besteht zwischen dieser Romy und der anderen, der reifen Frau, der Schauspielerin, die zum Star avanciert ist? Genau genommen herzlich wenig. Die Augenblicke ihrer Wutanfälle, rasch hinweggespült von ungestümer Zärtlichkeit, ihre derbe Sprache, oftmals mit Kraftausdrücken angereichert, wie sie bei einem sonst so anmutigen Wesen schockieren müssen, das Unbehagen, das wie eine hohe Woge aus ihr hervorbricht – alle, die mit Romy gelebt und gearbeitet haben, alle, die sie geliebt haben oder von ihr geliebt wurden, haben das kennen gelernt. Sogar ihr David, wenige Tage vor seinem Tod.

Danach kam dann immer in ihr, dem Kind ebenso wie später der Frau, dieses unerträgliche Gefühl hoch, jemanden verletzt zu haben, zugleich verantwortlich und schuldig zu sein. »Wer weiß, vielleicht war es wegen ihres Geburtsdatums – dem 23. September 1938 –, jedenfalls machte Romy hie und da den Eindruck, als sei sie felsenfest davon überzeugt, dass sie mit ihrer Geburt erst Krieg und Haß in diese Welt gebracht hatte!« Diese Äußerung einer ihr nahe stehenden Person, die sie über mehr als zehn Jahre hinweg begleitet und viel mit ihr zusammengearbeitet hat, sagt mehr aus als manche Analyse …

---

[1] Magda Schneider, Meine Tochter Romy. *Ein Mädchen wie jedes andere*, Münchener Illustrierte, 1957

3
Das Leben nach dem Tod

So viele Male noch musste sie David Adieu sagen. Sich über den zarten Körper beugen und dem so übermächtigen Verlangen widerstehen, ihn wieder und wieder in die Arme zu nehmen und ihn so fest zu drücken, dass er womöglich zum Leben zurückkehrte. Immerhin hatte sie ihm ja schon einmal das Leben geschenkt. Weshalb nicht ein weiteres Mal, als gäbe es noch diese letzte Chance ... Sie musste David lauschen, wie er für sie allein von seinen letzten Augenblicken erzählte. Sie musste sich der Führung ihrer Angehörigen, ihrer engen Freunde überlassen, dieser Familie in der Familie, die von Begräbnis redete, von Trauerfeier, Journalisten, die es abzuwimmeln galt, Telefonanrufen, die man nicht entgegennehmen durfte, Vorkehrungen und Entscheidungen, die zu treffen seien ... Und für wen all das? Nein, nicht für ihr Kind, das war rein unmöglich, ganz klar, da musste ein Irrtum vorliegen.

Leicht betäubt durch Drogen, die ihr den Tag zur Nacht machen, verbringt sie zwei qualvolle Tage. Romy Schneider, verschanzt hinter ihrem Schattenbild, sieht und hört nichts mehr. Sie ist nichts mehr.

Am 7. Juli dann muss sie ihrem Sohn das allerletzte Adieu zuflüstern. An diesem Tag ist sie auf dem Friedhof von Saint-Germain-en-Laye von Fürsorglichkeit umringt, doch Romy, nur ein dunkler Schatten, und auch der Blumenstrauß, den sie krampfhaft in den Händen hält, kann kaum dieses Bild aufhellen – Romy ist ganz allein.

Ihr Bruder Wolfdieter Albach, ihre Schwägerin Alba, Daniel und alle Biasinis, Alain Delon und der gute, alte Freund Jean-Claude Brialy versuchen sie zu stützen, ihr hinwegzuhelfen über diesen neuerlichen Prüfstein, von dem jeder hier weiß, dass es nicht der letzte sein kann.

Nur wenige Meter entfernt knattert, unvermeidlich, aber auch unvermeidlich erbarmungslos, das endlose Klicken der Fotoapparate wie Gewehrfeuer.

Als Romy nicht mehr kann, als Davids Sarg unter der Erde verschwunden ist, gilt es zu flüchten, sich flach in den Fond des Wagens eines Freundes zu legen, um dem unerbittlichen Auge der Kameras zu entgehen. Jean-Claude Brialy hat ihr sein Haus als Zuflucht angeboten. Er versteht es zu schweigen. Laurent ebenso. Diejenigen, die sie wirklich lieben, wissen, dass man jetzt nicht mehr für sie tun kann als sie in Ruhe zu lassen. Sie schweigen also, und auch sie spricht nicht. Was sie zu sagen haben könnte, hat sie auf ein leeres Blatt Papier geschrieben. Vier Zeilen, mehr nicht:

> *Ich habe den Vater begraben –*
> *Ich habe den Sohn begraben –*
> *ich habe sie beide nie verlassen*
> *und sie mich auch nicht*[1]

Jean-Claude Brialys Haus ist keine solide Festung: Auf der Jagd nach einem Foto von der Art, nach der es die Öffentlichkeit gelüstet – Romy, versunken in ihren Kummer –, ist ein Fotograf in den Garten eingedrungen. Zwar wird er gar nicht erst Gelegenheit finden, das ersehnte Negativ

---

[1] Romy Schneider schrieb immer mit Bleistift und unterstrich häufig Wörter oder ganze Sätze.

herzustellen, aber schon sein Versuch hat Signalwirkung. Wieder heißt es, die Flucht zu ergreifen. Von Laurent begleitet, beschließt Romy, andernorts nach einem Frieden zu suchen, den sie, wie sie sehr wohl weiß, nirgends finden wird.

Nichts kann härter sein im Leben als der Moment, in dem man den Tod des eigenen Kindes innerlich annehmen muss. Es spielt kaum eine Rolle, ob man im Augenblick zuvor stark oder schwach, glücklich oder unglücklich war. Wie ein schweres Gewicht, das man nicht kommen sah, stürzt die Tragödie auf einen herab, zerreißt Herz und Verstand und lässt auch einen selbst zerstört zurück, ohne Leben.

Vor Romy Schneider haben schon andere diesen unbestimmbaren Zustand durchlebt, der dem ähnelt, was wohl das Leben nach dem Tod sein muss, sofern es eines gibt. Andere haben ihn vor und nach ihr erlebt, doch wenige waren in den Monaten zuvor so starken Belastungen ausgesetzt gewesen. Selten wurde ein Herz solchen Schmerzen ausgesetzt, ein Körper so gequält, bevor der Gnadenstoß erfolgte. Betrachtet man mit über zwanzig Jahren Abstand diesen 5. Juli 1981, so sieht man mühelos, was damals nicht zu sehen war: Romy Schneider erreichte ihn auf schwankenden Beinen wie ein Boxer im Ring, der, von Schlägen benommen, bereits im kläglichen Tanz des Besiegten taumelt und torkelt und ohne Besinnung, innerlich leer, fast zusammenbricht, bis der entscheidende, letzte Schlag kommt, der, der das Ende setzt.

Wie viele Schläge waren es bis dahin? Den ersten hatte sie sich wahrscheinlich wieder einmal selbst beigebracht. Eine Frage der Gewohnheit ...

Zu viele Beklemmungen und Ängste nachts oder tagsüber, bevor sie drehte oder, wenn sie gerade nicht drehte, zu viel Bedauern, aus dem meist Gewissensbisse kamen. Am Ende der Nacht oder wenn eine Ahnung des Tages zu ihr durchdringt, um ihre Albträume zu verscheuchen, beginnt unermüdlich das immer gleiche Lied. Es erzählt ihr dann von Dämonen, die an ihrem Herzen nagen, von kleinen, tot geborenen Freuden, weil sie ihr immer in einem Unglück zu wurzeln scheinen, auch wenn es selten das ihre ist. Es erzählt von Kummer und persönlichen Dramen und reicht ihr bei gleicher Gelegenheit ein Maß an Schuldgefühlen.

Um nicht unterzugehen und sich Mut zu machen, wieder und wieder diesem »Zuviel«, das sich anhäuft, die Stirn zu bieten, hält sie sich an den Alkohol. Wie viel davon? Genau wie die Schläge lässt auch er sich nicht messen. Das erste Glas, der erste Schlag, was soll's? Die sind eh nur dazu da, den Startschuß zu geben. Weh tun erst die anderen.

Zwar ändert nun leider der Alkohol nichts an den eigenen Ängsten, außer für den Augenblick, und den Augenblick kann man nicht ewig in die Länge ziehen, wohl aber verändert er ganz allmählich die Persönlichkeit. Romy war sicherlich bereits eine andere, als David fortging.

Doch sie blieb eine Mutter, der soeben das Schlimmste widerfahren war, denn das Unglück übertrifft sich immer selbst. Und ihr größtes Unglück war es eben, künftig mit der unerträglichen Erinnerung leben zu müssen, dass ihr Kind zu einem Zeitpunkt gestorben war, da sie beide mit der ganzen Kraft ihrer Liebe einander Widerstand geleistet hatten.

Keiner vermag zu beurteilen, ob ihr Schmerz weniger groß gewesen wäre, wenn es diese Missstimmung zwischen ihnen kurz vor der Tragödie nicht gegeben hätte. Eines aber steht fest: Romy hätte dann nicht in jeder ihrer späteren Nächte dieses erdrückende Schuldgefühl gespürt, dass sie es nicht geschafft hatte, mit ihrem Sohn Frieden zu schließen, bevor sein Lebensfaden riss.

Nun musste sie weiterleben mit der um einiges bestärkten Gewissheit, dass es ihr eindeutig niemals gelungen war, etwas zu bewahren. Seit den fernsten Kindheitstagen war alles, was sie geliebt hatte, in ihren Händen immer zerbrochen. Das konnte unmöglich nur das grausame Spiel des Zufalls sein.

4

Erste Wunde

Die kleine Rosemarie war sieben Jahre alt, als ihre Eltern sich 1945 scheiden ließen, der Schlusspunkt eines Ehekriegs, der alles in allem etwa genauso lange gedauert hatte wie der wahre Krieg.

Zur Vielzahl der Scheidungsgründe, die Magda Schneider im Laufe der Jahre angegeben hat, gehört auch der Krieg, den sie übrigens als »Unglück unserer Ehe, die doch so wunderbar begonnen hatte«[1] anprangert. Mit dazu gehören auch das Theater, die Gastspielreisen – ein und dieselbe gemeinsame Leidenschaft zweier sich liebender Menschen, die sie dennoch trennen sollte. Weil es nicht geht, ständig weit voneinander entfernt zu leben und sich nur von Zeit zu Zeit zu sehen.

Dann war da noch der wachsende Erfolg, der Wolf Albach-Retty schließlich zu Kopfe stieg, umso mehr als sein Erfolg bei den Frauen gleichermaßen zunahm: »Die Frauen liefen ihm nach«, berichtet Magda in ihren Erinnerungen, »und eines Tages war ihm eben der Rückweg versperrt.« Und sie fügt hinzu, dass diese Scheidung die schlimmste Zeit ihres Lebens war, auch wenn es ihr dadurch möglich wurde, einen Schlussstrich unter einen ihrer bittersten Lebensabschnitte zu ziehen.

Was sie nie gerne erzählt hat, ist, dass ihr Mann sie 1943

---

[1] Magda Schneider, *Meine Tochter Romy*, op. cit.

verlassen hatte einer anderen Frau wegen, der deutschen Schauspielerin Trude Marlen, der er bei Dreharbeiten in Berlin begegnet war. Und zwar ohne jede Absicht zurückzukehren. Magda Schneider hat sich einzureden versucht, dass die Entscheidung, sich zu trennen, von ihr ausgegangen sei und dass sie ihr das Leben erleichtert habe, indem sie Klarheit schuf.

Für ihre Tochter mussten die Dinge um einiges komplizierter liegen. Schon im Laufe der vergangenen Jahre hatte Rosemarie unter der mangelnden Aufmerksamkeit ihres Vaters oder vielmehr unter dem Fehlen von Liebe, Wärme und Fürsorglichkeit gelitten. Eigenartigerweise litt sie darunter noch mehr, wenn er da war, als wenn er weit weg war.

Diesen faszinierenden schönen, quirligen und humorvollen Vater idealisierte sie, zumal sie im Laufe der Monate und Jahre zu ihrem Entzücken entdeckte, dass sie ihm weit mehr als der Mutter ähnelte. Bereits als Sechsjährige fand sie ihre eigene Labilität in diesem etwas verrückten, aber so charmanten Wesen, das ihr Vater war, wieder. Und sie wartete darauf, dass auch er diese Sichtweise gewann. Doch ganz im Gegenteil, er blieb seiner Tochter gegenüber auf Distanz – innerlich weit mehr als äußerlich –, ebenso wie auch der übrigen Verwandtschaft gegenüber. Magda Schneider macht sich in diesem Punkt übrigens nichts vor: »Oft war es so, dass wir uns nur ganz flüchtig ein oder zwei Tage sehen konnten, nur selten hatten wir die Gelegenheit, gemeinsam eine kurze Zeit in ›Mariengrund‹ zu verbringen, in unserem Häuschen bei unserer Tochter Romy. Das waren allerdings selige Tage. Wolf war ein rührender Vater. Er gab sich viel Mühe, seine Unbeholfenheit mit Kindern zu überspielen. Wolf überwand diese Schwierigkeiten durch seinen strahlenden Humor, sein typisches Wesensmerkmal. Für

Romy blieb er immer ein fernes Wesen – er war ja meistens auch fern –, sie wurde nicht recht warm mit ihm, obwohl auch sie sich so sehr bemühte, mit ihrem ganzen kindlichen Herzen ihren Vater zu lieben.«[1] Und von ihm geliebt zu werden, hätte Magda Schneider hinzufügen können.

Nach der Flucht des Vaters hat Romy lange Monate hindurch in einer Illusion gelebt: Sie will einfach glauben, dass er eines Tages zurückkehren wird, dass sie sich wieder in seine Arme werfen kann, damit er sie hochwirbelt und abküsst, bis sie kaum noch Luft bekommt, ebenso wie immer, wenn er nach langer Abwesenheit heimkehrte. Und ihre Mutter wagt es nicht, diesen schönen Traum zu zerstören.

Auch sie klammert sich, dem mag sie noch so sehr widersprechen, einige Zeit an die Hoffnung, dass das Abenteuer ihres Mannes mit Trude Marlen nur eine Eskapade ist. Sie kann einfach nicht glauben, dass Wolf so leichtsinnig sein sollte, sie mitten im Krieg mit zwei kleinen Kindern allein zu lassen. Für Wolf aber sind die Bande endgültig durchtrennt. Nichts verbindet ihn mehr mit seinem Zuhause. Und für seine Kinder hat er das Interesse verloren.

Ob nun zu Recht oder Unrecht sollte das kleine Mädchen bald zu der Überzeugung gelangen, dass die Trennung ihrer Eltern letzten Endes einzig der Verlegenheit zu verdanken war, in die sie ihren Vater durch die eigene Liebe gebracht hatte. Er wusste nicht, was er damit anfangen sollte, und es war ihm auch nicht möglich, sie ihr zurückzugeben. Wie eine zu schwere Last überforderte ihn diese Liebe. Also ging er einfach, ohne viel Lärm zu machen, auf seine Art, aber er ging eben doch. Flatterhaft, ja, das war er, aber das war nicht alles. Seine Tochter sollte übrigens niemals vergessen, wie sie ihn eines Abends unter Freunden sagen hörte, als er

[1] Magda Schneider, *ibid.*

nichts von ihrem Beisein ahnte: »Ich bin nicht geschaffen für die Familie, für die Frauen bin ich geschaffen.« Das eine war also nicht mit dem anderen vereinbar! An jenem Abend hatte die kleine Rosemarie das verborgenste Geheimnis dieses Gelegenheitsvaters zu lüften geglaubt, der bald völlig aus ihrem Leben verschwinden sollte: »Immerhin trug dieses lose Verhältnis dazu bei, Romy die Trennung nicht allzu schwer zu machen. Sie vollzog sich ganz allmählich, fast unmerklich. Pappis Besuche waren ja ohnehin selten. Dann wurden sie eben noch seltener, und schließlich hörten sie ganz auf. Es war keine fühlbare Trennung von heute auf morgen, und deshalb empfand sie Romy auch anders als ein Kind, das immer mit seinen Eltern zusammenlebt, bis sich diese plötzlich scheiden lassen.«[1]

Wohin sie auch geht, was sie auch tut, sie wird fortan nie mehr das Gefühl los, durch zu viel Liebe etwas zerbrochen zu haben. Und es nicht geschafft zu haben, die Zuneigung des Mannes zu gewinnen, den sie auf der Welt am liebsten hatte. Unablässig wird sie von nun an dieses Gefühl des Versagens und der Schuld in sich hegen und gedeihen lassen wie ein unheilvolles Gewächs. Sein Gift wird alles durchdringen, ihre Beziehungen zu Männern, ihre Freundschaften, ihre Liebschaften und ihre Mutterschaft. Jedes Mal, wenn eine schmerzliche Entscheidung zu treffen ist, wird es in der offenen Wunde brennen.

Als ihre Eltern sich scheiden lassen, besucht Romy (alle haben sich inzwischen an diese Koseform von Rosemarie gewöhnt) seit einem Jahr die Volksschule von Schönau. Dort bleibt sie noch drei weitere Jahre, in denen sie unverkennbare Neigungen zeigt für alles, was ihrer Phantasie freien Lauf lässt: Singen, Geschichte, Heimatkunde,

[1] Magda Schneider, *ibid.*

Zeichnen und Malen. Mathematik allerdings ist nicht ihre starke Seite. Mit dem Rechnen hat sie es gar nicht und lehnt alles ab, was ins Abstrakte geht. Ebenso wie sie sehr bald den hauswirtschaftlichen Unterricht verabscheut, ein Fach, das für kleine Mädchen damals jedoch noch unumgänglich war.

Sie ist elf Jahre alt, als sie ihr Paradies in Schönau-Mariengrund aufgeben muss, um eine Internatsschule zu besuchen, was in gewisser Weise bereits den Abschied von der Kindheit bedeutete.

Vom 1. Juli 1949 bis zum 12. Juli 1953 verbringt sie vier Jahre im Internat Goldenstein, das in einem fünf Kilometer nördlich von Salzburg gelegenen Schloss untergebracht ist. Seit hundert Jahren wird dort eine katholische Erziehung gewährleistet, und einmal im Monat dürfen die Schülerinnen nach Hause fahren. Bei Romy aber war das innerhalb von vier Jahren so gut wie nie der Fall: Ihre Eltern hatten, auch nach der Trennung, keine Zeit für sie.

Magda, von ihren Tourneen völlig in Anspruch genommen, hat sie nur wenige Male besucht. Und was ihren Vater betraf, so kam er innerhalb von vier Jahren nicht ein einziges Mal. Eine Art der Vernachlässigung, an die sich Romy, zumindest vor den Augen der anderen, zu gewöhnen versucht. Die einzigen Kontakte, die sie zu ihm hat, sind einige Briefe zu ihren Geburtstagen oder zu Weihnachten. Einige Briefe, die er jedesmal mit »*dein Papili*« unterzeichnet und die sie andächtig aufbewahrt. Sogar am Morgen ihres Todes fand man einen davon neben ihr. Es war ein ganz kleiner Zettel, der sie während ihres ganzen Lebens überallhin begleitet hat.

Zu jener Zeit verwahrt Romy all ihre Briefe in einem geheimen, in rotes Leder gebundenen Heft, in das sie auch Fotos ihrer Eltern geklebt hat. Es ist ihr Tagebuch, dem sie sogar einen Namen, »Peggy«, gegeben hat. Jeden oder doch fast jeden Tag hält sie darin ihre Träume, Wünsche, Hoffnungen und Enttäuschungen fest. »Wenn sie Kummer hatte, verbarg sie es, so gut es ging«, berichtet Schwester Augustina, eine der Nonnen im Internat Goldenstein. »Ich habe sie ein einziges Mal verzweifelt gesehen. Das war an dem Tag, als ihr Vater nach Salzburg kam, um einen Film zu drehen. Romy erhielt die Erlaubnis, ihn zu besuchen. Sie konnte es kaum erwarten, so sehr freute sie sich auf dieses Treffen. Doch sie kam enttäuscht, wütend und vor allem zutiefst gekränkt zurück. Nicht einmal eine halbe Stunde lang hatte sie ihren Vater ganz für sich gehabt. Seine neue Freundin, Trude Marlen, hatte sie keine Sekunde allein gelassen. Romy war deswegen sehr unglücklich.«

Ansonsten lernt sie ihre Gefühle zu kontrollieren. Sich niemals vom Kummer überwältigen zu lassen, solange die Gefahr besteht, dass es jemand beobachten könnte. Sie bemüht sich zu lachen und sich zu amüsieren wie die anderen, manchmal sogar noch mehr als die anderen. Sie macht allen etwas vor, so wie sie es auch später halten wird, als Erwachsene in allen Lebenslagen. Und man fragt sich, ob sie letzten Endes nicht ihr ganzes Leben lang allen etwas vorgemacht hat. Nachts und oft an einsamen Wochenenden wird aus dem jungen Mädchen, das scheinbar so gerne lacht, ein hilfloses Kind, das still vor sich hin leidet.

Die Entdeckung des Theaters verleiht ihrem Leben wieder etwas Farbe. Sie macht Luftsprünge vor Freude, wenn im Internat ein neues Stück aufgeführt wird, und errötet stolz, als der Vater ihr auf ihre Bitte hin aus den Beständen des Wiener Burgtheaters ein Kostüm für die Rolle des Mephisto schickt. Das ist der Beweis dafür, dass er trotz allem an sie denkt.

Das zumindest wollte sie die anderen glauben lassen. In Wahrheit nämlich war dem Kostüm, als sie es erhielt, ein Zettel beigelegt. Sie öffnete das Paket, las die wenigen in Eile hingeworfenen Zeilen und flüchtete sich augenblicklich in ihren Schlafsaal, um ihre Tränen zu verbergen. Es war eine Garderobiere des Burgtheaters, die ihr schrieb. Sie hatte Romys Brief beim Pförtner des Theaters gefunden, wo ihr Vater ihn, nach hastigem Überfliegen, liegen gelassen hatte. »Er muss ihn wohl vergessen haben«, erklärte sie ihr. »Sie dürfen ihm das nicht übel nehmen, zurzeit ist er sehr eingespannt in seine Arbeit. Deshalb schicke ich Ihnen nun dieses Kostüm an seiner Stelle. Ich hoffe, dass es Ihnen passt und dass Sie fabelhaft sein werden in Ihrer Rolle.«

Und Romy, die nach wie vor und weiterhin bemüht war, ihre Kümmernisse zu verbergen, schnitt vor ihren Kameradinnen mächtig auf, als sie ihnen das schöne Kostüm vorführte, das angeblich ihr Vater eigens für sie ausgewählt hatte. »Es war herzergreifend, sie so reagieren zu sehen«, berichtet Schwester Augustina. »Sie beklagte sich niemals.« Ihren Schmerz erträgt sie stillschweigend. Aber gegen den Liebesentzug geht sie vor, indem sie den Vater immer wieder anders zu erreichen sucht, besonders auch durch ihre gemeinsame Freude am Theater.

Schwester Augustina, die sie vom ersten bis zum letzten Tag ihres Aufenthaltes im Internat Goldenstein als Schülerin hatte, behielt Romy in liebevoller Erinnerung: »Ich hatte schnell bemerkt, dass sie ein echtes schauspielerisches Talent besaß. Sie sagte schon damals, dass sie später Schauspielerin werden wollte. Sie fühlte sich am besten, wenn sie spielte. Wenn ich sagte: ›Jetzt werden wir spielen‹, begannen ihre Augen sofort zu leuchten. Sie sprang hoch und schrie vor Freude laut auf. Ich ließ damals vier oder fünf Stücke jährlich aufführen, und wenn sie Gelegenheit hatte zu spielen, war ihre Laune ausgezeichnet, und alles, was sie machte, war perfekt. Wenn keine Aufführung in Sicht war, zeigte sie sich verstimmt und hatte schlechte Laune. Romy wohnte mit sechzehn anderen jungen Mädchen im Rittersaal des Schlosses. Alle anerkannten ihr großes Talent für das Theater und den Tanz. Darin hatte sie immer Erfolg und riss alle mit. Ich glaube auch, dass die anderen Mädchen sie sehr gern hatten. Aber Romy war eher einsam. Sie war unausgeglichen und mit sich selbst unzufrieden. Oft ging sie in die Klosterkapelle zum Beten. Genau genommen hatte man bei ihr immer den Eindruck, sie verberge etwas oder leide in ihrer tiefsten Seele, sie zeigte selten ihre wirklichen Gefühle.«

Als Romy das Internat Goldenstein mit fünfzehn verlässt, ist sie kein glückliches junges Mädchen, und ihr Gefühlsleben bedrückt sie oft so sehr, dass man es in ihrem Gesicht bemerkt. Sofort kann man in ihren Augen den Kummer entdecken, den sie ständig in sich trägt.

Man bedenke, dass dieses Kind in seinen ersten Lebensjahren alles in allem sehr umhegt in der fürsorglichen Atmosphäre einer Familie aufgewachsen war, auch wenn diese eher aus ihrer Großmutter und dem kleinen Bruder als aus ihren Eltern bestand. Und nun hatte es vier lange Jahre nahezu so isoliert gelebt wie ein Waisenkind. Der Vater hatte ihr zwei Kostüme für das Theater geschickt, die Mutter war nur zwei- oder dreimal ins Internat gekommen, hatte ihr selten geschrieben und niemals irgendwelche persönlichen Dinge geschickt. Ihre Großmutter hatte sie nie dort besucht, und ihr Bruder war ganz zu Anfang zweimal da gewesen. Innerhalb von vier Jahren ist das so wenig an Liebe, die sie bekommen hat, dass sie fortan in jeder Begegnung verzweifelt danach suchen wird ...

Als sie zu ihrer Mutter nach Mariengrund zurückkehrt, ist sie zunächst überglücklich, wieder im Kreis der Familie und der gewohnten Umgebung ihrer Kindheit zu sein. Doch schon vom ersten Tag an ist diese Freude getrübt. Magda ist da, gewiss, aber sie ist nicht mehr allein. Seit einem Jahr gibt es einen neuen Mann an ihrer Seite, den sie geheiratet hat: Hans Herbert Blatzheim, ein frohsinniger Geschäftsmann und Genießer, der jedoch den Platz des Vaters im Haus eingenommen hat.

Was mag das junge Mädchen diesem Eindringling gegenüber empfunden haben, wo doch die Abwesenheit des Vaters ihr ganz persönliches Drama geworden war? Ihren »Papili« hat sie idealisiert. Sie hat sich von ihm ein Bild gemacht, das sie ihr Leben lang begleiten und später ihre Beziehungen zu Männern bestimmen wird. –

Wir sind im Jahre 1953. In wenigen Monaten wird die kleine Oberschülerin, die oft so unglücklich ist, zum jungen Star avancieren. Ja, so könnte man meinen: Der Film wird ihr auf Anhieb all die wundervollen Rollen bieten, eine Welt, nach der sie sich in ihrer frühen Jugend sehnt. Wie lange wird sie brauchen, bis sie erkennt, wie viele Illusionen damit verbunden sind?

5
Die Spaziergängerin von Sanssouci

»Der Schmerz über den Verlust eines Kindes stirbt nie; es ist ein Schmerz, der einem kaum eine Atempause gönnt, und auch dies erst nach langer Zeit.«
John Irving, *Witwe für ein Jahr*

Da Romy sich entschlossen hatte, nach dem Tod ihres Sohnes weiterzumachen, durfte sie nicht mehr hier und dort umherirren in der stillen Hoffnung, dass ein Schmerz, der nie schwinden würde, schließlich doch noch verginge. Sie hatte beschlossen, nicht aufzugeben, sondern weiterzumachen. Nicht eigentlich weiterzuleben. Sondern lediglich den Menschen, die sie noch liebte, die Illusion zu lassen, dass dem so sei: Sarah, ihr ahnungloses Kleines, konnte ja nichts wissen oder begreifen. Und Laurent, der, so jung und so unschuldig, doch schon an allem teilnahm, was für sein Alter schwer war. Doch Laurent war auch stark, zartfühlend und diskret, außerdem frei von allem Egoismus. Laurent, der so genau wusste, wann er ihr durch sein Schweigen ein so viel schöneres Geschenk machen konnte als durch Worte, und das mit einem Feingefühl, das ebenfalls noch nicht zu seinem Alter passte.

Etwas vorspiegeln, so tun als ob. Wie früher, vor langer Zeit, als sie noch halb Kind, halb Mädchen war, würde sie spielen müssen, um irgendwie mit allem fertig zu werden. Wie früher konnten einzig und allein der Film und die Tagträume ihr helfen durchzuhalten. Pierre Granier-Deferre und Alain Delon, die beide einen Film mit ihr, ihr ganz allein, planten, brauchte sie nur noch ihre Zusage zu geben. Dann war da noch dieses Stück von Bertolt Brecht, *Die heilige Johanna der Schlachthöfe*, das ihre große Rückkehr auf die Bühne bedeuten sollte.

Und vor allem und überhaupt an erster Stelle stand Jacques Rouffios Film *Die Spaziergängerin von Sanssouci*. Ihr Film. Der Film ihres Lebens.

Diesen Film hatte sie sich schon vor über einem Jahr in den Kopf gesetzt, ja, geradezu ausgedacht. Das geschah zu einem Zeitpunkt, als nichts mehr funktionieren wollte und ihr kleinen Kümmernisse wie große Enttäuschungen auf ihr lasteten. Heute scheint all das so fern, so nichtig, damals allerdings ging es ihr gar nicht gut. In solchen Zeiten mag man sich nie vorstellen, dass das Schicksal immer noch Schlimmeres bereithalten kann.

Bei den Dreharbeiten zur *Bankiersfrau* hatte der Drehbuchautor Georges Conchon sie eines Tages gefragt:

»Woran leidest du eigentlich am meisten?«

»An mir selbst.«

Um sich aus ihrer Niedergeschlagenheit und von all den Dämonen, die sie verfolgten, zu befreien, wollte sie also *Die Spaziergängerin von Sanssouci* drehen.

Diese Wahl hatte weniger die Schauspielerin als die Frau in ihr getroffen. So als hätte sie beschlossen, ihr ganzes Leben oder zumindest das, was noch blieb, da hineinzulegen. Ihr ganzes Herz, bevor es ein für allemal zerbrach. David ist noch da, aber immer noch nicht das Glück.

»Eines Nachts rief sie mich an«, berichtet Jacques Rouffio.[1] »Sie wirkte sehr erregt. Sie wollte mit mir über einen Roman reden, *Die Spaziergängerin von Sanssouci* von Joseph Kessel, den sie absolut großartig fand. ›Was, du hast ihn noch nicht gelesen? Unmöglich! Das musst du unbedingt lesen, das ist so gut ...‹«

Jacques Rouffio gehörte damals zu jenen Vertretern des französischen Films, die sich gerade einen Namen machten. Die siebziger und achtziger Jahre verdanken ihm einige sehr gute und zugleich auch erfolggekrönte Filme, insbesondere *Le sucre* und *Quartett bestial*, bei denen er Regie geführt hatte, oder auch *Trio infernal*. Die Regie zu diesem Film hatte zwar Francis Girod übernommen, er aber war Coautor des Drehbuchs gewesen. Gerade bei den Dreharbeiten zu *Trio infernal* hatte es sich übrigens ergeben, dass er sich mit Romy Schneider enger befreundete: »Wir hatten bei den Vorbereitungen für den Film viel zusammengearbeitet, und das war prächtig verlaufen. Ein Vertrauensverhältnis hatte sich zwischen uns entwickelt. Und so kam es, dass sie bei Drehbeginn darauf bestand, dass ich in ihrer Nähe bleiben sollte: Jeden Tag begleitete ich sie zum Set.

Als ich ein paar Monate später ihren Anruf erhielt, wurde mir sofort klar, dass ich diesen Roman sehr bald lesen musste. Solange ich ihr nicht gesagt hatte, was ich von ihm hielt, würde sie mir keine Ruhe lassen.

Die Spaziergängerin heißt Elsa Wiener. Nichts scheint sie dafür zu prädestinieren, als Animierdame am Pigalle zu stranden. Nichts, außer dem Aufstieg des Nationalsozialismus in Deutschland. Denn wir befinden uns im Jahre 1933. Elsa, die junge Frau eines inhaftierten großen Verlegers in Berlin, ist aus ihrem Land geflohen. Dabei hat sie den kleinen Max, einen jüdischen Jungen, mit sich genommen,

---

[1] Gespräch mit dem Autor

den die Henker körperlich behindert und allein auf der Welt sich selbst überlassen haben. Um der Liebe zum fernen Ehemann willen, um ihn womöglich zu retten, muss sie sich auf das Gesetz des Halbweltmilieus einlassen. Und ihren Lebenswandel vor Max verheimlichen, obwohl doch niemand die Wahrheit rascher sieht als ein Kind.

Ich fand ebenfalls, dass es eine fabelhafte Story sei. Und auch eine, in der Romy fabelhaft sein würde«, erzählt Jacques Rouffio, »aber ich spürte auch, dass man dem Publikum von heute das Gedächtnis auffrischen müsste, indem man die Geschichte in die Gegenwart weiterführte, denn Joseph Kessels Roman stammt aus dem Jahr 1937. Daher war mir sehr schnell klar, dass man Romy, sobald das Szenario fertig gestellt war, unweigerlich mit zwei Rollen, zwei Epochen, zwei Schicksalen und zwei sehr starken Frauengestalten konfrontiert sehen würde, die 50 Jahre und noch vieles mehr voneinander trennten, in denen sie jedoch mit gleich viel Leidenschaft aufgehen würde.

Es ist nicht sonderlich schwer zu begreifen, weshalb gerade Joseph Kessels Roman Romy Schneider so gepackt hatte: Die Tragödie dieser »Spaziergängerin«, die, niedergedrückt von einem Geheimnis, jeden Morgen vor den schmutzigen Scheiben eines Bistros am Montmartre, dem »Sanssouci«, erscheint, – dieses Schicksal musste ihr zu Herzen gehen. Und erst recht noch, als Jacques Rouffio und Jacques Kirsner einige Monate später das Szenario zu ihrer Version der *Spaziergängerin von Sanssouci* lieferten.

»Adaptieren heißt sich entschließen. Wir nun haben uns entschlossen, Kessels Roman sehr frei zu adaptieren«, erklärte Jacques Rouffio. »Mit allen Vorteilen und Risiken, die ein solches Unterfangen mit sich bringt.«

Sie schufen fiktive Figuren, verzichteten darauf, die historische Wahrheit zu ihrem Hauptanliegen zu machen, und gelangten so zu einem Szenario[1], das sich gelegentlich zwar weit von Kessels Roman entfernt, dem wesentlichen Gehalt aber immer treu bleibt.

Paris, 1981. Max Baumstein, Präsident der Bewegung »Internationale Solidarität«, hält sich in Paris auf, um eine wichtige Pressekonferenz zu geben: Es geht darum, die Freilassung einer in Paraguay inhaftierten jungen Engländerin zu erreichen.

Im Hotel, wo er mit seiner Frau Lina für einige Tage logiert, geht er die Akte durch und entdeckt darin zwei Fotos, die ihn zutiefst erschüttern. Ohne ein Wort der Erklärung geht er fort und irrt stundenlang durch das nächtliche Paris, um Orte aufzusuchen, die ihm, so scheint es, früher einmal vertraut waren.

Am nächsten Tag wird er, wie vorgesehen, vom paraguayischen Botschafter empfangen. Dieser heißt in Wahrheit Ruppert von Leggaert und war 1933 deutscher Botschaftsrat in Paris. Kaltblütig streckt Max Baumstein ihn mit zwei Revolverschüssen nieder und stellt sich daraufhin der Polizei.

Lina erlangt die Erlaubnis, ihn im Untersuchungsgefängnis zu besuchen. Und Max erzählt seine Geschichte.

Berlin, 1933. Max ist zehn Jahre alt. Sein Vater wird auf offener Straße von SA-Leuten getötet. Er selbst bricht sich dabei das Bein und wird sein Leben lang am Stock gehen müssen. Von Elsa und Michel Wiener, die mit seiner Familie befreundet sind, wird er aufgenommen und gesund gepflegt. Elsa ist Operettensängerin und Michel Verleger. Er zählt zu den Gegnern des Hitlerregimes. Als er von den Nazis offen bedroht wird, drängt er Elsa, gemeinsam mit

---

[1] Das folgende Exposé ist der Pressemappe zur *Spaziergängerin von Sanssouci* entnommen, die dem Autor von Jacques Rouffio zur Verfügung gestellt wurde.

Max Berlin zu verlassen und nach Paris zu fliehen. Er verspricht, später nachzukommen.

Paris, 1933. Maurice, ein Champagnerexporteur, ist von Michel, dem er zufällig im Zug begegnet ist, kurz bevor dieser von der Gestapo festgenommen wurde, beauftragt worden, Elsa Geld zu überbringen. Er trifft sie im »Rajah« an, einem Nachtlokal von Montmartre, wo sie als Sängerin arbeitet, um zu überleben. Elsa hat nur noch ein Ziel: ihren Mann zu retten. Maurice, der sich in sie verliebt hat, wird sich nach und nach der Dinge bewusst, die sich in Deutschland abspielen, und bietet ihr seine Hilfe an.

Doch nur ein Mann hat die Macht, Michel aus dem Lager herauszuholen, in dem er für zwei Jahre eingesperrt ist. Dieser Mann ist Ruppert von Leggaert, der, gleichfalls von Elsa fasziniert, seine Abende im »Rajah« verbringt. Elsa begreift, dass Michel freikommt, wenn sie Ruppert nachgibt. Verzweifelt und in die Enge getrieben, beginnt sie zu trinken. Maurice, der in sie vernarrt ist, lädt sie zu einem gemeinsamen Wochenende ein in der Hoffnung, sie so für sich zu gewinnen und zugleich neue Lebensfreude in ihr zu wecken.

Zurück in Paris hat Elsa jedoch ihre Entscheidung getroffen. Sie gewährt Ruppert eine Nacht. Als Maurice davon erfährt, fühlt er sich betrogen und beschließt nach einer fürchterlichen Szene, sie nie wieder zu sehen. Wie geplant wird Michel auf freien Fuß gesetzt. Elsa trifft am Bahnhof mit ihm zusammen. Endlich. Doch nur Minuten später werden Elsa und Michel auf dem Bürgersteig vor dem Emigrantenbistro »Sanssouci«, wo Michel Nachrichten hinterlegen wollte, von Rupperts Handlangern niedergeschossen.

Paris, 1981. Max' Prozess vierzig Jahre später endet mit einem Freispruch. Ein Jahr später werden Max und Lina vor ihrem Haus erschossen.

Lina hatte eine eigentümliche Ähnlichkeit mit Elsa.

Im Gegensatz zu dem Eindruck, den Jacques Rouffio in jener Nacht gewinnen mochte, als Romy ihn anrief, um mit ihm über *Die Spaziergängerin von Sanssouci* zu reden, hatte sie sie nicht erst kurz zuvor entdeckt.

»Ich kannte sie schon so lange, dass ich mich schon gar nicht mehr daran erinnere, wann genau ich ihr zum ersten Mal begegnet bin«, sollte sie bei der Filmpremiere der Journalistin Danièle Heymann anvertrauen. »Ich hatte das Buch gelesen und wusste sofort, dass ich Elsa sein wollte. Die Jahre vergingen, aber Elsa hatte mich niemals ganz verlassen. Bei der Arbeit zu *Eine einfache Geschichte* ist die *Spaziergängerin* zurückgekehrt. Madeleine Robinson – meine Mutter in Claude Sautets Film –, die ich als Schauspielerin schätze und bewundere, erzählte mir eines Tages von Kessels Roman und empfahl mir, ihn zu lesen, aber ich hatte ihn ja bereits gelesen. Wieder ging er mir nicht aus dem Kopf, aber ich hatte so viel Arbeit, zu viel vielleicht, und so war da einfach kein Platz in meinen Plänen für *Die Spaziergängerin*.

Eines Abends schließlich, in der ›Closerie des Lilas‹, besprach ich mit meinem Agenten Jean-Louis Livi mein ›Programm‹. Ich erwähnte *Die Spaziergängerin von Sanssouci*. ›Mit wem könntest du den Film machen?‹ – ›Da gibt es nur einen in Frankreich, mit Jacques Rouffio‹, antwortete ich sofort. Nach *Der Horizont, Le sucre* und *Quartett bestial* war das für mich klar. Ich hoffte sehr, dass er annehmen würde. Er hat dann auch angenommen. Und ich war wirklich stolz. Dies war das erste Mal in meiner Karriere, dass ich ein Projekt initiierte.«[1]

Die Produktionsvorbereitungen sollten ziemlich schnell abgeschlossen werden können. In erster Linie war das dem

---

[1] Interview mit Danièle Heymann

Enthusiasmus zu verdanken, mit dem Romy Schneider, Jacques Rouffio und auch der Produzent Raymond Danon, der sich voll und ganz für das Filmprojekt engagierte, zu Werke gingen.

Nachdem Rouffio, wie bekannt, gemeinsam mit Kirsner eine ansehnliche Adaptionsarbeit gelungen ist, heißt es nun, die passenden Schauspieler zu finden. Romy Schneider wird Elsa und Lina zugleich spielen, das Opfer von damals und das von heute. Elsa, die durch den Irrsinn der Nazis umgebracht wurde, und Lina, die wiederum durch einen anderen Irrsinn ihr Leben lassen muss. Denn die Drehbuchautoren wollen begreiflich machen, dass nichts jemals wirklich zu Ende ist.

Schon einige Monate zuvor hatte Romy eine Doppelrolle in *Die zwei Gesichter einer Frau* unter Dino Risi gespielt. Sie hätte also dessen überdrüssig sein können, doch nein, ganz im Gegenteil: Die Geschichte gefiel ihr so, wie sie konzipiert worden war, und es schien ihr unumgänglich, dass sie beide Persönlichkeiten »sein« sollte.

»Davor hatte ich keine Angst, wohl aber die Drehbuchautoren«, verriet sie Danièle Heymann. »Sie zweifelten, ob ich die Doppelrolle und die zeitgenössische Erweiterung mögen würde. Ich konnte das zuerst nicht glauben und dachte, dass es nur eine ihrer Koketterien sei. Aber Jacques Rouffio schrieb mir wunderschöne Briefe, in denen er mir seine Besorgnis eingestand, sodass ich es schließlich glauben musste.«[1]

Michel Piccoli, ewig mit von der Partie bei Romy (*Die Dinge des Lebens, Mado, Das Mädchen und der Kommissar*) und Jacques Rouffio (*Quartett bestial, Le sucre, Trio infernal*), stößt im Vorspann hinzu: Er soll Max Baumstein darstellen, also

---

[1] Presseunterlagen zum Film

Romy Schneiders Kind und Mann zugleich! Freilich wird er nicht beide Rollen spielen, wie man sich denken kann. Die Figur des Max als Kind wird von Wendelin Werner interpretiert, einem jüdischen deutschen Jungen, der sowohl französisch wie auch deutsch spricht und die gesamte Crew durch seine Intelligenz und sein Einfühlungsvermögen verblüffen wird.

Weitere hervorragende Schauspieler umgeben das Trio: Mathieu Carrière, der Ruppert von Leggaert, den jungen wie den alten, spielen wird, Dominique Labourier in der Rolle von Elsas Freundin, der Animierdame mit dem großen Herzen, Jacques Martin als Inhaber des Kabaretts. Und dann noch Gérard Klein, der bekannte Rundfunkmoderator, der hier sein großes Filmdébut findet. Maurice Bouillard, den netten, anständigen Franzosen, Freund und Verehrer von Elsa Wiener – ihn wird er spielen.

Nichts und niemand vermag Romys Enthusiasmus zu widerstehen. Sie wird so sehr von ihrem Projekt getragen, spricht davon mit solcher Begeisterung! Alle Welt fügt sich oder geht vielmehr mit Freuden auf sie ein, ohne auch nur Fragen zu stellen, ganz so wie schon Jacques Rouffio: »Nachdem ich Kessels Roman gelesen hatte, rief ich sie an«, erinnert sich der Regisseur. »Sie hat mich nicht einmal gefragt, was ich davon halte! Sie hat mich sofort gefragt: ›Ich möchte diesen Film mit dir machen, weil du ein Melodram ohne Schmalz zustande bringst.‹ Die Vorbereitung versprach lang zu werden, die Adaption schwierig, aber Romy glaubte so felsenfest daran, sie legte solchen Feuereifer an den Tag, dass jedermann Lust bekam, gemeinsam mit ihr diese neue Herausforderung anzugehen.«

Auch der Produzent Raymond Danon beschließt, fest daran zu glauben. Während alles allmählich Gestalt annimmt, fasst Romy Schneider eine immer glühendere Leidenschaft zu dem entstehenden Film. Es gibt ungeborene Kinder, die einem das Leben retten; *Die Spaziergängerin von Sanssouci* ist so etwas in der Art. Wie ein Rettungsring, an den sie sich zu klammern scheint, um nicht endgültig unterzugehen.

Nachdem sie sich so für dieses Projekt eingesetzt hat, jetzt, da alles bereit ist und sie viel entschieden, erwogen und erdacht hat, beschließt sie, ein wenig zu entspannen. In Berlin sind die Bauten fertig gestellt, ebenso wie in Paris die Kulisse für das Nachtlokal von Montmartre. Jacques Rouffio ist nach Deutschland gefahren, um die letzten Details zu regeln, das Team ist bereit. Wie geplant, zieht sich Romy zur Erholung in die Bretagne zurück, nach Quiberon, um vor der langen und harten Anstrengung der Dreharbeiten Kräfte zu sammeln. Ein Übermaß an Alkohol, durchwachten Nächten, Tabletten, seelischen Tiefschlägen und Enttäuschungen hat ihrem Körper zugesetzt. Sie ist nicht mehr die strahlende Marianne aus dem Film *Swimmingpool*. Ihr Blick ist oft genug voller Trauer, und ihre Resignation erinnert nunmehr an jene Chantal Martinaud im *Verhör*.

Als in Paris Dino Risis Film *Die zwei Gesichter einer Frau*, in dem sie neben Philippe Noiret die Hauptrolle spielt, in die Kinos kommt, können manche es sich nicht verkneifen, reichlich ironische Bemerkungen über den Titel des Films zu machen (der französische Originaltitel lautet *Fantôme d'amour*, zu Deutsch: Phantom der Liebe): Das wäre ja der ideale Beiname für die derzeitige Romy Schneider ... Selbst ihre gewaltigen Anstrengungen und ihr energischer Kampf für *Die Spaziergängerin von Sanssouci* konnten niemanden täuschen. Romy ist irgendwie an ein Ende gelangt, auch wer sie nicht sehr gut kennt, spürt das. Was keiner weiß, was auch sie nicht weiß, ist, dass sie überdies krank ist.

Von Quiberon erhofft sie sich viel. Erholung, Einsamkeit, diese Form selbst gewählter Einsamkeit, die freilich keinesfalls als Isolation, sondern im Sinne von freiem Durchatmen zu verstehen ist. Es gibt dort ein paar Menschen, die sie gerne um sich hat, Leute aus der Gegend, von denen sie weiß, dass sie sie ganz unaufdringlich mit ihrer Freundlichkeit umgeben.

Einmal in ihrem Leben – und der Himmel weiß, dass ihr das fast nie passiert – empfindet sie das Bedürfnis, entlastet, getragen und aller Sorgen enthoben zu werden. In Quiberon sucht sie Zuflucht. Zuflucht vor den fürchterlichen Phasen der Depression, die sie niederdrücken, vor den Angstzuständen, die immer häufiger wiederkehren, vor dem körperlichen Schmerz, der ihr keine Ruhe mehr lässt, vor all den seelischen Torturen, die sie letztendlich durchlitten hat. Sie ist nach Quiberon gefahren, um sich zu retten, aber ihrem größten Übel entrinnt sie nicht: dem Alkohol und den Beruhigungstabletten. Beides ist ihr in Paris unentbehrlich geworden. Alles, im Übrigen, hat sie nach Quiberon begleitet. Ihre Welt, ihre Phantome bis hin zu den Bildern von sich selbst, die sie seit so langer Zeit immer wieder, aber vergeblich zu verdrängen sucht.

In der fern abgelegenen Bretagne, wo sie, wenn schon nicht den inneren Frieden, so doch ein wenig Erleichterung zu finden meinte, stößt sie prompt gleich in den ersten Tagen auf ihr allerlästigstes Phantom, als sie in einer Hafenkneipe sitzt: Ein bretonischer Seemann betritt plötzlich das Café, starrt sie einen Augenblick lang unverwandt an und kommt dann auf sie zu:

»Sie sind doch Sissi, oder?«
»Nein, ich bin Romy Schneider.«
Ihren empörten Protest hat sie zurückgehalten, doch

während beide noch schweigen, sind ihre Miene und ihr Körper zugleich erstarrt.

Der Seemann hat begriffen. Er lädt sie zum Champagner ein, um das Missbehagen zu vertreiben, und schließlich tanzen sie alle beide in dem leeren Lokal nach einem Beatles-Song, als sei er eben erst eigens für sie geschrieben worden.

Sissi war also zurückgekehrt, wieder einmal und nach so langer Zeit. Sissi, von der man hätte annehmen können, sie sei nach so vielen Filmen und Rollen längst überwunden, vergessen im Laufe der Zeit. Aber nein, Sissi war durchaus noch lebendig und bereit, ihr wehzutun. Ein paar Champagnergläser vermochten zwar die Wut zu mildern, aber das Unbehagen darüber blieb. Den Beweis dafür lieferte sie einige Tage später, als sie im *Stern* auf den »Zwischenfall« zu sprechen kam: »Ich hasse dieses Sissi-Image. Was gebe ich den Menschen schon außer immer wieder Sissi. Sissi? Ich bin schon längst nicht mehr Sissi, ich war das auch nie. Ich bin eine unglückliche Frau von 42 Jahren und heiße Romy Schneider.«

Doch es lauern noch mehr Missgeschicke in Quiberon: Bei einem Strandspaziergang kommt Romy, als sie von einem Felsen springen will, falsch auf und bricht sich den linken Fuß. Durch einen Gipsverband gehandicapt, kehrt sie nach Paris zurück.

»Natürlich war das keine Tragödie«, erzählt Jacques Rouffio, »aber als wir davon in Berlin erfuhren, mussten wir trotzdem mit dieser Tatsache fertig werden. Die Kulissen standen, wir waren absolut startbereit für den Beginn der Dreharbeiten. Na ja, das hätte Romy nun wirklich nicht mehr gebraucht, sie war so schon unglücklich genug.

Das war im April 1981, und sie musste nun für einen Monat pausieren. Das traf sich umso ungünstiger für sie, als nur wenige Tage später in Paris die Filmpremiere von *Die zwei Gesichter einer Frau* stattfinden sollte.

Tapfer wie immer beschloss sie, sich gründlich auszukurieren und alle ärztlichen Ratschläge zu befolgen, um so schnell wie möglich wieder einsatzbereit zu sein.«
Dieser Mai 1981 ähnelt einem Wettlauf gegen die Zeit. Nur ein paar Tage noch, und sie würde gut genug gehen können, um mit den Dreharbeiten zu beginnen. Alle warten auf sie, die Crew ist in Berlin, bereit loszulegen und die verlorene Zeit wieder wettzumachen. Die einzig gute Nachricht für sie: Ihr Freund François Mitterrand wurde soeben zum Präsidenten der Republik gewählt.

»Wenige Tage vor Drehbeginn hörten wir, dass sie erneut ins Krankenhaus eingeliefert werden musste«, erinnert sich Jacques Rouffio. »Von Berlin aus war es schwierig, mehr darüber zu erfahren, doch dass es etwas Schwerwiegendes war, hatten wir begriffen …«

So ganz allmächlich schleicht sich das Gefühl ein, dass ein Unsegen auf allem liegt, was Romys Leben betrifft. Keiner weiß bislang Genaueres, aber viele munkeln schon über diese seltsame Verkettung der Umstände.

Während Romy noch ihre Vorbereitungen traf, um nach Berlin zu reisen, wurde sie von unerträglichen Migräneattacken, begleitet von heftigen Schmerzen, geplagt. Sie hat nicht begriffen, hatte im Übrigen auch gar keine Zeit, lange darüber nachzudenken: der abscheuliche Schmerz war in ihrem ganzen Körper und ging nicht mehr weg. Damit kam alles wieder hoch und ließ auch die Leiden der vergangenen Monate erneut zu Tage treten. Obgleich körperlich getroffen, brach sie im Grunde deshalb zusammen, weil ihre Seele zu häufig vernachlässigt und daher gebrochen war. Als sie eilends ins amerikanische Krankenhaus von Neuilly eingeliefert wurde, wusste noch keiner, was ihr fehlte. Nach einer vierstündigen Operation erwacht sie am 23. Mai mit einer Niere weniger, einer fünfundzwanzig Zentimeter langen Narbe mehr und dem unverändert gleichen Schmerz, der ihren Körper immer wieder quälte. Die gute Nachricht dabei ist, dass sie gerettet ist. Die schlechte, und die Ärzte gestehen sie ihr im selben Atemzug: Ihre rechte Niere war von einem Tumor befallen.

In diesen Stunden, in denen alles wieder einmal ins Wanken gerät, bleibt ihr fast nichts: die nette Art von Laurent, der verstört vor ihrem Krankenhausbett steht, die Zuneigung der Filmcrew in Berlin, die, koste es, was es wolle, auf sie warten will, damit *Die Spaziergängerin von Sanssouci* endlich gedreht werden kann. Einmal mehr hat Jacques Rouffio sich stark gemacht: Der Film musste trotz allem gedreht werden, und er würde gedreht werden. Selbstverständlich mit Romy und keiner anderen.

Aufseiten der Versicherungen war die Stimmung eher schlecht, besonders darüber, dass man in Berlin alles erst einmal wieder hatte zusammenpacken müssen, auch die Kulissen. In diesem schönen Monat Mai würde jedenfalls ganz bestimmt kein Drehbeginn stattfinden. Der war nun für den August angesetzt, so viel Zeit hielten die Ärzte für nötig, damit Romy sich von ihrer Operation erholen konnte. Wenn alle Personen – Schauspieler, Produzent, Regisseur und Techniker – einmütig wie mit einer Stimme reden, kommt nichts und niemand dagegen an. Zumindest bei diesem Kampf durfte Romy die Gewissheit erlangen, dass sie ihn unwidersprochen gewonnen hatte. Ein schöner, wenn auch schmerzlicher Trost war das für sie in ihrem Krankenhausbett, wo die Blumensträuße und teilnehmenden Telegramme, so zahlreich sie auch waren, doch nicht ihr das Lächeln zurückgeben konnten.

Dieser Augenblick ist wiederum ein ganz entscheidender

in ihrem Leben: Sie fühlt diesen Unsegen und dieses Verhängnis, das auf ihrem Leben lastet. Ihr Blick, dieser so klare und starke Blick, der die Männer in die Knie zwingt und sie gleichzeitig erhebt, dieser Blick ist nun ganz anders geworden. Ihre Augen drücken so vieles aus: Verängstigung, Resignation und große Verlassenheit. Manchmal wird sie noch lachen. Ihre Augen aber, und das hat sie vor allen anderen selbst geahnt, werden nie mehr lächeln.

Romy fühlt sich umso schwächer, je mehr ihr klar wird, dass sie der Aufgabe ihren beiden Kindern gegenüber nicht gewachsen ist. Sie weiß, dass sie sie brauchen, ein jeder auf seine Weise, und dass sie nicht mehr die Kraft hat, ihnen zu geben, was sie ihnen geben müsste. Immer wollte sie stark sein, alles auf sich nehmen. Heute ist sie am Ende. Die Trennung von Daniel hat ihr Gleichgewicht ganz und gar ins Wanken gebracht. Wie soll sie noch als Mutter funktionieren, wo doch alles, selbst der Körper, sie nach und nach im Stich lässt? In ihrem Bett im Krankenhaus fühlt sie sich vor allem deswegen so verloren, weil sie sich in grenzenloser Einsamkeit gefangen fühlt. Einen Monat zuvor redete sie wie jemand, der noch Hoffnung hat und an etwas glauben will: »Ich suchte jemand, mit dem ich mich zurückziehen und leben könnte. Mit jemandem leben und weniger arbeiten, nicht soviel filmen, aber ich hab's nie geschafft. Deshalb geht es mir manchmal eben so schlecht. Man muss mit irgendjemandem reden, wenn man niedergeschlagen ist, das ist zwar egoistisch, aber man versucht nicht zusammenzubrechen. Ich will mich wehren, ich muss das lernen. Ich werde mein Kind behalten, und ich lasse mir nicht mehr wehtun. Das hängt damit zusammen, dass ich mein Leben nun endlich leben will, falls das noch geht.«[1]

---

[1] Stern, 23. April 1981

Während ihrer Genesung findet sie ein wenig ihren David wieder. Er kommt sie besuchen, erweist sich als zärtlich zu ihr. Natürlich ist er nach wie vor gegen Laurent und lehnt es ab, wieder bei seiner Mutter und ihrem neuen Lebensgefährten zu wohnen. Genau genommen lehnt er gar nichts ab. Er redet nur ganz einfach nicht darüber. Für ihn ist das Thema abgeschlossen.

Als Romy sich wieder einigermaßen gesund fühlt, um die Nachsynchronisation für *Das Verhör* zu übernehmen – der Film soll im September anlaufen –, besucht David sie im Studio, lacht mit ihr und macht sich liebevoll lustig über ihren Akzent. Und dann kommt dieser neue Streit auf, diesmal über die Ferien. Diese beiden Menschen, die sich lieben, müssen einander immer wieder zeigen, wie sehr sie gekränkt sind. Trotzdem fällt ihre Umarmung beim Abschied zärtlich aus. Unbeschwert wie eben ein Abschied ohne böse Vorahnung.

David kehrt zu seinen Großeltern Biasini zurück, während Romy zu Laurents Eltern aufs Land fährt, um neue Kräfte zu sammeln. Kräfte, die sie nötig haben wird, wenn sie ab August die Dreharbeiten für *Die Spaziergängerin von Sanssouci* in Angriff nimmt. Zuvor aber möchte sie noch einmal mit David reden, einen weiteren Versuch starten, um ihn zu überreden. Wenn er nur erst Laurent lieben lernen wollte, ihrer aller Leben könnte um so vieles schöner werden. Wenn er vor allen Dingen begreifen würde, dass seine Mutter niemals von ihm verlangen wird, Daniel zu vergessen und ihn aus seinem Leben zu streichen. Dafür liebt sie ihn viel zu sehr, sie muss es ihm sagen: Wenn sie die richtigen Worte findet, wird er es schon verstehen.

Diese Worte aber hat David nie mehr zu hören bekommen. Er ist am 5. Juli 1981 gestorben, und nun ist Romy noch einsamer und noch verzweifelter.

Doch aufgeben will sie nicht. Sie ist bald 43 Jahre alt. Und jetzt liegt noch etwas vor ihr, ein langer, letzter Weg, und es ist wie ein schlechter Tag, der schier kein Ende nehmen will.

Sie wird bis ans Ende dieses Tages gehen. Den Mut, der ihr fünfundzwanzig Jahre zuvor gefehlt hatte, wird sie heute sowohl dem Tod wie auch ihrer Verzweiflung abringen.

6

Liebeskummer

Im Juli 1953 – endlich sind Ferien! – verlässt Romy das Internat und fährt heim nach Berchtesgaden, wo sie glücklich ist, ihren kleinen Bruder wieder zu sehen. In dem Landhaus in Schönau wird sie schnell wieder ein fröhliches Mädchen und nicht nur, weil sie es so genießt, wieder die Luft der bayerischen Alpen zu atmen. Ihre Großmutter[1] ist da, alle ihre frühen Kindheitserinnerungen und das wunderbare Gefühl, plötzlich wieder, genau wie früher, im Kreise einer Familie zu leben, auch wenn die ein wenig zerfleddert ist.

Sie kann es kaum erwarten, ihre Mutter in Köln zu besuchen, doch als sie schon ihre Koffer packt, kommt ein überraschender Telefonanruf von ihr. Leicht verlegen erklärt die Mutter, dass sie wegen der Dreharbeiten zu einem Film für einige Wochen fort muss. Man hat ihr nämlich soeben eine Rolle angeboten, und es käme für sie gar nicht infrage, mit einer Absage zu antworten: Seit acht Jahren hat man die große Magda Schneider nicht mehr in den Filmstudios gesehen! Doch als die Mutter ihr mehr über das Projekt erzählt, soll Romys Enttäuschung rasch einem großen Jubel weichen.

---

[1] Es handelt sich um die Großmutter väterlicherseits, Rosa Albach-Retty, die 1980, mit beinahe 106 Jahren, verstarb. Ihre Großmutter mütterlicherseits, Maria Schneider, die Romy über alles liebte, starb 1957, während ihre Enkelin seit zwei Jahren im Internat war.

Der Produzent Kurt Ulrich, ein alter Freund von Magda, hat ihr also die Hauptrolle für seinen nächsten Film angeboten: *Wenn der weiße Flieder wieder blüht*. Die Besetzung ist beinahe komplett, aber der Regisseur Hans Deppe sucht noch nach einer Debütantin, die die Rolle des Evchen Forster, Tochter der von Magda verkörperten Hauptfigur, spielen könnte. Ohne so recht sagen zu können, wieso und warum, weiß das junge Mädchen, dass diese Rolle für sie bestimmt ist. Sie begibt sich nach München, wo der Regisseur, der immerhin die Auswahl zwischen etlichen Kandidatinnen hat, augenblicklich ihrem Charme erliegt. Einige Tage später besteigt sie zum ersten Mal in ihrem Leben ein Flugzeug und fliegt nach Berlin, wo die Dreharbeiten stattfinden sollen. Es handelt sich für sie lediglich um eine Probeaufnahme, und sie hat nur wenige Worte zu sprechen, aber vier Tage später bekommt sie die Nachricht: Man hat sich für sie entschieden.

Ihren Konkurrentinnen gegenüber hat sie schon einmal zwei entscheidende Vorteile: Ihr Teint nimmt ganz hervorragend das Licht an, und ihre Schönheit erstrahlt erst so richtig auf dem Filmstreifen, was keineswegs bei allen hübschen Frauen der Fall ist. Viele von ihnen müssen zusehen, wie ihr Gesicht im Licht der Scheinwerfer blass und nichts sagend wird. Und dann ist Romy als Tochter zweier Schauspieler von einer absoluten Spontaneität, einer verblüffenden Natürlichkeit, obwohl sie niemals Unterricht genommen hat und ihre einzige Berufserfahrung auf den kleinen Theaterstücken beruht, die sie im Internat spielen durfte. Sie bewegt sich genau richtig, sie spricht genau richtig, sie spielt genau richtig, sie ist immer »echt«, und alle um sie herum am Set, ob nun routinierte Schauspieler, erfahrene Techniker oder der von ihr bereits überzeugte Filmregisseur, alle sind sie hingerissen von ihrer vollkommenen Natürlichkeit und Ungezwungenheit. Sie ist erst fünfzehn Jahre alt, aber als das Publikum sie ein paar Monate später in den Kinosälen entdeckt, vergisst es sehr schnell, dass sie Magda Schneiders Tochter ist, um sich nur noch am Talent dieses begabten Kindes zu erfreuen.

Wie um ihre Zugehörigkeit zum Vater, der ihr so sehr fehlte, nochmals und immer wieder zu betonen, bestand sie darauf, im Darstellerverzeichnis als Romy Schneider-Albach aufgeführt zu werden – zum maßlosen Ärger ihrer Mutter. Sie war der Ansicht, dass man, wenn man schon das Glück hat, die Tochter der großen Magda Schneider zu sein und im gleichen Film wie sie zu spielen, es sich schuldig sei, den bloßen Namen Schneider zu tragen. Übrigens, schon beim nächsten Film, *Feuerwerk*, der kurz nach *Wenn der weiße Flieder wieder blüht* gedreht wurde, nannte sie sich tatsächlich nur noch Romy Schneider im Vorspann. Da sie von ihrem Vater auch nach ihrem glücklichen Debüt in der Welt des Films nicht mehr als sonst gehört hatte, ergab Romy sich erneut in ihr Schicksal. Wozu sich mit der Mutter weiterhin um etwas streiten, worauf der Hauptbetroffene sowieso keinen Wert legt?

Innerhalb weniger Jahre reiht sich ein Film an den anderen: *Mädchenjahre einer Königin* (1954), *Die Deutschmeister*, *Der letzte Mann*, *Sissi* (1955), *Sissi, die junge Kaiserin*, *Kitty und die große Welt*, *Robinson soll nicht sterben* (1956), *Monpti*, *Scampolo*, *Sissi – Schicksalsjahre einer Kaiserin* (1957), *Mädchen in Uniform* und *Die Halbzarte* (1958). Diesen Film dreht sie, kurz nachdem sie sich am Set für *Christine* in Alain Delon verliebt hat.

Im Laufe von nur drei Jahren ist der Aufstieg zum Ruhm geschafft, was dadurch deutlich wird, dass die Produzenten nunmehr Romy engagieren und eventuell auch Magda hinzuziehen, wenn diese die Mutter der Hauptfigur spielen soll! Genau das Gegenteil dessen also, was sich für *Wenn der weiße Flieder wieder blüht* abgespielt hat. Was Magda Schneider allerdings nicht daran hindert, ihre Tochter mit guten Ratschlägen zu überhäufen, sie will ihren Einfluss bezüglich der Gestaltung ihrer Karriere unbedingt geltend machen. Je mehr Romy heranwächst, umso mehr mischt sich Magda in alles ein, und es kommt immer wieder zu Auseinandersetzungen zwischen Mutter und Tochter.

Romy, die immer weniger bereit ist, sich von Magda dirigieren zu lassen, leistet sich einen Akt der Rebellion, als sie sich plötzlich weigert, eine weitere Sissi-Folge zu filmen. Die Produzenten bieten ihr eine Million Mark, aber das junge Mädchen, das noch keine neunzehn Jahre alt ist, erwidert nur: »Lieber spiele ich gar nicht als noch mehr Prinzessinnen!« Die Wirkung einer solchen Antwort kann man sich vorstellen, wenn man weiß, dass allein in Frankreich die ersten Sissi-Filme über 18 Millionen Besucher in die Kinos gelockt hatten. Verzweifelt versuchen alle, die mit den ersten drei Filmen bereits viel Geld verdient haben, Romy umzustimmen, wobei sie sogar so weit gehen, ihre Entscheidung mit einem beruflichen Selbstmord zu vergleichen. Wenn sie bei ihrer Weigerung bliebe, dann würde sie sich garantiert nie mehr davon erholen und könne ihre Karriere gleich an den Nagel hängen. Diesen Vorhersagen, die sich geradezu wie Drohungen anhören, begegnet die junge Schauspielerin mit Verachtung. Sie weiß, was sie will, und vor allen Dingen, was sie nicht mehr will.

Auch in der Liebe würde sie gerne genau wissen, was sie will. Aber auch hier lässt Magda ihr nicht viel Freiheit. Als sie sich in Horst Buchholz verliebt, ihren Partner in *Robinson soll nicht sterben* und *Monpti*, stößt sie auf die feindselige Haltung der Mutter. Von einer Szene zur anderen, von einem Krach zum anderen wird der Ton immer schärfer, bis Magda von ihrer Tochter schließlich verlangt, den Kontakt zu dem jungen Schauspieler abzubrechen und ihn nicht wieder zu sehen. Schweren Herzens gehorcht Romy. Sie ist erst achtzehn Jahre alt, und zu jener Zeit ist das ein Alter, in dem man seinen Eltern nicht allzu lange Widerstand leistet.

Deswegen aber zu mutmaßen, Magda Schneider habe ihren Triumph auskosten können, wäre Fehlanzeige. Denn schon wenige Wochen später verliebt sich das junge Mädchen Hals über Kopf in Curd Jürgens! Der große Schauspieler ist ein Freund der Familie und sechsundzwanzig Jahre älter als Romy, aber das sollte sie nicht stören. Hinter diesem Blitz aus heiterem Himmel stecken natürlich Trotz, Revanche und auch das unwiderstehliche Bedürfnis, ihr Herz zu verschenken und im Gegenzug dafür etwas zu bekommen, das der Liebe ähnelt. Auch kann sich ein junges Mädchen, das allzu oft, und vor allem von seinem Vater, vernachlässigt wurde, leicht gerade zu einem Mann hingezogen fühlen, der ihm an Jahren und Charme gleichkommt. Und der noch dazu kein Fremder ist, da er der großen Familie der Schauspieler angehört.

Gerührt von dieser Liebe, aber doch nüchtern genug, um deren Ursprung und auch eventuelle Konsequenzen überblicken zu können, muss Curd Jürgens viel Überzeugungskraft aufbringen, um Romy klarzumachen, dass es mit ihnen beiden nichts werden kann. Für ihn wäre sie nur eine junge, hübsche Blume, die man am Wegrand pflückt. Für sie wäre er in erster Linie ein Trost für ihre unerfüllten Jungmädchenträume, für ihre Wunden, die er noch dazu nicht einmal heilen könne, ganz im Gegenteil. Es gebe keine gemeinsame Zukunft für sie. Aber das junge Mädchen ist hartnäckig. Sie will sich diesen, wie sie findet, viel zu vernünftigen Argumenten des Mannes, den sie nun mal auserwählt hat, nicht beugen.

Als wollte sie alles auf eine Karte setzen, besteigt sie ein Flugzeug, um zu ihm nach Nizza zu fliegen. Dort sieht er sie zwar, aber er sagt ihr definitiv, was er fühlt und was er denkt. Vielleicht gibt er sich dabei kälter, als ihm lieb ist, doch seiner Ansicht nach ist das der Preis dafür, dass dieses Mädchen ihn sich ein für allemal aus dem Kopf schlägt. Es ist besser, ihr heute wehzutun, als sie später womöglich noch unglücklicher zurückzulassen.

Verzweifelt und tränenblind fliegt Romy wieder zurück. Für sie hat das Leben keinen Sinn mehr, ihr bleibt nur der Tod. Zum ersten Mal in ihrem Leben denkt sie an Selbstmord als letzten möglichen Ausweg, als eine Art Erleichterung. Ihr Leid besteht darin, dass sie Tag für Tag mehr erkennt, dass sie weder lieben noch wiedergeliebt werden kann, ohne dass es jedesmal verhängnisvoll wird. Sie denkt an ihren Vater, an Horst Buchholz, Curd Jürgens und für sie ist es immer dasselbe Ergebnis, auch wenn die Gründe jeweils andere waren.

Romy, 18 Jahre jung, schön und anmutig und schon berühmt, will von einem solchen Leben nichts wissen, das ihr alles bietet, nur nicht die Liebe, von der sie träumt.

7

Rendezvous in Berlin

»Zum Glück haben wir die
Kunst, um dem wirklichen Leben
zu entfliehen.«
Gustave Flaubert

Irgendein kleiner Rest steckte also noch in ihr. Kein Licht und auch keine Hoffnung. Vielleicht ein wenig von jener Größe, die bewirkt, dass manche unter uns anders sind. Sie lebte fast nicht mehr und trotzdem rührte sie sich noch. Man wusste, sie war wie zerschlagen. Und an dem Tag, als sie wie selbstverständlich erklärte: »Ich will filmen«, reagierten alle mit Erstaunen. Zuvor hatte sie mit Laurent darüber gesprochen, der vor Überraschung sprachlos war. Dann hatte sie Jacques Rouffio angerufen, ganz so, wie man im Büro anruft, um anzukündigen, dass man nach einer längeren Pause die Arbeit wieder aufzunehmen gedenkt. Und wie man einem Kollegen erklärt, dass es einem besser geht und man bereit sei, sich wieder ins Getriebe zu stürzen.

Sie hatte Jacques gebeten, sich umzutun, wann man mit der Dreharbeit beginnen könne. Die Tage würden wieder in Fluss kommen, nur die praktischen Einzelheiten blieben noch zu regeln. So meinte sie. Denn seit ihrem Anruf spielte sich ein neuerliches Drama ab, in dem sie, ohne es selbst zu ahnen, die Hauptdarstellerin war. Es konnte keine Rede mehr davon sein, dass der Film überhaupt noch gedreht wurde. Auf alle Fälle nicht mit Romy Schneider.

Schon als *Die Spaziergängerin von Sanssouci* wegen Romys Operation acht Tage vor Drehbeginn zum zweiten Mal aufgeschoben werden musste, hatten die Versicherungen zwar bezahlt, aber sie wollten sich auf nichts mehr einlassen. Mit Romy Schneider einen Film zu planen, galt inzwischen als ziemlich riskantes Unternehmen. Ihr Gesundheitszustand war beunruhigend, ihre Genesung eine ungewisse Sache, und vor allem konnten diese Schicksalsschläge Vorboten noch ganz anderer Heimsuchungen werden. Ja, das berühmte Gesetz der Serie.

Dass man Versicherungsgesellschaften nicht gerade eine gewisse Abenteuerlust nachsagen kann, ist bekannt. Und nichts ist ihnen mehr zuwider, als ein großes Risiko einzugehen. Den Film abzusagen, wäre ihnen damals schon als die beste Lösung erschienen. Nach Davids Tod, so dachten sie zumindest, erübrigte sich die Frage von vornherein. Aus ihrer Sicht war Romy Schneider fortan jemand, der nicht mehr wirklich lebt, für den keiner mehr etwas tun konnte und der es selbst nie mehr schaffen würde, eine Dreharbeit bis zum Ende durchzustehen. Daher waren sie bereit, für die Streichung des Filmprojekts zu zahlen. Oder der Schauspielerin eine Abfindung zu zahlen, damit man ihre Rolle anders besetzen konnte. In keinem Fall aber waren sie bereit, mit ihr weiterzumachen. Als Produzent des Films war Raymond Danon als erster über diese Entscheidung informiert worden. »Er rief mich an und bestellte mich ins *Fouquet's*«, erinnert sich Jacques Rouffio. »Dort erklärte er mir dann die Situation. Zu diesem Zeitpunkt schien es uns beiden sowieso unwahrscheinlich, dass Romy weiterfilmen könnte. Für ihn wie für mich hieß die eigentliche Frage nun: ›Mache ich den Film oder mache ich ihn nicht?‹

Und dann rief sie mich an. Sie wollte ihre Rolle übernehmen. In ihren Augen schien das so normal. Ich habe mich nochmals mit Raymond Danon getroffen und ihm die neue Sachlage erklärt. In der Zwischenzeit hatte ich auch ein kurzes Gespräch mit Laurent Pétin. Selbstverständlich war ihm klar, dass da ein enormes Problem für uns entstand. Aber er liebte Romy, lebte mit ihr und wusste besser als wir alle, in welch verzweifelter Verfassung sie sich befand. Für ihn ließ sich die Situation nicht in Zahlen, Risiken oder in Versicherungsverträgen zusammenfassen, sondern in den wenigen Worten, die er als Bitte hervorbrachte: ›Mach den Film, Jacques, mach ihn oder sie wird sterben ...‹ Aus diesen Worten eines sensiblen und verliebten, in seiner äußersten Angst aber dennoch nüchternen jungen Mannes habe ich den Mut geschöpft, um eine Entscheidung zu treffen, von der ich mich nicht mehr abbringen lassen wollte: Ich würde *Die Spaziergängerin von Sanssouci* drehen, und zwar mit Romy Schneider als Hauptdarstellerin.«

Doch für Jacques Rouffio war die Angelegenheit hiermit noch längst nicht ausgestanden. Als Ersatz für Romy hatte man bereits mit der polnischen Filmschauspielerin Hanna Schygulla Verbindung aufgenommen. Hanna Schygulla war eine großartige Schauspielerin in so vielen filmischen Meisterwerken, unvergesslich in ihrem Ausdruck und ihrer Menschlichkeit in Fassbinders *Die Ehe der Maria Braun*. Wenn man im Abstand von zwanzig Jahren diesen Film, der 1978 herauskam, heute wieder sieht, frappiert die faszinierende Ähnlichkeit zwischen Hanna Schygulla und Romy Schneider. Man sieht die eine auf der Leinwand und stellt sich die andere vor. Stellenweise ist die Ähnlichkeit zwischen ihnen vollkommen. Es war eine Rolle für Hanna, und sie spielt sie wundervoll, doch es kommt einem dennoch in den Sinn, dass es ebenso eine Rolle für Romy gewesen wäre. Diese beiden Schauspielerinnen sind sich sowohl in ihrem Spiel wie auch in ihrem Äußeren ähnlich. Kein Wunder also, dass die erste, an die man dachte, um Romy in der *Spaziergängerin* zu ersetzen, gerade Hanna Schygulla war. Jacques Rouffio allerdings war an solcherlei Überlegungen nicht beteiligt. Sein vorrangiges Ziel war es, Romy Schneider zu schützen, und so hatte er eine zugleich schroffe und klare Antwort darauf: »Wenn Romy nicht an dem Film mitwirkt, dann werde ich das auch nicht tun.« Rouffios Reaktion zeichnet ihn nicht nur als starken Charakter aus, sondern vor allem als einen Menschen mit Anstand. Er wusste besser als jeder andere, in welchem Maße das Projekt für *Die Spaziergängerin von Sanssouci* Romy Schneider zu verdanken war. Sie hatte ihm von dem Buch erzählt, hatte die Idee zum Film vorgebracht, sich persönlich dafür eingesetzt mit ihrem Namen und ihrer Popularität, damit die Produktion möglich wurde. Sie war die Seele dieses Unterfangens. Und nun, da das Leben ihr einen furchtbaren Schlag versetzt hatte, konnte man das alles doch nicht einfach vergessen und noch weniger ihr die Hilfestellung versagen, nach der sie verlangte. »Wieder habe ich mich mit Raymond Danon getroffen und ihn überzeugen können«, erinnert sich Rouffio. »Weil er eben ein einfühlsamer und menschlicher Typ ist. Man darf nämlich nicht meinen, dass die Dinge für ihn einfach zu entscheiden waren. Tatsächlich befand er sich in einer Lage, die für einen Produzenten, der den finanziellen Aspekt seiner Gesellschaft nicht aus den Augen verlieren darf, eine Zerreißprobe sein musste. Verzichtete er auf den Film, so übernahmen die Versicherungen alle Kosten und er strich immerhin mehr Geld ein, als er investiert hatte. Ohne etwas dafür zu tun und ohne das geringste Risiko einzugehen. Machte er dagegen den Film mit Romy und weigerten sich die Versicherungen, sie abzusichern, dann ließ er sich auf das größte Risiko seines Lebens ein.[1] Es brauchte seiner Hauptdarstellerin während der Dreharbeiten nur irgendetwas zuzustoßen, sie konnte aus dem einen oder anderen Grund spielunfähig werden (und was die Gründe angeht – der Himmel weiß, dass es mehr als nur einen davon geben konnte!), und Raymond Danon verlor alles. Selbst durch Romy Schneider verursachte Verspätungen bei den Dreharbeiten würden von den Versicherungen nicht gedeckt werden. Mit anderen Worten, als Danon sich dazu entschloss, *Die Spaziergängerin* zu produzieren, schickte er sich an, etliche Wochen hindurch auf sehr dünnem Eis zu laufen, Eis, das jeden Augenblick brechen konnte ...«

Die erste Reise nach Berlin für das gesamte Team hatte im Januar 1981 stattgefunden. Die Dreharbeiten hatten im Mai 1981 begonnen und waren dann zweimal verschoben worden. Alle waren nun erneut vor Ort, und auch Romy stieß in Berlin zu ihnen, in dieser Stadt, die in so vieler Hinsicht für sie bedeutsam war. David war hier geboren worden, und sie hatte die drei schönsten und glücklichsten Jahre ihres Lebens in Berlin verbracht. Bis zu dem Tag, an dem sie und ihr Mann Harry die Mauer einfach nicht mehr ertragen hatten. Hierher zurückzukehren bedeutete, an so viele Erinnerungen anzuknüpfen, die belastend waren, sodass sie nicht wusste, ob sie es durchstehen würde.

Sie würde wieder in dem Studio arbeiten, in dem sie seit dem Remake von *Mädchen in Uniform* im Jahr 1958 und viel später bei *Gruppenbild mit Dame* nicht mehr gedreht hatte. Vor allem war ihr in dieser Stadt alles gegenwärtig: David, Harry, das Glück ... Und als wäre das alles nicht grausam

---

[1] Siehe Raymond Danons Aussagen, Kapitel 13

genug, würde sie auch noch dem deutschen Film und den Deutschen die Stirn bieten müssen, über die sie sagte: »Ich glaube, dass sie mir noch nicht verziehen haben, dass sie niemals verzeihen werden«, womit sie ihre Abkehr von Deutschland meinte.

Das war alles schon so lange her, als das strahlende junge Mädchen sich weigerte, weiterhin die Rolle einer Filmprinzessin zu spielen. Sissi musste Romy weichen. Und dann war die große Liebe gekommen. Er hieß Alain Delon, und wie es in schönen Geschichten so üblich ist, riss er alles mit sich fort.

8

Eine Leidenschaft fürs Leben

Romy war noch die unnahbare Prinzessin, da eroberte dennoch einer ihr Herz. Es geschah in einem jener Augenblicke, in denen das Leben belanglos wird, weil man alles zu haben scheint und das Wesentliche doch fehlt. »Und dann kam Alain Delon. Ich erinnere mich an jede Einzelheit.«[1] Immer wenn sie diese Begegnung erwähnte, die ihre kleine Welt sprengen sollte, beschrieb Romy sie wie einen Theatercoup. Und sie hatte nicht Unrecht.

Im Anfang stand ein Filmprojekt, die Filmadaption von Arthur Schnitzlers *Liebelei*, und ein Vertrag mit einer französischen Produktionsfirma. »Wir flogen nach Paris. Die Filmproduktion hatte auf dem Flughafen für die Presse ein Treffen mit meinem Partner Alain Delon arrangiert. Unten vor der Rolltreppe stand ein zu schöner, zu wohlfrisierter, zu junger Bursche mit Schlips und Kragen und einem übertrieben modischen Anzug: Alain Delon. Er sprach nicht englisch, ich sprach nicht französisch. Wir unterhielten uns in einer Sprachen-Melange. In Paris erst lernte ich den wahren Alain kennen. Einen Verrückten. Einen blutjungen Burschen in Bluejeans und Sporthemd, einen ungekämmten, schnellsprechenden, wilden Knaben, der immer zu spät ins Atelier kam, mit einem Rennauto durch Paris sauste – ein Alain, von dem man sich die ungeheuerlichsten Geschich-

---

[1] *Quick*, April 1965: Im Zuge einer dreiteiligen Folge des Magazins erhielt Romy Schneider Gelegenheit, ihre Lebenserinnerungen zu erzählen.

ten erzählte. Ich mochte ihn immer noch nicht. Es herrschte ständig Kriegszustand zwischen Alain und mir. Wir stritten uns, dass die Fetzen flogen. Und Jean-Claude Brialy stand dazwischen, vergeblich bemüht zu vermitteln. In diese Zeit fiel der Filmball in Brüssel. Zusammen mit Alain fuhr ich im Zug von Paris nach Brüssel. Und zum ersten Mal stritten wir uns nicht. Wir flirteten. Als ich in Brüssel aus dem Zug stieg, sah mich meine Mutter kurz und forschend an: ›O je – dich hat's erwischt.‹ An diesem Abend kam es zur offenen Auseinandersetzung mit meiner Familie.«[1]

Und das war erst der Anfang! In Romys Leben damals ist es nicht nur Magda, die als wachsame Mutter die Anstandsdame spielt und sehr autoritär gegenüber der jungen Frau auftritt. Ihr Stiefvater Herbert Blatzheim, kurz Daddy genannt, mischt sich ebenso in alles ein, mehr noch als ein besitzergreifender Vater es tun könnte.

Es sei bemerkt, dass Daddy Blatzheim sich niemals wirklich mit Romy und ihren Gefühlen auseinander setzt. Was für ihn zählt, ist, dass das Geld weiter hereinfließt, und die unerlässliche Bedingung dafür ist, dass Romy sich so lange wie möglich ihr mädchenhaftes Image der unschuldigen und unerreichbaren Prinzessin bewahrt. Das Kinopublikum liebt Sissi, also soll sie gefälligst auch Sissi bleiben!

Schon bei ihrer Romanze mit Horst Buchholz hat er seiner Stieftochter das Leben schwer gemacht. Indem er sein herrisches Wesen hervorkehrte und massiv in etwas eingriff, das im Grunde nur eine harmlose Liebelei zwischen zwei jungen Leuten war, hat er alles getan, um die Idylle zu zerstören. Eine Sissi, die sich einen Liebhaber zulegte, vertrug sich nicht so recht mit seinen geschäftlichen und sonstigen Plänen: Er sah darin schlicht und einfach die enorme Ge-

---

[1] *Ibid.*

fahr, dass eine Karriere frühzeitig aufhören könnte, die sich doch bisher so vielversprechend und einträglich angelassen hatte. Mit seinen Argumenten sollte er schließlich doch noch Genugtuung erhalten und den Eindringling – Horst Buchholz – endgültig ausschalten, indem er Romy den theatralischen, grotesken und gleichzeitig erbärmlichen und unsinnigen Satz entgegenhielt: »Wähle zwischen ihm und mir!«

Seither ist einige Zeit vergangen. In Romys Alter zählen die Monate dreifach, was Reife anbelangt. Als sie sich nun einem Familienrat gegenüber sieht, der, nachdem sie gerade einmal mit Alain Delon geflirtet hat, augenblicklich von ihr verlangt, sich diesen neuen Kandidaten aus dem Kopf zu schlagen, da leistet sie, so gut sie kann, Widerstand. »Daddy« Blatzheim plustert sich erneut bedrohlich auf, während Magda sich eher auf beißenden Spott verlegt. Bald erhitzen sich die Gemüter, zumal Romy soeben eine neue Waffe für sich entdeckt hat, die Arroganz. Und die, hat sie den Eindruck, wird ihr dabei helfen, ihre »Tyrannen« aus dem Konzept zu bringen.

Am nächsten Abend findet der große Ball statt. Das junge Mädchen sitzt bei ihrer Familie am deutschen Tisch, Delon zusammen mit einigen Franzosen an einem Tisch ein Stück weiter weg. »Alain forderte mich zum Tanzen auf. Während des Tanzes bat er mich, doch an seinen Tisch zu kommen. Doch ich fühlte mich noch ganz als braves Töchterchen: Ich ließ mich von ihm zurück an den Tisch bringen. Ich trank einen Schluck Champagner und dachte nach. Plötzlich begriff ich, dass die Bevormundung ein Ende haben müsse. Irgendetwas in mir revoltierte.«[3] Magda und Daddy toben, spüren jedoch, dass sie diesmal auf Granit beißen

---

[3] *Ibid.*

werden. Als Magda mitbekommt, wie ihre Tochter den schönen Alain hinter den Filmkulissen küsst, lässt sie sich erneut zu einem Wutanfall hinreißen, denn ihre größte Sorge ist, dass die Journalisten etwas davon erfahren könnten. Doch noch vor dem Ende der Dreharbeiten für *Christine* in Wien, ihrem prächtigen Wien, das sie Alain stolz zeigt, weiß alle Welt Bescheid. Was indessen nichts an der neuen, sehr viel freieren Einstellung ändert, die Romy angenommen hat.

Sie hat gelernt, sich zu behaupten, und ein Zurück wird es nicht geben: Ein zweites Mal soll es keinem gelingen, ihr eine Liebesbeziehung zu zerschlagen! Sissi ist erwachsen geworden und sie ist bereit, für den Mann, den sie liebt, zu kämpfen, denn sie liebt Delon, da ist sie sicher. »Vor ihm wusste ich nichts ...«, wird sie später einmal sagen. Und ferner: »Er war ausschlaggebend für mein ganzes Leben ... Er gab meinem Leben eine neue Richtung.«

Als sie nach beendigter Dreharbeit Alain bis direkt an das Flugzeug hin begleitet, das ihn nach Paris bringen wird, fühlt sie sich erneut traurig und leer und sie hat wieder ein Gefühl der Verlorenheit, das sie so gut kennt. Er ist genauso aufgewühlt wie sie, so dass die beiden aus Angst, in Tränen auszubrechen, schließlich gar nichts mehr sagen. Alain hat ihr einen Brief gegeben, den sie, ohne ihn zu lesen, ans Herz drückt. In ihr Hotelzimmer zurückgekehrt, weint sie unaufhörlich und ist zwei Tage lang völlig am Boden zerstört. Als sie wieder zu sich kommt, fühlt sie sich gestärkt durch die Entscheidung, die sie mittlerweile getroffen hat. Mehr noch: Sie ist zur Frau gereift. Das junge Mädchen, das sie gestern noch war, hat sie von sich abgestreift. Sie gehört nur mehr der Erinnerung an. Sie weiß, dass ihr die Wahl, die sie soeben getroffen hat, eine Menge Ärger einbringen wird, aber das will sie auf sich nehmen. Ihre Sekretärin

Charlotte ist die Erste, die ins Vertrauen gezogen wird: Romy wird ihrem geliebten Alain nach Paris folgen!

»Am nächsten Tag sollte ich nach Köln fliegen, nach Hause, mich dort erholen bis zum nächsten Film, ein ganz normales Leben führen, ausruhen, spazierengehen, Autogrammkarten unterschreiben, Drehbücher lesen ... Ich konnte es nicht. Ich flog nicht nach Köln. Ich kaufte mir eine Flugkarte Wien – Paris. Ich landete in Paris und rief Alain von Orly aus an. Erst als ich den Hörer auf die Gabel gelegt hatte, begriff ich, was mit mir geschehen war. Ich war frei. Ich war ausgebrochen. Ich hatte das Band, das mich bisher an mein Elternhaus gefesselt hatte, endgültig durchgeschnitten. (...) Ich hatte alle Brücken hinter mir abgebrochen, und ich hatte mich vom Einfluss meiner Mutter und meines Stiefvaters befreit; und trotzdem fand ich innerlich keine Ruhe. Ich hing sozusagen zwischen den Welten, der, aus der ich kam, einer Welt geordneten Bürgertums, gehegt, umsorgt und stets von guten Ratschlägen begleitet, und der Welt, in die ich strebte. Das war Paris, die Theater, der intellektuelle Film, die abenteuerlichen Projekte großer Regisseure, und die so viel freiere Jugend, die das Geld verachtete ... diese schillernde Welt zog mich an, während ich mich gleichzeitig vor ihr fürchtete.«[1]

Wenn Romy die Brücken zu ihrer Familie abbrach, so fand sie deswegen in Frankreich noch längst keine neue Familie. Zu viele Dinge trennten sie von Alain Delon, auch wenn sie in den ersten Monaten alles tat, um das Offensichtliche zu übersehen. Es wäre ein Leichtes zu sagen, dass die Liebe sie blind gemacht hatte. Die Wahrheit aber dürfte vor allem sein, dass sie sich dieser Liebe bediente, um sich über manches hinwegzutäuschen. Darüber etwa, dass zwi-

[1] *Ibid.*

schen dem jungen Schauspieler aus Instinkt, der von der Straße kam, und der aus einer Schauspielerfamilie stammenden jungen Frau, dem Star, nicht nur ein Graben, sondern eine ganze Welt voller Unterschiede war. Doch das kümmerte sie damals wenig: Was jetzt zählte, war, dass diese Liebe, auch wenn sie zum Scheitern verurteilt sein sollte, ihr dabei half, selbst eine andere zu werden.

Sicherlich hatte sie nicht bedacht, was diese Verwandlung sie kosten konnte. Deutschland, das sie längst schon zu seinem Eigentum erklärt hatte, sollte ihr niemals ihren Fortgang verzeihen, der ihr bestenfalls als Flucht und schlimmstenfalls als Verrat ausgelegt wurde. Nie würden die Deutschen vergessen, dass sie sie wegen eines obskuren Franzosen »verraten« und dessen Land den Vorzug gegeben hat, während man ihr doch in der eigenen Heimat alles zu Füßen gelegt hatte.

Was die Deutschen indessen im Handumdrehen vergessen haben, ist die Tatsache, dass Romy zu dem Zeitpunkt, als sie fortzugehen beschließt, in Deutschland nicht mehr die Verehrung genießt wie vorher. Jedenfalls nicht von jedermann. Gewiss, sie ist erst zwanzig Jahre alt und hat bereits zwanzig Filme für sich zu verbuchen, die alle ein Erfolg wurden. Doch in Deutschland wie auch anderswo ist die Neue Welle der Filmkunst im Kommen. Eine Menge junger Filmregisseure will endlich hinwegfegen, was sie »Opas Kintopp« nennen und wozu die Sissi-Filme natürlich gehören. Romy wird in den Strudel der Kritik mit hineingerissen. Da sie sehr jung ist, fühlt sie sich notgedrungen verletzt. Sie begreift nicht, weshalb man über sie herfällt, warum man sie als »schlechteste Schauspielerin der Welt« bezeichnet. Sie eine »bonbonrosa« Heldin zu schimpfen, ist nicht nur grausam, vor allem heißt das in gewisser Weise, ihre Existenz zu leugnen. Sie begreift es nicht, weil sie nicht erkennt, dass man, über ihre Person, ihre Qualitäten oder Mängel hinweg, wie in jeder Revolution, hauptsächlich ein Symbol angreift. Also leidet sie wieder einmal, geht ohne Bedauern fort und kommt nach Paris. Dort präsentiert sie sich nicht als Filmstar, sondern sie ist voller Selbstzweifel.

Letztendlich kam es soweit, dass sie sich selbst einredete, alle Filme, die sie gedreht hatte, seien schlecht und auch sie selbst sei eine schlechte Komödiantin. Sie verweigert übrigens jede Antwort auf Fragen, die Journalisten ihr zu ihren Filmrollen stellen. Sie hat Deutschland verlassen, weil sie sich erniedrigt fühlte durch all die vielen Deutschen oder Österreicher, die den Krieg nicht vergessen haben und sich nach dem sehnen, wie es vorher war. Für solche bedeutet, das Land zu verlassen, Verrat. Andere wieder, die man allmählich zu hören beginnt, auch wenn sie sich nicht so laut gebärden, zeigen Verständnis für Romys Abkehr. Sie sind im gleichen Alter wie sie. Es ist die junge Generation, die die Verweise auf den Nationalsozialismus, den übersteigerten Nationalismus und alles, was damit einhergeht, satt hat. In ihren Augen ist Romys Fortgang ein Akt der Entschlossenheit.

Sie zieht bei Alain in der Avenue de Messine ein, lernt Französisch, gewinnt Freunde, versöhnt sich wieder mit der Familie. Sie ist glücklich, dass sie den Kontakt aufrechterhalten kann, obwohl sie sich im Stillen nach wie vor ärgert über sie –, vor allem aber lernt sie, ohne dass es ihr überhaupt bewusst wäre, die Frau eines Mannes zu werden und, ganz allmählich, ihr Leben danach auszurichten.

Am 22. März 1959 verlobt sie sich offiziell mit Alain Delon in dem Haus ihrer Familie in Morcote am Luganer

See. Der Beweis, dass mit ihrer Liebe alles zum Besten steht? Eher wohl der Beweis dafür, dass »Daddy« Blatzheim die Dinge wieder einmal in die Hand genommen hat. Er allein hat sich diese Verlobung ausgedacht und, indem er sie organisierte, gezeigt, dass er zu der Sorte von Menschen gehört, die immer einen Weg finden, aus dem sie wenigstens ihren Nutzen ziehen können. Er war gegen die Verbindung zwischen Romy und Alain, konnte sie aber nicht verhindern. Also ließ er sich etwas einfallen, um die Kontrolle darüber zu behalten. Sogar Romy, die ja die Hauptbetroffene war, hat nie ganz begriffen, was sich da im März 1959 tatsächlich abgespielt hat: »Im März 1959 traf ich mich mit meiner Mutter und mit meinem Stiefvater in unserem Haus in Morcote bei Lugano. Hans-Herbert Blatzheim hatte sich offensichtlich mit meiner Beziehung zu Alain Delon abgefunden. Wenn es schon nicht zu ändern war, sollte das Ganze wenigstens eine Form bekommen. Also beschloss er, eine ›Verlobung‹ zu arrangieren. Ich reiste von Paris nach Lugano und erfuhr dort von Daddy: ›Morgen findet eure Verlobung statt. Ich habe die Presse schon informiert. Alain wird hierher kommen.‹ Ich begreife heute noch nicht, wie Daddy es fertig gebracht hat, Alain zu dieser Verlobung zu überreden. Weshalb gab sich dieser unbürgerliche Franzose zu einer solchen Farce her? Ich kannte ihn – und ich zweifelte an diesem 22. März 1959 in Lugano bis zur letzten Minute daran, ob er wirklich auftauchen würde. Alain kam tatsächlich. Wir ›feierten‹ Verlobung, die Familie stellte sich vereint den Fotografen, jeder gab ein paar markante Sätze von sich.«[1] Betrachtet man mehr als vierzig Jahre später diese grässliche Inszenierung einer aufrichtig-unaufrichtigen Verlobung durch Daddy Blatzheim, kommt man zu

[1] Ibid.

dem Schluss, dass die unglückselige Romy Schneider aber auch wirklich von einer Falle in die andere tappte.

Sie selbst stellt die Frage: Wie hatte sich ihr sonst so unbürgerlicher »Verlobter«, der der Ehe und überhaupt aller Art institutioneller Traditionen so ablehnend gegenüberstand, zu einer Verlobungsfeier hergeben können? Vielleicht hatte sie Angst davor, sich die Antwort selbst zu geben, aber es besteht kein Zweifel, dass sie sie kannte: Delon, der Rebell, der Proletarier, wollte die Sache auf die Spitze treiben, bis ihm schließlich genügend stichhaltige Argumente ermöglichten, diejenige, die er liebte, in aller Gelassenheit ablehnen zu können. Vorläufig blieb der innere Kampf, der an ihm zerrte, noch waren seine Gefühle zu unklar, zu zwiespältig, als dass sie ihm den Weg vorzeichnen konnten. Doch schon bald, wenn sich erst genügend Gründe, wie diese groteske Verlobung, angehäuft hätten, wäre er ausreichend gewappnet gegen Romy, um sie zu verachten, sie zu verraten und eiskalt sitzen zu lassen. Und um sie, schließlich und endlich, auch nicht mehr zu lieben.

Am Ende und leider zu spät hatte Romy Schneider ihn so gut zu verstehen gelernt, dass sie bei der Schilderung jener Zeit ein recht untypisches Bild von der Liebe abgab, die Alain Delon ihr vermeintlich entgegenbrachte: »Zwischen Alain und mir lag eine Welt. Alain drückt das in seinem Buch so aus: ›Sie stammt aus der Gesellschaftsschicht, die ich auf der ganzen Welt am meisten hasse. Sie kann nichts dafür, aber sie ist unglücklicherweise von ihr geprägt. Ich konnte nicht in fünf Jahren das auslöschen, was ihr zwanzig Jahre lang eingetrichtert worden war. Ebenso wie es in mir zwei, drei, ja vier Alain Delons gibt, gab es in ihr immer zwei Romy Schneiders. Die eine Romy liebte ich mehr als alles auf der Welt, die andere Romy hasste ich ebenso stark.‹« Und hier kommentiert Romy ohne Bitterkeit:»So ähnlich sehe ich auch die Dinge. Niemand kann aus seiner Haut. Niemand kann alle Einflüsse einfach abschütteln, die ihn von Kindheit an geprägt haben. Alain konnte es nicht, ich konnte es nicht. Und deshalb war schon am Anfang unserer Beziehung das Ende unausbleiblich. Nur wussten wir das damals noch nicht, oder wollten es nicht wahrhaben – ich jedenfalls nicht.«[1]

Wochen- und monatelang – letztendlich sollten es vom Zeitpunkt der Verlobungsfeier an insgesamt vier Jahre, acht Monate und vierundzwanzig Tage werden – wird Romy so tun, als wäre sie ahnungslos. Als sie mit fünfundzwanzig Jahren dann allein mit sich selbst und dem Desaster dasteht, das aus ihrem Leben geworden ist, wird sie nunmehr erneut die Jahre zählen können, die sie von einem neuen Aufbruch trennen.

Alles kam so hinterrücks und auf leisen Sohlen, ohne jedes Vorzeichen. *Christine* war angelaufen, allerdings ohne nennenswerten Erfolg. Danach hieß es für Romy, etliche Dreharbeiten hinter sich zu bringen, zu denen die Verträge schon seit längerem unterzeichnet waren. *Ein Engel auf Erden*, *Die schöne Lügnerin* und *Katja* gaben ihr das Gefühl, dass sich nichts geändert hatte. Sie war immer noch die Romy, um die sich die Produzenten rissen. Aber dann kam plötzlich nichts mehr, und man brauchte kein Hellseher zu sein, um zu erkennen, dass auch nichts mehr kommen würde: nachtragend und gehässig, hatte Deutschland sie auf eine Art »schwarze Liste« gesetzt, während sie in Frankreich für die Theater- und Filmwelt letztendlich mehr als Verlobte Alain Delons denn als Schauspielerin interessant war. In dem

[1] *Ibid.*

Land, für das sie sich aus Liebe entschieden hatte, existierte sie nicht unter ihrem eigenen Namen!

»Als Schauspielerin gab es mich nicht. Ich war bekannt als lebenslustige Begleiterin des kommenden Weltstars Alain Delon. Alain raste von einem großen Film zum anderen. Ich saß zu Hause. Das Blatt hatte sich gewendet: Als ich Alain kennen lernte, war er der Anfänger mit einigen Hoffnungen. Ich war bereits eine erfolgreiche Schauspielerin. Oder sagen wir: Ich hatte mehr berufliche Erfahrung als er. Jetzt trafen wir abends im Künstlerlokal ›Elysée-Matignon‹ die großen Regisseure – sie unterhielten sich mit Alain über die nächsten Projekte. Für mich hatten sie ein paar freundliche Worte übrig. Ich war deprimiert. Gereizt reagierte ich auf jede neue Erfolgsnachricht, auf jede Mitteilung über einen schönen Vertrag, den Alain erhielt. Ich war eine Schauspielerin und wollte arbeiten. Zum ersten Mal in meinem Leben wurde ich eifersüchtig auf den Erfolg.«[1]

Sie spürt auch, dass Alain sie inzwischen mit anderen Augen betrachtet. Als er sie kennen lernte, war sie der Star, und zu der Liebe, die er für sie empfand, gesellte sich, zusätzlich zur Bewunderung, der unbändige Wunsch, sie ganz oben einzuholen. Zwei Jahre später ist er oben, und sie ist zurückgefallen. Er sieht sie nicht mehr in derselben Weise an, und so traurig das auch sein mag, sie kann es ihm nicht übel nehmen.

Während sie niedergeschlagen ist und nichts zu tun hat, feiert er seine Triumphe unter der Leitung der berühmtesten Filmregisseure: René Clément bietet ihm eine großartige Rolle in *Nur die Sonne war Zeuge* (1960) an, Luchino Visconti dreht mit ihm *Rocco und seine Brüder* (1960) und dann *Der Leopard* (1963), während Michelangelo Antonioni ihm

[1] *Ibid.*

die Hauptrolle in *Liebe* (1962) anvertraut. Es sind zahllose ausgezeichnete Filme und Erfolge auf breiter Ebene, die Alain Delons Lebenslauf in diesen Jahren anreichern.

Auch der Schauspieler spürt sehr wohl, dass sich da eine Kluft zwischen Romy und ihm aufzutun beginnt. Da nutzt er seine enge Beziehung zu Luchino Visconti und setzt sich für die Durchführung eines ehrgeizigen Projektes ein, das zum gemeinsamen Projekt für sie drei werden soll: die Inszenierung des Stückes *Schade, dass sie eine Dirne ist* von John Ford unter der Regie von Luchino Visconti und mit Romy Schneider und Alain Delon in den Hauptrollen. Die Premiere soll am 29. März 1961 im Théâtre de Paris stattfinden. Romy verhält sich zunächst zögernd: Sie ist noch nie in ihrem Leben auf der Bühne gestanden. Aber Delon ist so begeistert und Visconti so überzeugend, dass sie sich mitreißen lässt. Sie wird wieder zur Schülerin, lernt die Bühnensprache, feilt verbissen an ihrer Diktion und Aussprache, meistert ihr Lampenfieber, übersteht glücklich die Generalprobe und bricht am Vorabend der Premiere zusammen: akute Blinddarmentzündung!

Fünf Tage Krankenhaus, zehn Tage Erholungszeit und schon stand sie erneut vor der so entscheidenden Begegnung mit allem, was in Paris Rang und Namen hatte: »Mein Gesicht schillerte noch in vielen Farben, mein Bauch war vorsichtshalber bandagiert, ich musste mich ja schließlich über die Bühne schleudern lassen! Ich war nervös wie noch nie. Obwohl ich ausdrücklich gebeten hatte, mir nicht zu sagen, wer bei der Premiere dabei sein würde, brach ein Kollege das Schweigen. Es machte mich wahnsinnig. Sie waren alle gekommen: Ingrid Bergman, Anna Magnani, Jean Marais, Jean Cocteau, Curd Jürgens, Shirley McLaine, Michèle Morgan, die berühmtesten Regisseure von Frankreich und viele Kollegen. Im Zuschauerraum saßen auch meine Mutter und mein Bruder. Ein Kritiker zog das Resümee dieses Abends: ›Man jubelte Romy Schneider zu, die – kaum den Messern des Chirurgen entronnen – hier höchst anmutig durch das Messer ihres geliebten Bruders stirbt. Sie war die entfesselte Schamlosigkeit selbst und gleichzeitig die Verkörperung rührendster Reinheit, jung, schön, zärtlich ...‹ Im Ganzen war es ein großer Erfolg. Der Kampf dieser Wochen, die Verzweiflung hatten sich gelohnt. Ich war sehr stolz an diesem Abend.«[1]

Auf diesen Abend werden vorerst allerdings lange, sehr lange Zeit keine weiteren Triumphe folgen. In dem Augenblick, als der schweißgebadete Alain sie in die Arme nimmt und sie allen in der Garderobe Anwesenden mit den Worten präsentiert: »Heute ist sie die Königin von Paris, meine Königin!«, da glaubt sie wirklich, dass sie ihre Durststrecke hinter sich hat. Die aber hat genau genommen erst begonnen und wartet mit weiteren, schlimmeren Ärgernissen auf, die ihr schwer zu schaffen machen werden.

Gewiss, sie dreht für Luchino Visconti den zweiten – von ihm inszenierten – Sketch für den Episodenfilm *Boccaccio 70*, und die gesamte Filmkritik zollt ihrem Talent, das sicherer, reifer geworden sei, höchste Anerkennung. Doch ebenso wie es ihr schon mit den Komplimenten zu ihrer Bühnenleistung ergangen ist, verklingen auch diese neuerlichen Ovationen im Nichts. Sie wartet auf ein Zeichen zumindest des einen oder anderen der großen Regisseure, die gekommen waren, um ihren Erfolg mitzufeiern – doch die scheinen vergessen zu haben, dass es sie noch gibt.

Alain Cavalier, der frühere Regieassistent von Louis Malle, bietet ihr eine schöne Rolle in seinem ersten eigenen Film *Der Kampf auf der Insel* an. Dann geht sie auf Theatertour-

[1] *Ibid.*

nee durch Frankreich und spielt für eine sehr kleine Gage die Hauptrolle in Tschechows Stück *Die Möwe*. Endlose Reisen im Zug oder Bus, enge Bühnen, unscheinbare Städte und oftmals dünn besetzte Theatersäle, aber was soll's: Sie spielt, geht ganz in ihrem Beruf und in ihrer Leidenschaft auf, vergisst auf der Bühne, dass keiner mehr an sie als Filmstar auf großer Leinwand denkt, und vor allem entfernt sie sich von Sissi, diesem Makel, der immer noch an ihr haftet.

Orson Welles holt sie für zehn Drehtage zum *Prozeß*, wo sie neben Anthony Perkins, Jeanne Moreau und Elsa Martinelli spielt, dann dreht sie zwei Wochen lang in London für den Film *Die Sieger*, eine amerikanische Produktion, die ihr eine wenn auch nur kleine Rolle angetragen hat. Im Jahr darauf, 1963, holt der große Otto Preminger sie für den *Kardinal*. Wie das *Hamburger Abendblatt* etwas boshaft bemerkt, spielt Romy zwar die weibliche Hauptrolle, aber keine besonders große Rolle. Man sieht, ihre deutschen »Freunde« beobachten immer noch durchaus aufmerksam ihren beruflichen Werdegang und jeden noch so geringfügigen öffentlichen Auftritt. Vor allen Dingen hat man den Eindruck, dass sie auf jede Gelegenheit lauern, ihr Hiebe zu verabreichen und sie daran zu erinnern, welch kolossalen Irrtum sie doch begangen habe, als sie das Land verließ, das ihr immerhin zum Ruhm verhalf.

Ob es den Deutschen nun recht ist oder nicht, jedenfalls wird *Der Kardinal* sowohl in ihrem Berufsleben wie auch in ihrem Leben als Frau ein wichtiger Meilenstein bleiben. Da wären zunächst Otto Premingers Komplimente: »Sie ist eine gute Schauspielerin. Ich kenne Romy. Ich habe mit ihr ihren 21. Geburtstag in Wien gefeiert. Ich kenne ihren Vater, ihre Großmutter, Romy vereint deren Talent und noch einiges mehr ... Ich konnte die ganze Breite ihres Talents aber erst ermessen, als ich mit ihr arbeitete. Sie hat eine unwahrscheinliche Ausstrahlung und Wandlungsfähigkeit.«

Vor allem widerfährt Romy das einzigartige Glück, mit ihrem Vater zusammen drehen zu dürfen. In der Tat hat Wolf um der Freude willen, seiner Tochter bei der Dreharbeit zu begegnen, eine kleine Rolle und eine ebenso bescheidene Gage für sich akzeptiert. Magda ist auch da, und so entdeckt Romy mit 24 Jahren das beglückende Gefühl, mit Vater und Mutter gemeinsame Stunden zu verleben! »Das war das erste Mal, dass ich meine Eltern zusammen sah«, sollte sie später einmal in Erinnerung an jene Tage im März 1963 erklären. Die Dreharbeit, die in Boston und Hollywood begonnen worden ist, wird in Rom und danach im Kloster Casamari fortgesetzt, bevor sie im April 1963 in Wien ihren Abschluss findet.

Anlässlich der in Österreich gedrehten Szenen hat Romy viel mit ihrem Vater reden können, mehr als sie je Gelegenheit dazu hatte, und das aus gutem Grund. Tagsüber verkörpert sie die Rolle einer jungen Frau, die 1938 in Österreich, als die Truppen der Nationalsozialisten einmarschieren, aus Liebe das Risiko eingeht, einen Geistlichen von seinem Priestertum abzubringen. Abends und in den Nächten rechnet sie mit ihrer Kindheit ab. Sie stellt ihrem Vater all die Fragen, die sie in ihrer Jugend gequält haben:

»Warum bist du fortgegangen?«

»Es musste eben sein.«

»Weshalb hast du dich so gar nicht um mich gekümmert?«

»Ich war nicht dazu geschaffen, Kinder zu haben ...«

Wolf ist zwar ein leichtfertiger Mensch, doch feige ist er nicht. Er weicht ihr nicht aus, bleibt ihr keine Antwort schuldig, auch nicht solche, die wehtun.

»Bist du dir im Klaren darüber, dass sich alles verändert hat, als du nicht mehr da warst?«
»Das weiß ich. Ich habe lange Zeit unter dem Bewusstsein gelitten, dass ihr zu leiden hattet, dein Bruder und du. Aber das alles ist so kompliziert ...«
»Du sagst das immer so, als wäre es eine Erklärung.«
»Eine andere habe ich nicht. Das Leben ist kompliziert, mein Liebes ...«
»Das ist nicht fair!«
»Das Leben ist auch nicht fair ...«
Danach ist alles erledigt. Romy hat endgültig Frieden geschlossen mit ihrem Vater, von dem sie nun weiß, dass er ihr immer nur in ihren Träumen gehören wird.

Einige Monate später – die Filmpremiere steht bevor – muss sie einige Fragen der Presse beantworten. Die Geschichte der Versöhnung mit ihrem Vater interessiert alle und jeden, und als ihr am Tag nach der Abendgala, die am 19. Dezember 1963 in der Pariser Oper abgehalten wurde, die Frage gestellt wird, hat sie eine lapidare Antwort parat, die das Thema ein für alle Mal abzuschließen scheint: »Meine Kindheit? Basta, aus, vorbei, eh nichts mehr zu ändern ... vergessen!« Erst achtzehn Jahre später, lange nach dem Tod ihres Vaters und dreizehn Monate vor ihrem eigenen, wird sie wieder darauf zu sprechen kommen.

Wie schon erwähnt, neigt die deutsche Presse eher dazu, sich ironisch darüber auszulassen, dass Romys Rolle an Tiefe und Ausdruckskraft nicht allzu viel hergibt. Einige Journalisten allerdings verstehen es, sich objektiver zu geben, und erkennen an, dass sie Fortschritte gemacht hat. »Romy Schneider verbindet jetzt die einstige, ihr zum Verhängnis gewordene Süße mit der am französischen Dialog geschulten Knappheit und Raschheit«, steht in der *Frank-*

furter Allgemeinen Zeitung vom 18. Januar 1964 zu lesen. In all ihren Erklärungen nach den Dreharbeiten haben Orson Welles und Otto Preminger sie zwar, Viscontis Beispiel folgend, zur hoffnungsvollsten Nachwuchsschauspielerin Europas gekrönt, aber die Bilanz ist trotzdem mager.

Um dem Schlimmsten, nämlich der Untätigkeit zu entgehen, unterzeichnet sie einen Siebenjahresvertrag bei der Columbia. Dieser Vertrag sieht sieben Filme zu einer Gage von jeweils einer Million Dollar vor. Im Herbst 1963 bezieht sie mit acht Angestellten und Bediensteten eine Luxusvilla in Beverly Hills, Hollywoods edelster Wohngegend.

Die vorübergehende Trennung von Alain ist weder tragisch noch schmerzlich. Man müsste schon blind sein wie Romy, um nicht zu erkennen, dass ihre Partnerschaft auf trügerischen Schein gebaut ist und dass bereits ein Nichts sie definitiv ins Wanken bringen kann. Wie um besser in ihrem Irrglauben verharren zu können, bleibt die junge Frau dabei, ihr Sprüchlein von der glücklichen Liebe aufzusagen, das sie sich schon vor ein paar Jahren zurechtgelegt hat: Sie lebt mit dem Mann zusammen, den sie liebt, wozu also heiraten und Kinder kriegen? Ein Trauschein ist sowieso nur ein Fetzen Papier; bald werden sie wieder vereint sein und, umgeben von ihrem Hund und ihren Platten, Hand in Hand ruhige Abende verbringen, bevor sie um neun Uhr dann schlafen gehen. Romy träumt sich ihr Leben voller Liebe zusammen; sicherlich deshalb, weil sie sich schließlich allen Widerständen zum Trotz dafür entschieden hatte, weil sie weiß, dass ihre Karriere dafür seit Jahren schwere Einbußen zu erleiden hat. Sie fühlt sich ohnehin schon allein gelassen. Dann doch wenigstens für einen guten Grund, nämlich den einer geglückten Liebe.

Doch während sie *Leih mir deinen Mann* in den Vereinigten Staaten dreht, kommen ihr alle Gerüchte über Alains Treulosigkeiten zu Ohren. Sie klammert sich an das, was sie glauben möchte, und sagt nichts dazu. Als sie nach Europa zurückkehrt, geschieht das in der Hoffnung, ihm möglichst gleich nach Madrid nachzureisen, wo er gerade an einem Film arbeitet. Alain ist das gar nicht recht: Er braucht Konzentration. Romy beugt sich seinem Wunsch, beginnt allerdings doch auch unruhig zu werden wegen jener Fotos, die immer öfter durch die Presse geistern und ihren Verlobten in Begleitung einer jungen Blondine zeigen. Manche gehen, Ironie des Schicksals, sogar so weit, von Verlobung zu sprechen!

Sie versucht ihn am Telefon zur Rede zu stellen. Er weicht aus, erzählt ihr Klatschgeschichten. Noch zweimal wird sie ihn sehen und in den Armen halten, ohne die geringste Veränderung zu spüren. Bis zum Schluss bleibt er der Mann, den sie liebt und der sie liebt – zumindest, wenn er bei ihr ist.

Sie kam zu ihm nach Rom, wo er drehte, um von dort aus direkt nach Los Angeles zu fliegen. Er hat sie an den Flughafen begleitet. Sie haben sich geküsst. Wie eben Leute, die sich lieben, einander küssen. An den folgenden Tagen haben sie miteinander telefoniert, haben über alles und nichts geredet, jedenfalls aber nicht über jene üblen Gerüchte, die nun mit allem Nachdruck wiederkehren und eine immer augenfälligere Liaison zwischen Alain und Nathalie zum Inhalt hatten. Wie hätte er so gar nichts darüber verlauten lassen können, wenn tatsächlich etwas dran war an der Sache? Das war unmöglich, völlig ausgeschlossen, und Romy klammerte sich an diese letzte Hoffnung.

»Dann kam unser gemeinsamer Freund und Agent George Beaume nach Hollywood. Ich hatte immer mit dem Ende gerechnet, aber ich hatte nicht damit gerechnet, dass es so überraschend kommen würde. George sagte: ›Ich habe einen Brief für Sie, Romy.‹ Er war zwölf oder fünfzehn Seiten lang, und die letzten Seiten waren ein bisschen verwischt. Ich las und begriff und begriff einfach nicht. Ich habe den Brief nicht beantwortet. Es blieb nichts mehr zu sagen. Ich gebe zu, dass ich viele Monate sehr gelitten habe, warum sollte ich mich deshalb schämen. Unser Beruf hat mehr zu unserer Trennung beigetragen, als Alain wahrhaben will. Nach der Liebe mit Alain war ich verbraucht, verloren, geschunden.«[1]

Andere als Romy hätten diese unerhört grausame Abfuhr nicht verziehen. Sie aber hatte es sich angewöhnt, immer zu verzeihen. Auch diesmal entschied sie sich dafür. Der Öffentlichkeit gegenüber gestand sie ihren Kummer ein. Aber alle, die sie liebten, versuchte sie gefasst davon zu überzeugen, dass sie nach einigen Monaten aufgehört habe, unter der Trennung zu leiden. Und doch war es für sie wie ein Albtraum und sollte es auch noch lange bleiben.

---

[1] *Ibid.*

9

Das Messer in der Wunde

Eines Morgens dann war Romy da. Und was sie in den Blicken der anderen zu lesen bekam, versicherte ihr, dass sie niemals an ihr gezweifelt hatten. Sie war eine von ihnen. Es war ihre Pflicht, ihr beizustehen. »Die schönste Erinnerung an diese Drehwochen in Berlin war sicherlich der felsenfeste Zusammenhalt dieser ganzen Crew rund um Romy Schneider«, erinnert sich Jacques Rouffio.[1]

Man sagt, Schauspieler seien egoistisch, eifersüchtig untereinander und unfähig, einander aufrichtig zu mögen. Hier wurde das Gegenteil bewiesen. Ohne große Gesten, ohne Rührseligkeit, ohne die geringste Anspielung auf die Vergangenheit, die noch viel zu frisch war. Einmal mehr galt es, eine Rolle richtig zu spielen, und auch für Profis gibt es Situationen, in denen dies schwieriger wird als üblich. Ist es leichter, Gefühle darzustellen, die man nicht wirklich empfindet, oder solche zu ersticken, die einem auf der Seele lasten? Das jedenfalls haben sie getan, vom ersten Tag an und ohne je von dem ungeschriebenen Drehbuch abzuweichen, das ihnen das Leben vorgab. »Es war wirklich eine Gruppe mit außerordentlicher moralischer Verantwortlichkeit.« Präziser hätte Jacques Rouffio sich nicht ausdrücken können.

Im Oktober fröstelt Berlin bereits in Wind und Regen. Die Stadt ist schön, trüb und doch übersät von tausend

---

[1] Gespräch mit dem Verfasser

Lichtern, die die Düsternis durchdringen. Das *Steigenberger*, ein renoviertes altes Grandhotel, hat seine Pforten um einige Wochen früher geöffnet. Es kann die Schauspielertruppe der *Spaziergängerin* bei sich aufnehmen. Gleich bei der Ankunft hat Romy gefragt, wann man mit der Arbeit beginnen könne. Alle haben verstanden: Ihr Wunsch, die Zeit auszufüllen, ist größer als der, nur ja keine zu verlieren.

Steht sie unter Druck? Nicht wirklich. Unter dem Druck, der Konfrontation mit sich selbst, mit ihrer Erinnerung zu entkommen, jedoch sicherlich. Wenn es nichts zu tun gibt, bleibt sie allein auf ihrem Zimmer, weit weg von den anderen, weit weg auch von sich selbst. Sie geht ihren Text durch, lernt ihre Stichwörter auswendig. Immer schon und obwohl sie nun seit langem in Frankreich lebt, hat sie Mühe gehabt, sich diese Sprache anzueignen, die nicht die ihre ist.

»Am ersten Morgen, als wir zum Drehort aufbrachen, kam sie mir so verletzlich vor, dass ich plötzlich Angst um sie hatte«, erzählt Rouffio. »Sie schien nahe daran zu zerbrechen. Draußen warteten die Paparazzi. Sie lauerten auf den Augenblick, da Romy erscheinen würde, um einige Schnappschüsse von ihr zu ergattern. Also gingen wir in die Tiefgarage des Hotels, wo der Produktionswagen geparkt war, und fuhren von dort aus los. Unentdeckt und unerkannt.

Tag für Tag wiederholten wir diese Maßnahme. Tag für Tag trafen wir uns, sie und ich, in diesem Wagen, um miteinander zu schweigen oder über den Film zu reden, als ob nichts wäre.«

Ab und zu öffnete sie sich ein wenig:

»Weißt du, Jacques, es ist hart.«

»Ja, aber du bist sehr tapfer.«

»Ich weiß nicht, ob ich durchhalten werde.«

»Aber ich weiß, dass du durchhalten wirst.«

Sie hatten über nichts gesprochen, und sie hatten über alles gesprochen.

In Berlin waren bereits alle da. Diejenigen aus den ersten Tagen bei der ersten Reise im Januar 1981: Claire Denis, Elisabeth Tavernier, Jean-Pierre Eychenne, Alain Peyrollaz. Und dann die anderen: Michel Piccoli, Gérard Klein, Dominique Labourier, Mathieu Carrière, Helmut Griem. Da war auch und vor allem der blutjunge Wendelin Werner, der die Figur des zwölfjährigen Max Baumstein zu verkörpern hatte. Im Film sollte der erwachsen gewordene Max von Michel Piccoli gespielt werden, zunächst einmal war es Wendelin, der den Adoptivsohn Elsas darstellen würde, deren Rolle Romy Schneider übernommen hatte.

»Wie würden sich die Dinge zwischen Romy und dem Jungen entwickeln? Wir waren natürlich gespannt und auch besorgt«, erinnert sich Rouffio. »Er war lange vor dem tragischen Unfall von David gecastet worden, und ein grausamer Zufall wollte es, dass er ihm ähnlich sah. Und zwar gewiss um einiges mehr, als sich zwei Vierzehnjährige im Allgemeinen ähnlich sehen.«

Wie sollte sie nicht an ihren David denken, als sie zum ersten Mal Wendelin Werner traf? Der Junge ist Jude, genau wie der Held, den er darstellt. Jacques Rouffio zufolge verfügt er über eine seltene Intelligenz – und eine außergewöhnliche Sensibilität. »Niemand hatte mit ihm über Romys Drama gesprochen. Natürlich wusste er, was geschehen war, aber man hatte ihm nicht nahe gelegt, diese oder jene Haltung einzunehmen. Er war keineswegs belehrt worden.

Dennoch begriff er sofort, dass er für sie einen Prüfstein darstellte. Er hat nichts gesagt. Doch er spürte, dass sie sich ihm gegenüber kühl verhielt, irgendwie gehemmt war durch seine Gegenwart. Niemals beklagte er sich: Dieser Junge verstand alles und behielt alles für sich. Über diesen Film, der ohnehin schwierig genug war, war er in eine noch viel bedrückendere Situation hineingeraten, die ihn leicht hätte überfordern können. Er muss darunter gelitten haben, doch ohne jemals aus der Rolle zu fallen, weder im Film noch im Leben. Wie viele junge Schauspieler hätten einem solchen Druck wohl standgehalten? Immerhin spielte dieses Kind im Film den Sohn einer Schauspielerin, die soeben im realen Leben einen Sohn desselben Alters verloren hatte!

Um Romy zu helfen, ohne dass sie es merkte, auch um dem Jungen die Drehtage ein wenig zu erleichtern, sagte ich zu meiner Hauptdarstellerin manchmal, wenn wir im Wagen saßen: ›Kümmere dich ein bisschen um den Kleinen, er braucht in manchen Szenen etwas Unterstützung.‹«

All dies blieb im Bereich des Beruflichen, aber Rouffio war glücklich, wenn er das Gefühl hatte, er habe Romy mit der Verantwortung für den Jungen erfolgreich abgelenkt und sie so zumindest für einige Stunden den schweren Träumen entrissen, die ihren Schlaf heimsuchten und sie aufwachen ließen.

Sie fand nachts keine Ruhe, und wenn sie die Last der Verzweiflung im Alkohol ertränkte, so nur, um die Bürde am Morgen noch drückender, noch unerträglicher wieder aufzunehmen. »Manchmal begannen wir mit drei oder vier Stunden Verspätung zu drehen. Weil Romy nicht pünktlich war und weil sie dann erst noch mühsam hergerichtet und geschminkt werden musste. Aber niemand beklagte sich. Die Crew hielt zusammen.«

Und alle hatten ihr etwas zu geben. Insbesondere Michel Piccoli, mit dem sie nun schon ihren sechsten Film drehte. Als Rouffio ankündigte, dass sie wieder einmal Partner sein würden, meinte er: »Mit euch beiden sind keine Proben nötig, das müsste auch so funktionieren. Die Tests haben bereits stattgefunden.« Wie »vorher« stiegen sie ganz automatisch und ohne Umschweife ein in ihr altgewohntes kleines Spiel freundschaftlicher Wortgeplänkel: »Zuerst bewerfen wir uns immer mit Komplimenten«, erzählte Romy. Und bei der *Spaziergängerin* machten sie keine Ausnahme:

»Du bist der Beste.«

»Aber nein, die Beste bist du.«

Ohne weiteres hatte er sie gleich wieder »*la Boche*«[1] genannt, wie immer, wenn er sie auf die Palme bringen wollte, bis sie dann doch lauthals loslachen musste.

Und dann gab es noch Gérard Klein. Den Freund von Elsa-Romy, der bis zum Ende für sie da sein wird. »Anfangs starb er fast vor Angst«, erzählte Romy, »und ich wollte ihm von ganzem Herzen helfen.« Man hilft einem anderen, weniger routinierten Schauspieler bereits dadurch, dass man ihm Mut macht und ihm anbietet, mit ihm außer der Reihe den Text zu üben. Und das tat Romy nicht nur mit vollem Einsatz, sondern, wie sie gestand, sogar mit mehr Lampenfieber noch als beim wirklichen Drehen.

Alle diese Augenblicke mit Piccoli, mit Klein, mit den anderen, waren ihrem Unglück mühsam abgerungen. Dessen wurde sie sich notgedrungen immer dann bewusst, wenn sie sich nachts allein in ihrem Zimmer wieder fand, ohne jemanden, der sie neckte oder um Hilfe bat. Manchmal kam Laurent Pétin. Ohne sich aufzudrängen, blieb er einfach nur lange genug, um sie wissen zu lassen, wie nahe er ihr war, und überließ sie dann wieder ihrem Film, ihrer Doppelrolle, jenem anderen Leben, das sie bisweilen weit weg entführte. Während der Drehwochen in Berlin besuchte er sie zwei- oder dreimal.

[1] Schimpfwort für Deutsche

»Romy war eine Mischung aus Traurigkeit und Fröhlichkeit«, erinnert sich Jacques Rouffio. »Bei uns gelang es ihr zu scherzen, zu lachen und sich niemals missmutig zu geben. Als nähme sie zuviel Rücksicht auf die Gruppe, nur um ihren Kummer nicht spüren zu lassen. Aber die Nächte müssen grauenhaft gewesen sein. Es kam vor, dass sie mich um drei oder vier Uhr morgens anrief: ›Hallo, hab' ich dich aufgeweckt?‹ – ›Was gibt es denn?‹ – ›Es geht mir nicht gut ...‹

Wir redeten dann ein wenig, oder vielmehr hörte ich ihr einige Minuten lang zu, dann hängte sie wieder ein, eher wohl, um mich weiterschlafen zu lassen, und nicht, weil sie etwas Frieden gefunden hätte.

Wenn wir abends in Berlin in ein Restaurant essen gingen, nötigten wir sie niemals, mit uns zu kommen. Wir waren überzeugt davon, dass man sie frei entscheiden lassen sollte, wonach es ihr, je nach Tag und Situation, gerade war. Sie sollte sich nicht wie in einer Falle gefangen fühlen. Sie zappelte ohnehin schon in einer tödlichen Falle. Da also niemand von uns sie bedrängte, blieb es ihr erspart, etwas ablehnen zu müssen.

Jedesmal hinterließ ihr Klein eine kurze Nachricht, wo wir zu finden waren. Wenn sie Lust hatte, sich uns anzuschließen, kam sie, und dann gaben sich alle Mühe, sie zu unterhalten und ihr einen schönen Abend zu bereiten. Es ging darum, wer am besten herumalbern konnte, und darin war Michel Piccoli mit Abstand der komischste.

Er gab sich ihr gegenüber wie ein großer Bruder, komplizenhaft und zärtlich zugleich. Schon wenn er halb spöttisch, halb liebevoll sagte: ›Na, wie geht's, *la Boche?*‹, entlockte er ihr ein leichtes Lächeln, und wir alle waren überzeugt, einen kleinen Sieg über ihre Traurigkeit errungen zu haben.

Ich glaube, wir wollten ihr alle ein Stückchen ihres Unglücks abnehmen, und dies war umso bewegender, als wir uns nicht abgesprochen hatten. Da türmte sich dieser ungeheure Kummer auf, und jeder wollte ein klein wenig davon abtragen ...«

Der einzige, der Romy überhaupt nichts zu bieten hatte, war Wendelin Werner, der Junge mit dem Engelsgesicht, dessen Dasein allein schon ihr unablässig ihren Schmerz vor Augen hielt. Alles, was Romy tun konnte, um ihm nicht allzu feindselig zu begegnen, war, ihn zu ignorieren.

»Das war schwierig für sie und schwierig für den Jungen«, erinnert sich wieder Jacques Rouffio. »Glücklicherweise waren seine Eltern da, um ihn moralisch zu unterstützen, und vor allem war er wirklich ein sehr intelligenter Knabe. Er hat keine Karriere beim Film angestrebt. Heute ist er ein Wissenschaftler, der in der Forschung arbeitet. Ein richtiger Intellektueller, verheiratet und Familienvater. Er war schon als Kind etwas Besonderes, und er ist es nach wie vor.«

Im Verlauf der Dreharbeiten sollte sich Romys Verhältnis zu dem Jungen ein ganz klein wenig erwärmen. Weiterhin ging es im Wechsel auf und ab, in jedem Fall aber gab es einen enormen Fortschritt im Vergleich zu den ersten Tagen, als Romy am Tiefpunkt ihres Lebens nach Berlin zurückgekehrt war. Berlin, diese Stadt, in der sie die glücklichste Zeit verbracht und die ihr eine Liebe und ein Kind beschert hatte.

10

Im Namen des Vaters und des Sohnes

Als Alain Delon sie verließ, war etwas in ihr erloschen. Dieser fluchtartige Abschied aus heiterem Himmel hatte sie völlig niedergeschmettert. Von nun an gab es keinen Grund mehr für sie, die Augen zu verschließen. Monatelang, während sie versucht hatte, ihre Karriere in den Vereinigten Staaten aufzubauen, war sie eine betrogene junge Frau gewesen. Sie hatte getan, als merke sie nichts, um vielleicht noch zu retten, was zu retten war. Jetzt, da es nichts mehr zu retten gab, war sie imstande, sich alles einzugestehen und sich nichts mehr vorzumachen. »Er hat mich unentwegt betrogen«, musste sie einige Wochen später zugeben. »Ich war zu Dreharbeiten in Amerika. Ich kam zurück, die Wohnung in der Rue de Messine war leer, niemand mehr da. Da stand ein Rosenstrauß, daneben lag ein Zettel, da stand drauf: ›Ich bin mit Nathalie nach Mexiko, alles Gute, Alain.‹«

Man könnte sich über diese Offenheit wundern, die irgendwie schlecht zu dem Bild passen wollte, das Romy bisher geboten hatte. Dass sie ihre Gefühle und die Umstände ihres Bruchs mit Delon so der Welt preisgab, mochte wohl überraschen. Gewiss, sie war das Opfer, das man beklagen, über das man sich aber auch lustig machen konnte. Vor allem bekam ihr Image als strahlender Weltstar menschliche Züge. Plötzlich wurde aus ihr ein armes Ding, das man verführt, ausgiebig betrogen und endlich sitzen gelassen hatte. Und das sich weigerte, sich selbst und seinem Publikum etwas vorzumachen. Die Beschämung, die Demütigung, die ihr dieser Abschied zugefügt hatte, das alles war, verglichen mit ihrem Kummer, im Grunde unerheblich. Und genau das war es, was sie beweisen wollte, wenn sie ihre Beziehung zu Delon genau betrachtete und in allen Schattierungen untersuchte, ohne dabei zu verheimlichen, dass sie oftmals allzu sehr auf ihn eingegangen war: »Wenn es nach mir gegangen wäre – ich hätte ihn nicht aufgeben können. Manchmal spürte ich voller Verzweiflung, dass unsere Beziehung in Quälerei ausartete, und dann wollte ich Schluss machen. Ich konnte es nicht. Wenn Alain von einer Reise zurückkam, stand ich doch wieder am Flughafen und erwartete ihn. Gut, ich war schwach, ich liebte ihn, und ich verzieh ihm immer wieder. Mehr möchte ich über diese Zeit nicht sagen. Nur noch eins: Ich bereue nichts. Nichts. Aber ich möchte das Ganze nicht noch einmal erleben, ich könnte es nicht mehr ertragen.«

Romy, die erwachsene Frau, erlebte ihren ersten großen Kummer. Und wieder erinnerte sie sich an das Ereignis in ihrer Kindheit, das ihr ebenso viel Leid zugefügt hatte, als ihr Vater sie zurückließ wie Alain Delon, mit demselben unüberhörbaren Stillschweigen.

Nach dieser Trennung, die alles in allem wenig überraschte, und deren Ursachen nur allzu offen lagen, war ihr schlechtes Gewissen wieder da, kamen ihre alten Dämonen zurück: Und wenn nun sie die Schuldige wäre? Sie und ihre kleinbürgerlichen Allüren, die Delon nicht oder wohl eher nicht mehr ertragen konnte. Sie und ihre kindliche Naivität. Sie und ihr allzu penetranter Erfolg als Märchenprinzessin. Ihr wahnsinniges Bedürfnis, ihn zu heiraten. Und bis er sich endlich entschieden hätte, so zu leben, als wäre sie längst seine Frau, als gehörte sie ernstlich und für immer zu diesem Wildling, der sämtliche Konventionen zornig in Fetzen riß. »Die Vernunft zwingt mich, Dir adieu zu sagen«, hatte Delon ihr einige Tage danach geschrieben. »Wir haben unsere Ehe gelebt, bevor wir heirateten. Unser Metier würde ihr jede Überlebenschance nehmen ... Ich gebe Dir die Freiheit zurück und lasse Dir für alle Zeiten mein Herz.« Und noch später wird derselbe Delon – man könnte meinen, es drängte ihn mit aller Macht danach – auf die Geschichte dieser Liebe zurückkommen, die verloren war, weil er sich entschlossen hatte, sie verloren zu geben: »Meine einzig wahre Liebe gab ich Romy, und Romy gab mir die ihre. Ich fürchte, ich werde niemals mehr einer ebenso großen Liebe begegnen, und keine Frau verdiente es so sehr wie sie, glücklich zu sein. Es bereitet mir Schmerz, wenn ich daran denke, dass es, um Romy glücklich zu machen, genügt hätte, sie zu heiraten, so wie ich bin. Ich weiß sehr wohl, dass meine Liebe zu Romy verknüpft war mit einer grenzenlosen Bewunderung, die nicht der Schauspielerin galt, sondern der Frau. Für mich ist und bleibt Romy die ideale Frau.« Wer diese Zeilen liest, wird sich nicht wundern, dass Romy nicht begreifen konnte, was geschehen war. Denn fürs Erste war diese »ideale Frau«, zu der man eine einzigartige Liebe empfand, allein und verlassen ...

Sehr viel später konnte sie sagen, Delon habe ihr viel gegeben. Er habe ihr geholfen, eine Frau zu werden und, vor allem, sich aus den Fesseln der Familie zu befreien. Vorerst aber blieb sie, wie benommen, allein mit ihren verlorenen Illusionen, ihren zerstörten Träumen und ihrer enttäuschten Liebe. Unklar fühlte sie, dass er ihr etwas genommen und nichts dafür gegeben hatte. Ihr blieb nur eine unsägliche Trauer.

Wie so oft in einer solchen Situation stürzte sie sich in die Arbeit. Der Erfolg ihres ersten Hollywoodfilms *Leih mir deinen Mann*, in dem sie an der Seite von Jack Lemmon die Hauptrolle spielte, tat ihr sehr gut. Bevor sie die Dreharbeiten zu dem Clouzot-Film *Die Hölle* in Angriff nahm, verbrachte sie einige Tage in der Villa von Curd Jürgens, bei dem sie immer Zuflucht suchte, wenn die Dinge schlecht liefen. Diese Ruhepause an der Côte d'Azur wurde regelmäßig belebt durch die Besuche Henri-Georges Clouzots. Er kam vom benachbarten Saint-Paul-de-Vence herüber, wo er selbst lebte und mit den letzten Vorbereitungen zu seinem Film beschäftigt war. Romy und ihr Regisseur nutzten die Gelegenheit zu langen Gesprächen über das Projekt.

Clouzot, von dem man weiß, dass er ganz besonders anspruchsvoll war, hatte sich in den Kopf gesetzt, Romy innerhalb weniger Wochen den deutschen Akzent auszutreiben! Nachdem er denn doch darauf verzichtet hatte – er musste einsehen, wie hoch dieses Ziel gesteckt war –, entschied er, dass die Figur, die sie darstellte, Elsässerin sein sollte.

Unglücklicherweise steuerten die Dreharbeiten recht schnell auf eine Katastrophe zu. Zuerst wurde Serge Reggiani, der männliche Hauptdarsteller des Films, ernsthaft krank. So schwer jedenfalls, dass durch seinen Ausfall alle Arbeitspläne nicht mehr eingehalten werden konnten. Auch Romy ging es nicht sonderlich gut. Seit der Trennung von Delon hatte sie sich sehr beherrscht, um den Eindruck zu vermitteln, sie verkrafte den Schlag. Nun aber geriet ihre gesundheitliche Verfassung aus dem Gleichgewicht. Umso mehr als sie begonnen hatte, Geschmack zu finden an jenem Gift, das ihr bis zum Ende ihrer Tage der liebste Freund und ärgste Feind sein sollte: dem Alkohol. Ganz allmählich war es so gekommen. Ein Gläschen hier, ein Glas da, um wieder Mut zu schöpfen. Und auch ein wenig Kraft. Um gegen den Kummer anzukämpfen. Und gegen die Einsamkeit. Um zu vergessen? Vielleicht. Die Nächte waren lang geworden und wurden heimgesucht von Gespenstern, die nichts anderes waren als schmerzliche Erinnerungen.

Alles tat weh. Die Geburt Anthonys, des Sohnes von Alain und Nathalie Delon, in diesem Herbst 1964 stürzte sie in höchste Seelennot – obwohl Romy, weder neidisch noch eifersüchtig und vor allem nicht engherzig, ihrem einstigen Verlobten nur Glück wünschte. Als Alain Nathalie zwei Monate zuvor geheiratet hatte, lauerte alle Welt auf Romys Reaktion. Georges Beaume sandte ihr sogar ein Telegramm: »ICH DENKE AN SIE, BESONDERS HEUTE ...« Es gab aber keine Reaktion, und Romy, würdevoll noch im tiefsten Schmerz, ließ sich an diesem Tag nichts anmerken.

Als ihre gesundheitlichen Probleme allmählich so offenkundig werden wollten, dass sie allzu vielen Leuten auffallen mussten, brach Henri-Georges Clouzot mit einem Herzinfarkt zusammen. Die Dreharbeiten liefen gerade erst seit drei Wochen.

Romy, die schon Bedenken trug, ob sie die vorgesehenen achtzehn Wochen durchhalten würde, brauchte sich diese Frage nun nicht mehr zu stellen: Die Filmarbeit wurde endgültig abgebrochen. Die Ärzte hatten dem Regisseur eine Pause von mindestens einem Jahr verordnet.

Sie hatte sich so viel von diesen Dreharbeiten erhofft. Jetzt, da sie eingestellt waren, hing sie plötzlich im Leeren. Leer wie ihr Herz und wie ihr Leben. Ohne Perspektiven, ohne Glück. Es war fast so, als müsste sie alles von neuem lernen. Sie verlor sich noch ein wenig mehr. Und nicht nur in den Alkohol. Ausgehen, Männern begegnen, sie verführen, betören, berauschen, mit dem Ziel, sich selbst berauschen zu lassen. Sie sah Horst Buchholz wieder, verkehrte regelmäßig mit Sammy Davis Junior und gab Giovanni Volpi den Laufpass, ohne innerlich beteiligt zu sein. Kurz danach trat dieser übrigens in einen Orden ein, wobei sich vielleicht nicht jeglicher Kausalzusammenhang leugnen lässt ...

Auch Serge Reggiani, ihren Filmpartner während der wenigen Drehtage zu *Die Hölle*, traf sie häufig. Sie traf ihn so oft, dass niemand mehr über die Art ihrer Beziehung im Zweifel war. Aber niemals würden sie das Gerede in irgendeiner Weise bestätigen. Kein Wort, Erklärungen schon gar nicht. Erst fünfunddreißig Jahre später spricht Serge Reggiani in einer Zeitschrift darüber: »Romy, das ist eine Erinnerung an ... Leidenschaft! Wenn sie mich anrief, sagte sie immer: ›Hier ist die Österreicherin!‹, dann kam sie zu mir nach Hause oder ins Studio mit Whisky und ihrem unvermeidlichen Paar Socken – sie konnte es nämlich nicht leiden, dass man ihre Füße sah, obwohl sie durchaus niedlich waren. Aber schließlich wuchs mir ihre Verrücktheit über den Kopf. Nach unzähligen Szenen sagte sie eines Tages zu mir: ›Also wirklich, ich mag keine kleinen Jungs!‹ An diesem Tag habe ich endgültig Schluss gemacht!«[1]

Über diese heftige Liebesaffäre hatte Serge Reggiani sich bereits in einem Buch[2] geäußert, das ihm sein Sohn Simon widmete. Sechs Monate prickelnder Leidenschaft zwischen Paris und Saint-Paul-de-Vence bis zur Trennung, die er da allerdings anders erzählt: »Eines Abends liebten wir uns gerade. Ich sagte zu ihr: ›Ich liebe deine Brüste.‹ Sie fragte: ›Warum?‹. Ich erwiderte: ›Ich weiß nicht.‹ Da sagte sie zu mir: ›Hau ab!‹«

Aber ihre Liebe wird noch lange in ihnen nachwirken. So sehr, dass sie sich noch Jahre hindurch zärtliche Briefe

---
[1] *Cinérevue*, Interview mit Alain Houstraete-Morel
[2] Simon Reggiani, *Serge Reggiani, la question se pose*, Ed. Robert Laffont, 1990

schreiben, die immer von großer Innigkeit geprägt sind. Und als Serge etwa ein Jahr vor ihr einen Sohn verliert, wird Romy sich wieder sehr stark an ihn annähern. Am 2. November 1980, zu einer Zeit, in der ihr eigenes Leben völlig aus den Fugen gerät, zumal sich ihre Ehe schon aufzulösen beginnt, schreibt sie ihm einen bewegenden Brief, um ihm zu zeigen, wie nahe sie ihm steht: »Lieber Serge, ich habe soeben deine Briefe gelesen, ich bin glücklich! Du weißt nicht, wie man nimmt, nur, wie man gibt. Ich fühle mich erfüllt von dir, von uns. Ja, die Probleme, die ich neuerdings habe, ja, diese bittere Wahrheit tut weh. Aber ich warte nur darauf, dass ich Dich wieder sehen und ein wenig mit Dir lachen kann ...« Und Romy erinnert ihn daran, wie sie einige Jahre zuvor ihrer beider Initialen, ineinander verschlungen, in einen Baumstamm geritzt hat, als Zeichen ihrer Liebe.

Die Monate, die auf den endgültigen Abbruch der Dreharbeiten an dem Filmprojekt *Die Hölle* folgen, werden für Romy zu einer schrecklichen Zeit. Sie ist erst sechsundzwanzig Jahre alt, und schon kommt ihr das eigene Leben vor wie ein kläglicher Misserfolg. Bald wird sie neben Peter O'Toole, Peter Sellers, Woody Allen, Capucine und Ursula Andress *Was gibt's Neues, Pussy?* von Clive Donner drehen. Eine lächerliche Klamotte, die ihren Ruhm kaum mehren wird, aber was kümmert sie das Filmgeschäft? Sie hat das Gefühl, dass es hier um ihr Leben geht und dass mit diesem Leben irgendetwas falsch gelaufen ist. Sie hat nichts mehr im Griff, weder ihre Gefühle, ihre schwindenden Sehnsüchte noch ihre Schmerzen, die sie kaum ertragen kann und die sie nur immer tiefer ziehen.

Ihre Zweifel und Ängste zu dieser Zeit vertraut sie ihrem Tagebuch an: »Ich bin müde. Mein Leben ist die Hölle. Nur abends bin ich manchmal glücklich. Hoffentlich kehrt ›sie‹ mit der Nacht nicht zurück. Sie ist immer da. Sie, das ist die andere. Mit ihren Augen starrt sie in die Nacht. Sie beschimpft mich, sie lacht, sie weint. Sie hat immer eine Hand auf meiner Schulter. Sie passt immer auf mich auf. Sie wirft mir alle Fehler vor, einmal, zweimal, dreimal. Ich werde sie nie los. Aber ich hasse sie. Der Mann, den ich liebte, sagte immer: ›Lass dich doch einmal gehen, gib dich ganz, spring ins Wasser...‹ Er hatte so recht. Alles kotzt mich an. Wenn ich die andere doch nur töten könnte. Eines Tages werde ich es schaffen. (...) Dabei bin ich fähig, einen Mann zu lieben, am Morgen, wenn er ganz verschlafen ist. Wenn er auch noch nicht die Zähne geputzt hat und seine Augen noch vom Schlaf verquollen sind. Da ist er echt, so liebe ich ihn. Aber ich brauche Stärke. Einen Mann, der mich gewaltsam in die Knie zwingt...«

Am 23. September 1965 feiert Romy während der Dreharbeit zu *Halb elf in einer Sommernacht* in Madrid ihren siebenundzwanzigsten Geburtstag, umgeben von Regisseur Jules Dassin und seiner Frau, Melina Mercouri, die auch Romys Filmpartnerin ist. Es macht ihr Spaß, diesen Film zu drehen und darüber *Was gibt's Neues, Pussy?* zu vergessen, diesen Albtraum, über den sie sich gar nicht hart genug äußern kann: »Ich will nicht mehr drehen, um zu drehen. Ich habe einfach nicht mehr die Kraft, die Nerven und den Ehrgeiz dazu. Ich habe es satt, von einem Film zum anderen zu jagen. Keine *Pussycats* mehr, keinen *Leih mir deinen Mann* mehr. Meine Rolle in *Was gibt's Neues, Pussy?* hat mir nie gefallen. Ich sah fett und schiach aus. Es war auch falsch, dass ich diese Rolle gespielt habe. Für mich war das sowieso ein pornographischer Film.« In Spanien versucht sie das alles zu vergessen, ja überhaupt alles zu vergessen, was bis zu diesen letzten Monaten passiert ist.

Alles bis auf eines: Sie ist einem Mann begegnet und hat sich in ihn verliebt. Er telefoniert zwar mehrmals täglich mit ihr, kann aber noch nicht mit ihr zusammenleben. Sein Name ist Harry Meyen und er ist Deutscher. Der talentierte Schauspieler und inspirierte Bühnenregisseur zählt zu den kulturellen Größen Berlins.

In Berlin ist er Romy Schneider zum ersten Mal begegnet. Das war am 1. April 1965 anläßlich der Eröffnung eines Restaurants, das Blatzheim im Europa Center besaß. Magda Schneider hatte ihn eingeladen, und als er Romy vorgestellt wurde, musste er unwillkürlich daran denken, was ihm vor etlichen Jahren, nachdem er sie auf einer anderen Festivität erblickt hatte, durch den Kopf gegangen war: »Die werde ich eines Tages haben!«

Gegen den gebürtigen Juden Harry Meyen (sein bürgerlicher Name ist Harry Haubenstock) sprechen in den Augen von Romys Angehörigen zwei wesentliche Nachteile: Er ist vierzehn Jahre älter als sie und überdies verheiratet.

Wenn seine Frau, die Schauspielerin Anneliese Römer, auch kein großer Star ist – die Deutschen murren doch unwillig, so als wäre Romy Schneider allein dafür verantwortlich, was da abläuft. Da sei sie also aus ihrem französischen Exil zurückgekehrt, um in Deutschland sofort für einen Skandal zu sorgen und eine Ehe zu zerstören, empören sich viele Deutsche und auch die Sensationspresse, denn man hat ihr noch immer nicht ihren »Verrat« verziehen.

Der Boden ist bereitet, Schwefelgeruch liegt in der Luft, und bis zur Explosion ist es nicht mehr weit. Wer lange genug von Skandal redet, bekommt ihn auch. Die einen wie die anderen stürzen sich auf die »Affäre«. Romy wird mit Schmutz beworfen und bespitzelt. Man bricht den Stab über ihr und befindet sie für schuldig, dass Harry Meyens

Ehe in die Brüche geht. Begreiflich also, dass er nicht zu ihr nach Spanien kommt.

Aufseiten Romys sieht die Lage kaum erfreulicher aus. Magda und Daddy Blatzheim, die nach Delons Abschied wieder in die vorderste Linie gerückt sind, tun nichts, um die Dinge ins Lot zu bringen, im Gegenteil. »Wie stellst du dir eigentlich vor, dass ich da noch deine Interessen und dein Image vernünftig verwalten soll«, protestiert Daddy, während Magda sich noch Schlimmeres leistet: Sie wendet sich direkt an die Zeitungen und Magazine, die Romy am feindlichsten gesonnen sind, und schüttet ihnen als gekränkte, aber machtlose Mutter ihr Herz aus: »Ich warnte Romy: ›Lass die Hände von einem vierzehn Jahre älteren und verheirateten Mann.‹« Es gab schon Mütter mit mehr Beschützerinstinkt als diese hier!

Zur gleichen Zeit gibt es in Berlin einen großen Wirbel wegen dieser Affäre. Die Ehefrau von Harry Meyen verweigert die Scheidung.

Der September wird ein schrecklicher Monat. Während der Dreharbeit zu Jules Dassins Film lebt Romy nur von Harrys Telefonanrufen. Gute Nachrichten kommen selten. Manchmal wartet sie umsonst auf seinen Anruf und dann hat sie wieder schlaflose Nächte oder Nächte mit schlimmen Träumen.

Um Harry zu gefallen, hat sie beschlossen, abzunehmen und sich auf eine strenge Diät eingelassen. Sie will Pläne mit ihm schmieden, wie etwa Theater spielen, und er soll für sie Regie führen. Er würde ihr »starker Mann« sein, der, den sie bisher vergeblich gesucht hat. Vorher aber gibt es so viele Probleme zu regeln, die mit jedem Tag, der vergeht, immer unlösbarer scheinen.

Endlich entschließt sich Harry, zu ihr nach Spanien zu kommen. Sie hat es ohne ihn kaum noch ausgehalten. Jetzt ist sie vor allem glücklich zu spüren, wie sehr sie ihm gefehlt hat.

Bald wird offenbar, dass es Geld kosten wird, Harrys Ehefrau zur Einwilligung in die Scheidung zu überreden. Und zwar sehr viel mehr Geld, als Harry zur Verfügung hat. So ist es Romy, die die nötige Summe aufbringt. Sozusagen als Mitgift. Einerseits ist sie glücklich über die Möglichkeit zu dieser Geste, die ja einen wunderbaren Liebesbeweis darstellt. Gleichzeitig ist sie sich aber auch sicher, dass man das Ganze auch von einer anderen Seite sehen kann. In gewisser Weise, das ist ihr sehr wohl klar, wurde sie gezwungen, den Mann, den sie liebt, zu kaufen und für das Glück, das sie sich an seiner Seite ausmalt, zu bezahlen. Schon bei Delon hatte sie sich das Recht, lieben zu dürfen, erkämpfen müssen.

Sie spürt, dass irgendetwas nicht stimmt: Was sie sucht, ist ein Mann, der sie beschützt und ihr Kraft gibt. Und jedes Mal, wenn sie ihn gefunden zu haben meint, ist doch wieder sie es, die sich als die Starke erweisen und ›Herrin‹ der Lage werden muss. Sie möchte beschützt werden, muss sich aber gewissermaßen dem gegenüber überlegen zeigen, von dem sie sich wünscht, dass er ihr das Leben meistern hilft. Sie träumt davon, Gefährtin zu werden, und muss sich doch immer wieder für ihre Partner einsetzen. Und dabei ist Romy erst siebenundzwanzig. Ihr Leben lang werden ihre Liebesbeziehungen unter diesem Zeichen stehen.

Im Mai 1966, dreizehn Monate also nach ihrer ersten Begegnung, ist Harry endlich ein freier Mann. Als seine Scheidung ausgesprochen wird, ist Romy seit März bereits schwanger.

Gemeinsam finden sie sich in Paris ein zum Drehbeginn für den Terence Young-Film *Spion zwischen zwei Fronten*, in dem sie Partner sind. Die Arbeiten, die in Paris und Umgebung beginnen, kommen im Laufe des Sommers in den *Studios de la Victorine* in Nizza zum Abschluss.

Romy ist schöner und strahlender denn je. Sie ist sicher, dass das Glück, das sie erträumt, jetzt zum Greifen nahe ist. Sie freut sich auf das Kind, das eine andere Frau aus ihr machen wird. Ob Mädchen oder Junge spielt keine Rolle. Sie sucht nach Vornamen: Florentine-Maria, Debhorra, Julia oder Maria, falls es ein Mädchen wird. Und wenn es ein Junge wird, soll er entweder Christopher heißen oder David oder gleich David-Christopher, vielleicht auch Benjamin, Philip oder Harry. Sie listet die Vornamen auf mit Fragezeichen neben jedem Namen, schreibt an ihr ungeborenes Kind und erzählt ihm alles, was ihr durch den Kopf geht.

Am 13. Juli, noch während der Dreharbeiten zu Terence Youngs Film, gibt sie ihre Verlobung mit Harry bekannt, und zwei Tage später heiraten die beiden im Rathaus von Saint-Jean-Cap-Ferrat. Wozu solche Überstürzung? Harry fühlt sich überhaupt nicht wohl an der Côte d'Azur. Ständig rennen durch die gemietete Villa in Saint-Tropez irgendwelche hektischen Leute mit ihrem Geschrei und ihren Problemen, ihrem, wie er findet, wertlosen Geschwätz und oberflächlichen Getue. Jetzt schon geht es Harry mehr und mehr auf die Nerven, den Filmschauspieler »spielen« zu müssen. Das ist eine Rolle, für die er nichts übrig hat. Er fühlt sich unwohl in seiner Haut, und alles, was ihn sonst noch stört, nimmt übertriebene Ausmaße an. Er wirft Romy ihren Freundeskreis vor und dass sie an einem Leben Gefallen zu finden scheint, das er als lächerlich und hohl empfindet. Er vergisst einfach ihr Alter und ihr Bedürfnis nach Leichtigkeit. Innerhalb weniger Wochen ist ihre Beziehung schon gefährdet. Dann aber hat ihre Liebe wieder die Oberhand gewonnen. Romy, die bei der Vorstellung, ihn womöglich zu verlieren, Angst bekommen hat, ist ihm und seiner Lebensauffassung ein gutes Stück entgegengekommen. Ohne Bedauern hat sie sich Zügel angelegt. Ganz mühelos. Wie sollte sie zu diesem Zeitpunkt auch ahnen können, dass später, wenn erst einmal die Leidenschaft nachgelassen hat und die kleinen Enttäuschungen sich häufen, der Geist der Auflehnung in ihr erwachen wird.

Einige Monate zuvor hatte Harry sie, obwohl sie mit David schwanger war und sich schon gar nicht mehr so wohl fühlte, gezwungen, während einer Abendeinladung bei ihnen zu Hause die Gäste zu bedienen. Er musste zeigen, dass er der Herr im Hause war. Musste es vor allen Leuten demonstrieren, deren Betretenheit Romys Demütigung nur noch verschlimmerte. Doch sie wollte sich anschließend an dieses Ereignis nicht mehr erinnern und es einer schlechten Phase zuschreiben, aus der Harry im Laufe der Zeit schon herausfinden würde. Mit viel Liebe. Und sie wusste, dass sie davon viel zu geben hatte.

Es ist die Zeit, in der Harry für viele seiner Ausrutscher die Schwierigkeiten verantwortlich macht, die er hat, um seine »Kunst« so auszuüben, wie es ihm vorschwebt. In Wahrheit ist er nicht gerne Filmschauspieler. Und bei Gelegenheit gibt er auch zu, dass sein Unbehagen, sobald er in der Haut eines Schauspielers steckt, die Hauptursache für seine schlechte Laune ist: »Ich eigne mich offenbar nicht zum Filmschauspieler. Ich ärgere mich über jeden Tratsch, über halbe Wahrheiten und ganze Lügen und vor allem über das Gefühl, von der Kamera verfolgt zu werden wie ein Hase vom Gewehrlauf.«

Nach der Hochzeit werden sie sich natürlich in Berlin niederlassen. Dort hat Harry sein Leben. Für Romy selbstverständlich auch, wenn sie sich das ihre in Paris eingerichtet und erst wenige Monate zuvor die Innenausstattung ihrer Wohnung in der Avenue Hoche, voller Bücher und Gemälde, abgeschlossen hat. Sie ist Harrys Frau geworden, und daher ist ihr Platz nun bei ihm in Berlin. Das ganze Drama, das sich Jahre später abspielen wird, ist in dieser unterschiedlichen Vorstellung von Eheglück und Harmonie in ihrer Beziehung enthalten.

Trotzdem glauben sie daran. Er, weil es ihm gar nicht in den Sinn käme, sein Liebesleben anders als nach seinen ureigensten Überzeugungen zu gestalten. Sie, weil sie der Überzeugung ist, dass Harry immer Recht hat, und weil sie nur allzu gerne alles macht, wie er es möchte. »Ich hatte meine Vorstellung vom Leben«, sagte er damals. »Deshalb musste sich Romy unterordnen. Für mich hat sich nichts geändert, seit wir verheiratet sind.«

In völligem Einverständnis erwidert sie: »Ich lasse mich gern von meinem Mann führen. So wollte ich es einmal, den anderen ein Leben lang besitzen. Durch Harry bin ich ruhiger und ausgeglichener geworden. Er gibt mir die Sicherheit im Leben, die ich brauche. Immer kontrolliert er zum Beispiel, ob ich meine Sätze richtig formuliere und nicht Leuten ständig ins Wort falle. Harry muss man einfach mögen, weil er einen zauberhaften jüdischen Humor besitzt, mit norddeutscher Logik. Zum zweiten Mal in meinem Leben ist mir das Richtige passiert.

Meyen ist mir so überlegen, er gibt mir eine ganz neue Sicherheit. Ich brauche einen Mann, der bestimmt, was mir gut tut, und nicht irgendeinen Jungen.

Mit fünfzehn habe ich angefangen und rund 25 Filme gedreht. In Zukunft will ich nicht mehr so viel machen.«

Es ist ein kleiner Junge, den Romy am Samstag, den 3. Dezember 1966, um 9 Uhr 06 in der Berliner Rudolf-Virchow-

Klinik zur Welt bringt. Sein Name ist David-Christopher Haubenstock.

Die Geburt hat Romys Körper enorm viel abverlangt. Mehr noch als die Schmerzen hat die Kraft sie ausgelaugt, die sie für diesen Kampf um das Leben aufbringen musste. Sie ist erschöpft, aber überglücklich. Ein neues Leben beginnt jetzt in Berlin, wo das Paar von nun an in einem schönen Bürgerhaus des vornehmen Wohnviertels Grunewald leben wird.

Während Romys »Exil« in Frankreich hatte sich Berlin stark verändert. Die Mauer, die die Stadt in zwei Hälften teilte, durchzog sie mit ihrem öden Grau und hielt die Berliner gefangen, als wäre kein Entrinnen möglich. Romy bemerkte all das nicht. Sie war nur mit ihrem Glück oder vielmehr dem Bild beschäftigt, das sie sich davon gemacht hatte. Sie hatte beschlossen, eine Ganztagsmutter zu werden, und Harry begrüßte diese Entscheidung, an der er nicht unwesentlich beteiligt war, aus ganzem Herzen. Ohne dass es ihr überhaupt bewusst wurde, schloss er sie ein in seiner Welt und hielt sie von allem, hauptsächlich aber von ihrem Beruf, fern, indem er sie glauben machte, das sei das richtige Leben. Ein Leben im Schatten des bedeutenden Mannes.

Sogar wenn es sich um die Erziehung des Kleinen handelte, gestand Romy – gründlich durchdrungen von den Prinzipien, die ihr Mann ihr eingeimpft hatte – sich selbst nur eine Nebenrolle zu: »Ob sich mein Leben verändert hat? Sagen wir anders: Ich habe endlich eins! Wir leben in unserer Wohnung im Grunewald. Unsere Abende sind David. Ist das nicht toll, so ein kleiner Bursche? Ich bin in diesen Burschen vernarrt. Gegen ihn bin ich machtlos. Deshalb habe ich auch mit Harry ein Abkommen getroffen. Er erzieht den Kleinen, und ich gebe mir Mühe, den Jungen nicht allzu sehr zu verwöhnen. Jetzt fängt mein Leben überhaupt erst an. David verwöhne ich fürchterlich. Ich kann einfach nicht streng mit ihm sein. Er bringt mich ständig zum Lachen. Gott sei Dank hat Harry eine festere Hand.« Auch Harry gibt seine eigene Version von seinem Leben als frisch gebackener Vater: »Ich merke, wie weit David mich voll auslastet. Wenn David anfängt zu begreifen, möchte ich ihm das Leben so zeigen, wie ich es sehe, es ihm so erklären, wie man es nur zwischen Vater und Sohn oder Mann und Frau erklären kann.«

Siehe da, die gefeierte Romy Schneider, diese großartige Schauspielerin, strahlende und eroberungslustige junge Frau, beschränkt sich doch tatsächlich fortan auf die Rolle einer Hausfrau und vor allem einer Mutter, die ausdrücklich bei der Erziehung ihres Kindes dem Vater den Vortritt lässt. Das Erstaunlichste daran ist, dass Romy selbst überhaupt nichts auffällt.

Im Januar 1967 schreibt sie einen sehr lieben Brief an ihren schwer erkrankten Vater. Unbewusst sucht sie bei ihm die Anerkennung, die ihr Mann ihr vorenthält: »Mein liebster Pappi ... Ich hoffe, wir können dich bald sehen, vor allem musst du deinen Enkelsohn kennen lernen, denn ›das‹ ist schon sehenswert; ein entzückender Hosenscheißer und komisch! So komisch: Er macht dauernd Grimassen und hat schon einen Dickkopf und ist sehr hübsch ... Hab' ich das gut gemacht mit meinem Buam?«

Seit sie gemeinsam Otto Premingers *Kardinal* gedreht haben, sind ihre Beziehungen entspannter geworden. Damals hatte sich Wolf Albach-Retty zu seiner dürftigen Präsenz im Leben seiner Tochter folgendermaßen geäußert: »Ich möchte nicht in den Verdacht geraten, aus der Karriere meiner Tochter für mich Profit zu schlagen. Das ist der Hauptgrund, warum ich mich streng zurückgehalten habe.

Sonst aber stehe ich mit meiner Tochter in bestem Einvernehmen. Ich liebe sie sehr und ich weiß, dass auch Romy sehr an mir hängt. Wir sehen uns, wann immer sich eine Gelegenheit bietet ...«

Ihr wird gerade noch die Zeit bleiben, ihn einmal im Krankenhaus zu besuchen. Ein paar Wochen später stirbt dieser Vater, den sie angebetet hat, ohne ihn eigentlich zu kennen.

Ihr Schmerz ist so groß, dass sie nicht darüber sprechen kann. Erst 1981, ungefähr ein Jahr vor ihrem eigenen Tod, bekennt sie öffentlich: »Mein wirklicher Vater war wirklich kein Vater. Leider. Heute meine ich aber, er ist zu früh gestorben. Vielleicht wäre er später mehr ein Vater für mich gewesen, als ich ihn brauchte, als immer dieser andere um mich herum war. Mein Vater sagte zu mir damals: Ist doch egal, reg di nit auf, ich finde den auch widerlich, den anderen, reg di nit auf.[1] (...)

Als junges Mädchen saß ich am liebsten im Zimmer von meinem Vater, der ja nicht mehr im Haus war, der meine Mutter verlassen hatte. Da war ich ganz allein. Ich wusste, ich saß im Zimmer von jemand, der mich sehr liebte. (...)

Der Vater war sehr leger, der wollte zwar auch nie Kinder, der wollte immer nur Frauen. Aber er war ganz anders als Alain. Acht Jahre hat meine Mutter auf ihn gewartet und seine Ufa-Kostüme in den Schränken auf dem Dachboden gepflegt. (...)

Ich habe ihn erst wieder richtig erlebt, als wir zusammen in dem Preminger-Film *Kardinal* spielten. Er hat es vor allem für mich gemacht, denn die Gage war nicht sehr hoch. Wir haben ein einziges Mal zusammen gespielt, und es war ein superber Kontakt. Ich war 25 oder 26. Er spielte wie üblich

---

[1] Romy Schneider spielt hier auf ihren Stiefvater, Daddy Blatzheim, an.

den Baron mit Smoking, und er war sehr schön. Ich glaube, dass meine Mutter nie einen Mann so geliebt hat. Sie hat umsonst gewartet mit den Koffern auf dem Boden, er kam halt nicht zurück. Er ist an zwei Herzinfarkten gestorben, weil er aus meiner Sicht an diesem merkwürdigen, krankhaften, unentwegten Lampenfieber ein Leben lang gelitten hat. Das habe ich von ihm geerbt. Er hatte seinen ersten Infarkt während einer Aufführung im Wiener Akademie-Theater, und ich saß mit meinem Bruder Wolfi in der ersten Reihe. Aber er hat weitergespielt und ist erst nach der Vorstellung ins Krankenhaus gefahren, der liebe Depperte. Später hat er als Erstes mit seinem Hund am Telefon gesprochen. Das letzte Mal habe ich ihn in einem Wiener Krankenhaus gesehen. Ich musste draußen warten, ich durfte das Zimmer nicht betreten, bis er sich gekämmt hatte. Dann unternahm er eine Riesenanstrengung, um mich sitzend zu empfangen.«[1]

Die Monate vergehen, und Romy lässt sich nach und nach von ihrem neuen Leben vereinnahmen. Immer weniger ähnelt sie der Romy von früher. Sie merkt nichts von der Falle, die sich hinter ihr schließt. Es ist, als wäre sie blind und taub geworden: »Als ich meinen Mann kennen lernte, wusste ich, dass ich mit ihm zusammenbleiben möchte, mein ganzes Leben lang«, erklärt sie, um gleich darauf zu präzisieren: »Bei Harry bin ich endlich geborgen. Ich bin ruhiger geworden. Ich habe nicht mehr denselben krankhaften Ehrgeiz wie früher. Ich habe jetzt neun Monate keinen Film mehr gemacht, aber ich habe dennoch nicht mehr das Gefühl der Leere wie sonst in Drehpausen. Ich kann mir sogar vorstellen, irgendwann mal mit dem Filmen aufzuhören.«

[1] *Stern*, 23. April 1981

Und zum Schluss kommt dann noch der recht verblüffende Ausspruch: »Kinder, wen regt es denn noch auf, was die olle Schneider macht?«

Um diesen Rückzug einer mitreißenden Persönlichkeit nachvollziehen zu können, muss man sich vor Augen halten, wie Harry Meyen sich etwa zum selben Zeitpunkt über ihre Ehe und ihr gemeinsames Leben äußerte: »Wir kamen mal zu Curd Jürgens, bevor wir geheiratet haben, und er begrüßte uns mit: ›Einer von euch muss runter vom Roß!‹ Er meinte, einer von uns beiden müsste den Beruf aufgeben. Für mich wäre das ausgeschlossen. Mein Beruf ist ein so wesentlicher Bestandteil meines ganzen Lebens. Die Position, als ›Mann von Romy Schneider‹ rumzulaufen, kann ich mir nicht vorstellen. Daran würde unsere Ehe sofort scheitern.

Romy nimmt die Dinge immer gleich so, wie sie zu sein scheinen. Ich bin das genaue Gegenteil von ihr. Ich bin fast zu kritisch. Sie ist ganz spontan. Ich bin erst mal abwartend, was die Leute mit Arroganz verwechseln. Mit dieser Art von Zurückhaltung bin ich ganz gut gefahren, während Romy mit jedem offen ist und dann immer hinterher fürchterliche Ohrfeigen abbekommen hat.

Wir sind für manche bestimmt ein ganz spießiges Ehepaar geworden, finden es zu Hause am schönsten und sehen viel fern. Seit ihrer Ehe mit mir führt Romy ein völlig anderes Leben. Sie findet es selbstverständlich, selber die Brötchen zu holen und keinen Chauffeur oder keine Sekretärin mehr zu haben. Romy kam mit vierzehn zum Film, hochgetragen von dieser Sissi-Woge, dann völlig fallen gelassen, bis sie sich endlich ihren Weg im Ausland selbst zurechtzimmerte. Ich dagegen kam jung zum Theater, und meine Karriere musste ich mir eigentlich stufenweise erarbeiten. Ich habe einen viel schwierigeren Weg gehabt als Romy.

Romy hat einen sehr guten Instinkt für Menschen, für das,

was richtig oder falsch ist. Aber ich glaube, dass sie sich sehr verlässt auf das, was ich ihr sage. Sie ist, glaube ich, zum ersten Mal mit jemandem zusammen, dessen Meinung für sie ausschlaggebend ist. Ich bin jetzt vierundvierzig, und für mich ist es etwas sehr Positives, Konstruktives, wenn ich jemandem helfen kann. Ich bin immer ein Mann gewesen, der ein Ergebnis sehen will. Das Ergebnis dieser Ehe finde ich sehr schön. Ich würde nie eine Frau haben wollen, die selbstständig und fertig ist. Ein Chinese hat einmal gesagt: ›Ein Mann soll ein Kind zeugen, einen Baum pflanzen und ein Haus bauen.‹ Da ist was dran.«

Wer dies liest, kann kaum glauben, dass ein intelligenter Mann so etwas von sich gegeben haben soll und dass eine Frau mit Charakter seinen Worten unkritisch gegenüberstehen konnte. Es sei denn, sie wäre einem starken Einfluss erlegen. Und genau das war Romy damals. Sie stand unter dem Einfluss einer fernen und nahen Vergangenheit, die sie trotz all ihrer Versuche nicht abzuschütteln vermochte. Unter dem Einfluss eines Ehemannes, der mit seinen eisernen Prinzipien, seiner arroganten Selbstgefälligkeit und unerträglichen Überheblichkeit seine krankhafte Empfindlichkeit nur schlecht verbarg.

All das musste eines Tages vorbei sein, vorbei dieses unechte Glück, diese Harmonie, die in Wirklichkeit gar nicht existierte. Es brauchte sich lediglich jemand dafür zu interessieren, was denn »die olle Schneider macht« und sie das wissen zu lassen, um sie aus ihrem Zustand herauszuholen und ihr bewusst zu machen, dass sie, wenn sie schon für sich selbst nicht mehr existierte, für die anderen durchaus noch jemand war.

11

Und dennoch dreht sie ...

Zum Glück gab es diese »Spaziergängerin«, ihre Zwillingsschwester. Während der drei Wochen in Berlin und dann noch bis zum Ende der Dreharbeiten in Frankreich sollte sie sie als Seelenverwandte begleiten und ihren Schmerz teilen, so wie Romy ihre Geschichte teilte.

»Als Schauspielerin hat sie nie Probleme gekannt«, erinnert sich Rouffio. »Im Handumdrehen hat sie sich in die Geschichte eingefügt. Elsa, das war eben sie.« Und wehe denen, die sie versehentlich aus ihrer Welt, jener Welt, in der sie täglich ein paar Stunden Zuflucht fand, herausholen. So etwa jener deutsche Produktionsleiter, der den Fehler beging, ihr gegenüber eine unpassende Bemerkung fallen zu lassen: »Sie bedachte ihn mit einer deutschen Schimpftirade, die sich gewaschen hatte«, erzählt Rouffio. »Der Typ war wie vom Blitz getroffen und sah sie an wie einer, der seinen Ohren nicht mehr trauen kann. Da schaute sie ihn mit einem herausfordernden Blick an und fügte hinzu: ›Ja, ich bin vulgär, mein Herr!‹«

Ein andermal ist es der Regisseur selbst, der sich ihren Zorn zuzieht: »Während der Nacht hatte ich einige Worte in einem Dialog geändert. Als ich ihr das kurz vor Drehbeginn mitteilte, ging sie hoch. Es komme überhaupt nicht infrage, jetzt noch etwas zu ändern: Sie habe ihren Text auswendig gelernt, es gäbe keinerlei Grund, weshalb sie sich meine Zögerlichkeiten und Unsicherheiten gefallen lassen müsse!

Irgendwo konnte ich sie verstehen: Romy hatte immer viel Mühe, ihren Text auf Französisch zu lernen und ihn vor allem zu beherrschen. Es war nicht ihre Muttersprache, also musste sie ihn zuerst auswendig kennen und dann gründlich durcharbeiten, um den Worten die gewünschte Intonation verleihen zu können. Das war harte Arbeit und erklärt, weshalb sie es sehr schlecht aufnahm, wenn ein Regisseur in letzter Minute beschloss, einen Dialog einfach abzuändern.

Bei anderen Gelegenheiten wiederum bewies sie uns, dass sie, bei all ihrem privaten Kummer, in erster Linie eine intelligente, erfahrene und anpassungsfähige Schauspielerin blieb. Und außerdem durchaus imstande, Humor an den Tag zu legen.

Nach einer sehr spannungsgeladenen Szene, in der die Figur, die sie verkörperte, weinen sollte, bemerkte ich, dass sie mich beobachtete, so als warte sie auf etwas. Etwas, das nicht kam. Als sie sah, dass ich zufrieden schien und bereits Anstalten traf, zur nächsten Einstellung überzugehen, fragte sie mich: ›Du willst die Aufnahme nicht wiederholen?‹ – ›Nein, wieso?‹ – ›Ich habe doch nur mit einem Auge geweint …‹

Es gab lustige Augenblicke wie diesen, doch im Allgemeinen war die Stimmung eher aufgewühlt, ja dramatisch. Manchmal waren wir darauf gefasst auf Grund des Drehbuchs, manchmal aber kam es ziemlich unerwartet.

Wir alle waren wie gelähmt angesichts ihres Gefühlssturms, als ich die Szene im Kabarett drehte, in der sie zu einem Text von Heinrich Heine singt.

Die Worte dieses Liedes lauten in etwa so: ›Als ich ohne

Kleider war, hast du mich gekleidet, ... Als ich ohne alles war, hast du mich getragen ...‹¹

Fast augenblicklich brach sie in Tränen aus, weil sie es kaum über sich brachte, diese einfachen, aber für sie sicherlich viel zu bedeutungsschweren Worte zu singen. Ich hatte große Mühe, diese Szene zu drehen: Bei jedem Dreh erlag sie ihren Gefühlen, wurde aus der Fassung gebracht.

In solchen Augenblicken war es für uns noch deutlicher spürbar, wie sehr sie mit ihren Nerven am Ende war und dass die geringste Kleinigkeit – selbst dann, wenn die Dinge gut zu laufen schienen – alles zum Kippen bringen konnte.« Was sie im Übrigen nicht daran hinderte, peinlich genau und enorm diszipliniert zu arbeiten. So hört man beispielsweise in der Kabarett-Szene nicht ihre Stimme, sondern die von Anne-Laure Nagorsen. Um nun so weit zu kommen, dass auf der Leinwand absolut nichts davon zu spüren ist, hatte Romy die Kassette mehr als tausendmal gehört, pausenlos mit der Sängerin geprobt und schließlich den idealen Synchronismus erreicht, der den Toningenieur schier in Verzückung brachte.

Wenn es Abend geworden war, pflegte die ganze Truppe ins Hotel zurückzukehren, und meistens sonderte sich Romy dann ab, um sich in ihrem Zimmer und ihrer hoffnungslosen Einsamkeit einzuschließen.

---

[1] Dieses Gedicht von Heinrich Heine, das dem *Buch der Lieder* entnommen ist, stammt aus dem Jahr 1822. Der genaue Wortlaut ist: Du bliebest mir treu am längsten/ Und hast dich für mich verwendet/ Und hast mir Trost gespendet/ In meinen Nöten und Ängsten/ du gabest mir Trank und Speise/ Und hast mir Geld geborget/ Und hast mich mit Wäsche versorget/ Und mit dem Paß für die Reise/ Mein Liebchen, daß Gott dich behüte/ Noch lange vor Hitz' und vor Kälte/ Und daß er dir nimmer vergelte/ Die mir erwiesene Güte.

Im Nebenzimmer schlief ihre kleine Tochter Sarah. Sarah war gerade erst am 21. Juli, also nur wenige Tage nach Davids Tod, vier Jahre alt geworden. Obwohl das kleine Mädchen kein Baby mehr war, konnte es unmöglich begreifen, weshalb seine Gegenwart ein Trost, aber zugleich auch eine Prüfung darstellte, der Romy sich, mit all ihrer Mutterliebe gewappnet, unterwarf. Was bedeutete ihr Sarah zu jener Zeit? Es hatte sie so viel Anstrengung gekostet, sie zu bekommen. Damit dieses kleine Mädchen leben durfte, hatte sie ganze Monate hindurch gelitten. Doch vermutlich war dies der Preis dafür, denn für ihr Glück und ihre Liebe zu Daniel Biasini wollte sie das alles auf sich nehmen. Am 21. Juli 1977 wurde das Kind geboren. Ein hübsches Kind, das trotz der schwierigen Schwangerschaft ganz gesund war. Das Symbol für ein neues Leben, das sich seiner Mutter und allen, die sie liebte, erschloss. Vier Jahre später war nichts mehr geblieben von diesem erträumten Leben. David war tot, Daniel und Romy waren geschieden, und Sarah war zum Einzelkind und unbewussten Zeugen einer schweren Zeit geworden, die nur sie heil überlebt hatte.

Die Nächte waren lang, zu lang, in dem alten Berliner Grandhotel, auf dem ebenfalls manche Erinnerung lastete. Gewiss, da war Laurent, der häufig mit ihr telefonierte. Laurent, dem Romy zwar alles sagen konnte, dem sie jedoch nicht alles zeigen wollte, um ihn nicht unnötig zu quälen. Er war ja so weit weg, auch wenn er ihr mit der ganzen Überzeugung wahrer Liebe beteuerte, er sei ihr nah und immer bei ihr.

Die Nächte waren lang und kalt, und der Alkohol so angenehm, so wärmend. Er durchdrang sie und schenkte ihr für eine Weile etwas Ruhe. Bis, vielleicht, der Schlaf kam. Der kam letzten Endes doch immer und fand sie dann vor, wie sie, hingegeben, schon halb in einer anderen Welt und

nicht mehr ganz sie selbst war. Gleich darauf musste sie schon wieder wach werden, sich zurechtmachen, um der Kamera gegenübertreten zu können. Sie musste sich aus dem einen Albtraum lösen, um in einen anderen, den jener Spaziergängerin einzutauchen, die sie mit jedem Tag ein wenig mehr liebte. Sie musste wieder zu einem Gesicht finden und zu einem klaren Blick. Vor allen Dingen musste sie wieder etwas Leben gewinnen. Und jeden, oder zumindest fast jeden Morgen der freundlich gemeinten, vollendet höflichen Frage des Hoteldirektors begegnen:
»Guten Morgen, gnädige Frau, wie geht es Ihnen?«
»Danke, gut.«
Eines Morgens hat sie es satt, aus purer Höflichkeit den guten Mann anzulügen, der ihr die Frage im Grunde auch nur gewohnheitsmäßig stellt:
»Frau Schneider, wie geht es Ihnen heute Morgen?«
»Tja, wenn ich das wüsste ... Um Ihnen die Wahrheit zu sagen, ich frage mich schon eine ganze Weile, wie es mir eigentlich geht, und ich weiß es noch immer nicht ...«
Einen Lidschlag lang sieht sie ihn fragend an, als bestünde Hoffnung, dass der Unglückselige ihr dabei behilflich sein könnte, die Antwort zu finden, dann geht sie, fremd und irgendwie verloren, an ihm vorüber.

Tagsüber dreht sie, fast so, als ob nichts wäre. Zugegeben, sie hat Mühe, in Gang zu kommen, besonders dann, wenn die Nacht noch düsterer war als andere Nächte. Wenn sie Wein getrunken und zu viel davon getrunken hat. Alkohol nimmt sie bei jeder Mahlzeit sehr unkontrolliert zu sich, als sollte er ihr helfen, vieles zu vergessen. Oftmals trinkt sie nach dem Essen einfach weiter. Später dann sind es Schlaftabletten, die sie schluckt, um sich zu betäuben. »Manchmal hatten wir ihretwegen stundenlange Verzögerungen, bis wir mit der Arbeit beginnen konnten«, erzählt Jacques

Rouffio. »Weil wir sie erst wieder auf die Beine stellen mussten. Danach ging es.«

Eines Abends nimmt sie die Einladung ihres deutschen Produzenten Atze Brauner an, der sie in seinem Berliner Haus empfängt: »Einen ganzen Abend, sieben oder acht Stunden, hat Romy mit meiner Frau und mir in unserem Haus zugebracht. Sie war beeindruckend, wie immer. Früher wohnte sie mit Harry Meyen und ihrem Sohn David ganz in unserer Nähe. Und an jenem Abend hat sie den weißen Porzellanhund wieder gesehen, auf dem der Junge immer zu reiten pflegte, wenn sie zu Besuch kamen. Diese rührenden Erinnerungen, die da in uns wachgerufen wurden, haben uns zum Lachen und Weinen zugleich gebracht.

Sie hatte das Gefühl, einen Teil ihrer Existenz noch einmal zu durchleben, und meinte unaufhörlich immer wieder: ›Ich muss vergessen, ich muss einfach!‹ Meine Frau und ich werden diesen langen Abend nie vergessen.«

Einige Tage, bevor sie nach Berlin gekommen war, hatte sie sich vorgenommen, mehr Selbstdisziplin zu üben. Sich nämlich nicht mehr so gehen zu lassen, wie sie es sich bei den Dreharbeiten zu manchen Filmen schon geleistet hatte, nur weil sie sich unglücklich fühlte. Heute fühlte sie sich nicht nur einfach unglücklich oder unwohl in ihrer Haut oder etwas verloren. Sie war total ausgebrannt. Wie abgestorben. Sie hatte nichts mehr, womit sie sich verteidigen konnte. Ein Nichts vermochte ihr das bisschen Kontrolle zu rauben, das sie noch über ihr Leben hatte. Also hatte sie sich geschworen: Keine Exzesse während der Dreharbeiten. Weder Alkohol noch Medikamente. Das war eine Frage der Disziplin. Und schon in den ersten Nächten in Berlin hatte sie erkannt, dass die Selbstzucht so ihre Grenzen hat. Selbst wenn es ihr gelingt, Freude und Traurigkeit zu ersetzen. Alles kann sie ersetzen. Nur nicht den Schlaf.

12

Wiederauferstehung

Ein unerwarteter Exkurs mitten im vollkommenen Glück: Gegen Ende des Jahres 1967 nimmt Romy eine Rolle in Otley an, einem Film, der in Buch, Produktion und Regie dem jungen englischen Kino entspringt. Sie reist Anfang 1968 nach London, um den Regisseur Dick Clement und seinen Hauptdarsteller Tom Courtenay zu treffen. Dem Film sollte übrigens der internationale Erfolg versagt bleiben. In Paris erreichte er nur eine einzige Vorführung, und zwar erst am 4. August 1974 im Rahmen des Festival d'été im »La Clef«-Kino, überdies in Originalversion.

Sie begibt sich nach London, wie man sich eine Ausnahme gestattet, einen leichten Verstoß gegen eine strenge Diät. Das alles sollte mehr oder weniger etwas Besonderes bleiben, scheint es, und sie legt Wert darauf, dies ausdrücklich zu betonen, als müsste sie es in erster Linie sich selbst glaubhaft machen: »Ich will nicht zuviel arbeiten, das wäre auf die Dauer für das Privatleben nicht gut, aber wenn ich arbeite, konzentriere ich mich natürlich völlig, so wie jetzt, da hab ich keine Zeit für David. Trotzdem ist es schön, ihn hier in London zu haben.«

Sie tritt in diesem Film zwar nur flüchtig in Erscheinung, dennoch ist sehr schnell etwas mit ihr passiert. Romy hat wieder Blut geleckt. Der Beweis dafür: Sie hat Angst, dass diese jungen Engländer, mit denen sie arbeitet, sie altmodisch finden könnten. Und sie fühlt sich ganz glücklich, als sie merkt, dass sie durchaus immer noch im Trend liegt. »Niemals sah ich in einem Film schöner aus als in diesem. Hoffentlich verliere ich in den nächsten Tagen noch etwas meine Hemmungen vor der Kamera. Ich bin häufig noch viel zu verkrampft.«

Sie ist verblüfft über all die Veränderungen, die das Kino innerhalb so kurzer Zeit erfahren hat. Sie spürt, dass sie wieder dazugehört, aber sie begreift auch, dass ihr ebenso gut das endgültige Aus hätte blühen können. Ihrer Meinung nach waren es ihre bürgerliche Erziehung und Einstellung, die ihr eine erfolgreiche Rückkehr ins Geschäft ermöglicht hatten. Nichtsdestotrotz stellt sie sich als Sonderfall hin und bekräftigt, dass sie für immer auf eine bestimmte Vorstellung von Schauspielertum verzichtet habe: »Mein Leben ist jetzt bequemer und nicht mehr so hektisch. Ich brauche meine Bürgerlichkeit selbst auf dem Schminktisch. Ein Zirkusleben könnte ich nicht mehr führen. Ich wollte immer ein Weltstar werden, aber so weit bin ich nicht gekommen.« Der Einfluss ihres Mannes ist noch zu stark. Er wiegt schwer genug, um Romy glauben zu machen, sie sei ein anderer Mensch geworden. Für ihn hat sie, ohne sich dessen bewusst zu werden, auf alles verzichtet, was ihr bisheriges Leben ausgemacht hatte. Sie hat sich überzeugen lassen, dass ihre Träume Schäume waren, dass sie gerade für das, was sie bisher immer sein wollte, nicht geschaffen war.

Romy Schneider ist nun, beinahe dreißigjährig, allem Anschein nach eine sehr glückliche Gefangene. Sie liebt ihren Kerkermeister, der ihr nur einen kleinen Teil jener Welt gönnt, die er ihr ansonsten vorzuenthalten gedenkt. Er will sie ganz für sich, nach seiner Vorstellung geformt und glücklich in einem Gleichgewicht, das umso leichter kippen kann, als es weder natürlich noch gesund ist. Und das ein schlichter Telefonanruf bereits zu gefährden vermag.

Im Frühjahr 1968 rief Alain Delon sie an, um ihr eine Rolle, eine wunderbare Rolle, in Jacques Derays nächstem Film *Der Swimmingpool* vorzuschlagen. Sie sagte sehr schnell zu. Weil sie noch immer nicht gelernt hatte, Alain nein zu sagen, und dann noch aus etlichen anderen Gründen.

Ihr Glück an Harrys Seite hielt sich nur noch an der Liebe zu ihrem Sohn David aufrecht. Sie fühlte und verstand sich als Mutter und daher zwangsläufig als Ehefrau, denn sie wollte nicht glauben, dass es auch anders gehen könnte. Zwei Jahre lang hatte der Mann, von dem sie sich so viel erwartet hatte, dem sie sich untergeordnet hatte, Tag um Tag enttäuscht. Was war aus seinen schönen Plänen geworden? Was hatte er aus seinem Leben gemacht? Er, der alle Projekte für Romy ablehnte, der Wert darauf legte, sie und ihr Leben zu formen, hatte sich selbst in einen Urlaub ohne Ende zurückgezogen. Er redete zuviel und über alles, um sich letztendlich an seinen eigenen Worten zu berauschen. Seine oftmals brillanten Theorien führten bestenfalls zu nebulösen Projekten, die nie wirklich Form annahmen.

Harry Meyen steckte tief im Misserfolg, und Romy konnte das unmöglich übersehen. Selbst wenn sie es versucht hätte, hätten die Blicke ihrer nächsten Umgebung jede Illusion zerstört. Außerdem nahm nach und nach alle Welt Abstand von ihnen. Auch diejenigen, die Harry durchaus gemocht hatten, fanden ihn nun unerträglich. Er trank inzwischen, geradezu mit aller Gewalt und in unerhörten Mengen. Die Krisen, die dann folgten, waren nicht minder ausufernd.

Somit lässt sich wohl eher nachvollziehen, dass Delons Vorschlag wie die rettende Hand für einen Ertrinkenden kam. Freilich hat Romy es sich immer verkniffen, öffentlich zuzugeben, wie unwohl sie sich damals fühlte. Auch in den folgenden Jahren sollte Romy nichts an diesem ungeschriebenen Gesetz ändern: niemals etwas auf Harry kommen zu lassen, den Mann, mit dem sie verheiratet war und den sie einmal geliebt hatte, den Vater ihres Kindes. Wie aber sollte sie erklären, dass sie sich mit solcher Erleichterung auf Delons Projekt stürzte, wo sie doch noch wenige Wochen zuvor erklärt hatte, sie habe ein neues Kapitel begonnen? Wieder einmal redete sie sich recht gut heraus: »Ich begann langsam fett zu werden. Mein einziger Auslauf war, mit dem Kinderwagen im Grunewald spazieren zu gehen. Nach einer Weile spürte ich, dass ich mein wahres Ich unterdrückte. Als Alain mir 1968 am Telefon anbot, als seine Partnerin in dem Krimi *Der Swimmingpool* mitzuwirken, griff ich deshalb mit beiden Händen zu.«

Die herzliche Wiedersehensfreude der einstigen Verlobten am 12. August 1968 auf dem Flughafen von Nizza kurz vor Drehbeginn ist ein gefundenes Fressen für die Presse. Niemand hat die Bilder vergessen, wie Romy die Gangway des Lufthansaflugzeugs herabsteigt und sich Alain Delon in die Arme wirft, der gekommen ist, um sie noch auf der Rollbahn in Empfang zu nehmen. Sie umarmen sich, küssen einander ab, finden sich gegenseitig schöner, herrlicher und fühlen sich einander näher denn je, während sie sich so umschlungen halten.

Und was das Drehbuch angeht, das sie erwartete, so kann man wahrlich nicht behaupten, dass es dazu angetan war, die Mehrdeutigkeit, die dieses Wiedersehen hergab, zu entwirren.

Jean-Paul (Alain Delon) und Marianne (Romy Schneider) verbringen in Saint-Tropez geruhsame Ferien in einer traumhaften Villa, deren Schmuckstück ein Swimmingpool ist. Sie widmen sich ganz und gar ihrer Liebe, wenn auch in ihrem Glück irgendwie eine unterschwellige Spannung zu spüren ist. Sollte es mit dieser idyllischen Ausgewogenheit des Paares also doch nicht so weit her sein? Eines Tages lädt Marianne einen ehemaligen Liebhaber, Harry (Maurice Ronet) und dessen Tochter Pénélope (Jane Birkin) ein, einige Tage bei ihnen in der Villa zu verbringen. Harry ist auch mit Jean-Paul befreundet, den er, scheinbar scherzhaft, mit Verachtung überhäuft, indem er ihm bei jeder Gelegenheit seine Schwächen und beruflichen Misserfolge vorhält. Marianne bleibt im Hintergrund, während die beiden Männer sich mehr und mehr wie zwei Raubtiere belauern, die drauf und dran sind, aufeinander loszugehen. Pénélope hingegen scheint allem und vor allem ihrem Vater gegenüber gleichgültig. Von Harry und seinen mörderischen Sticheleien zunehmend zermürbt, wendet sich Jean-Paul Pénélope zu, wohl weil er sie für mindestens ebenso verletzlich hält wie sich selbst. Marianne bemerkt es und lässt die beiden absichtlich einen Nachmittag lang miteinander allein. Während sich die zwei jungen Leute gefährlich nahe kommen, erneuert sie eine gewisse Vertrautheit mit Harry und flirtet sogar eines Abends mit ihm. Angewidert vom Verhalten ihres Vaters und Mariannes, macht Pénélope ihrem Groll in Jean-Pauls Armen Luft. Als Harry dies bemerkt, lässt er die Maske des Zynismus und der Überheblichkeit fallen, um sich wieder in den Vater zurückzuverwandeln, den das, was er soeben entdecken musste, zur Raserei bringt: seine Tochter, verführt von diesem Jean-Paul, den er bislang nur mit Herablassung verachtet hat – das ist mehr, als er verkraften kann. Nachdem er sich in der Stadt betrunken hat, kehrt er nachts in die Villa zurück und trifft dort Jean-Paul an, der allein am Swimmingpool geblieben ist. Zuerst beleidigt er ihn, schleudert ihm alles ins Gesicht, was er Übles von ihm denkt. Dann versucht er ihn zu schlagen und fällt dabei zufällig in den Pool. Er wird ihn nicht lebend verlassen, denn

Jean-Paul, den urplötzlich etwas überkommt, das ihm bisher gewiss fremd war, hindert ihn kaltblütig und schweigsam daran, indem er ihn jedes Mal ins Wasser zurückstößt, wenn er sich am Beckenrand festzuhalten versucht. Schon durch den Alkohol geschwächt, ist Harry sehr bald ganz erschöpft. Als Jean-Paul ihn bei den Schultern packt und ihm den Kopf unter Wasser drückt, kann er keinen Widerstand mehr leisten. Innerhalb weniger Sekunden ertrinkt er und stirbt. Mangels Beweisen kann der Polizeiinspektor, der die Untersuchung durchführt, Jean-Paul nichts zur Last legen, doch er hat verstanden. Ebenso Marianne, der Jean-Paul alles gesteht. Sie verrät ihn nicht. Ist es, weil sie sich für das Geschehene mit verantwortlich fühlt? Weil sie ihn liebt, auch wenn sie seine Tat entsetzt? Jedenfalls werden sie zusammenbleiben, geeint durch ihr Geheimnis und fortan Gefangene einer Liebe, die zum Albtraum geworden ist.

Der Stoff zum *Swimmingpool* scheint eigens für Romy entworfen. Doch dem ist nicht so. Dennoch sollte er es ihr ermöglichen, endlich der Vergangenheit zu entrinnen und endgültig mit dem Bild der Märchenprinzessin zu brechen, das sie trotz all ihrer Anstrengungen, es loszuwerden, bisher hartnäckig verfolgt hat.

»Mein Ausgangspunkt war Alain, erst danach habe ich die Frau für ihn gesucht«, erzählte später der Regisseur Jacques Deray. »Sie sollte ihm ein wenig überlegen, in moralischer Hinsicht die Reifere sein. Er bezaubert sie, sie analysiert ihn. Ich dachte da so an Monica Vitti, Natalie Wood oder Angie Dickinson. Ich sprach mit Alain darüber, und plötzlich fiel es mir wie Schuppen von den Augen: Die Einzige, die hier auf Anhieb zu ihm passte, war Romy Schneider. Ich konnte von ihrer gemeinsamen Vergangenheit profitieren, ihre Vertrautheit würde ganz natürlich wirken.«

Jacques Deray befürchtete eine Absage von Romy, die sich völlig zurückgezogen hatte und womöglich wenig darauf erpicht war, mit Delon, und sei es auch nur auf diese Weise, wieder in Berührung zu kommen. Der freilich hatte keine Bedenken. »Besuchen wir sie doch einfach, für sie bin ich kein Hindernis, sie wird Ja sagen. Sie ist nicht im Geringsten nachtragend.« Nach einem ersten Anruf bei Romy fliegen die beiden Männer nach München. In wenigen Sätzen umreißt Deray sein Projekt:

»Ich will ein richtiges Paar, einen Mann und eine Frau, die sich gegenseitig in- und auswendig kennen, die voneinander wissen, wozu sie fähig sind ...«

»Lassen Sie nur«, schneidet ihm Romy das Wort ab, »ich habe verstanden. Ich mache Ihren Film.«

Und das, obwohl sie erst wenige Zeilen aus dem Drehbuch gelesen und bislang nicht die geringste Frage gestellt hatte – was ihr sonst praktisch nie passierte.

Und Harry, Romys eigentlicher Ehemann? Hatte auch er noch ein Wörtchen mitzureden? Er behauptet es, aber in solch übertrieben euphorischem Ton, dass man nicht umhin kann, daran zu zweifeln. Besonders, wenn er glaubt, hinzufügen zu müssen: »Wir haben das Drehbuch vorher gelesen, es ist gut. Und das zählt.« Romy hingegen hatte einige Tage zuvor noch verlauten lassen, sie habe ihre Entscheidung binnen weniger Minuten getroffen ...

Er geht sogar noch um einiges weiter in der Rolle des entspannten Ehemanns, der keinerlei Bedenken trägt: »Dass im Film noch ein Harry vorkommt, auf den Delon eifersüchtig ist, hat uns überhaupt nicht gestört. Romy dachte zuerst, es sollte eine Anspielung sein, aber dann las sie weiter, und wir waren eigentlich beide beruhigt. Dass sie einmal nackt ist, finde ich auch nicht weiter schlimm.

Sie meinen, weil die beiden sich am Flugplatz schon so

herzlich begrüsst haben? Nein, das alles hat doch nicht wirklich mit Romy und mit mir zu tun.

Ich wäre höchstens beunruhigt gewesen, wenn sie mit Marlon Brando oder einem ähnlich attraktiven neuen Partner diesen Film gedreht hätte. Aber Alain Delon! Das ist doch eine Sache, die gelaufen ist. Zu Ende. Nur noch glänzende Publicity!«

Delon seinerseits äußert sich deutlich knapper, aber um einiges rätselhafter: »Ich bin, wie ich bin, und ich habe nicht die Absicht, die Angelegenheit breitzutreten. Oder irgendwas daran zu ändern. Im Leben passiert eben einfach immer was. Mich interessiert nur das Hier und Jetzt. Romy? Natürlich hat sie sich verändert. Ich kann das gar nicht fassen. Als ich sie kennen lernte, war sie noch so jung: Sie war wie ein junges Mädchen, aber ich finde, jetzt ist sie eine Lady geworden. Ich habe keine Frau mehr. Mein Leben dreht sich jetzt wieder ausschließlich um Mädchen, meine Arbeit und meinen Sohn. Ob Romy sich in all den Jahren sehr verändert hat, weiß ich nicht. Ich hatte noch nicht die Zeit, darüber nachzudenken. Sie ist jetzt eine junge Frau, die schon rein äußerlich genau auf die Rolle passt. Dass wir einmal verlobt waren, ist doch längst vergessen. Und nun werden wir uns wieder lieben – genauso wie es im Drehbuch steht.«

Angesichts der bevorstehenden Dreharbeiten ist Romy dagegen mit etwas oberflächlicheren Themen beschäftigt: »Ich muss unbedingt braun werden, denn wir drehen ja dauernd im Badeanzug. Es ist eigentlich irre, da wollte ich mich ganz ruhig auf den Herbst in Berlin vorbereiten, zu Harrys Geburtstag rote Grütze kochen, und jetzt sitze ich hier an der Côte d'Azur und dreh' auf einmal mit Alain einen Film! Dass alles nun gespannt guckt, weil Alain und ich früher zusammen waren, das hab ich mir gedacht, aber daran gewöhnt man sich. Wir passen für die Rollen in dem Film. Und sonst, ich küsse ihn, wie ich jeden anderen Schauspieler auch küssen würde ...«

Über ihre Entscheidung, beim *Swimmingpool* mitzuwirken, gibt sie ohne Zögern Auskunft, indem sie wiederholt, dass sie sie ganz alleine getroffen habe, und zwar im vollen Bewusstsein der »Risiken«, die sie dabei einging: »Mit 23, 24 Jahren, da war das alles anders, da war ich noch sehr viel unsicherer, irgendwie war es ja auch mein Recht. Heute fühle ich mich um vieles stärker. Ich tu' nichts mehr, was ich nicht wirklich will, und das macht mich frei. Ich glaub', das ist der größte Komfort, den man sich leisten kann.«

Nach und nach rückt sich Romy eine neue Persönlichkeit zurecht. Die Persönlichkeit einer Frau, die zur Reife gelangt ist, die weiß, was sie will und was sie nicht will. Die es ablehnt, sich (außer am Set) dirigieren zu lassen, gleichgültig von wem. Aus ihren Äußerungen hört man keinerlei Aggressivität in Bezug auf Harry heraus, keinerlei Andeutungen, denn sie hat ja nun mal beschlossen, vor aller Welt zu verbergen, wie sehr ihre Ehe in Gefahr ist. Daher spielt sie immer noch die junge Frau, die sich von ihrem Privatleben ausgefüllt, aber auch glücklich darüber fühlt, mit ihrem Beruf wieder so richtig in Berührung zu kommen. Ihre Haltung wird umso verständlicher, als ihre Wiederbegegnung mit Delon viel Gerede verursacht hat. Ein Wort, ja, ein Blick zu viel, und man würde eine Lawine bisher in Schranken gehaltener Gerüchte lostreten. Sie ist klug und einfühlsam genug, um zu begreifen, dass jetzt, da sie mit ihrem Ex-Freund dreht, wahrhaft nicht der rechte Augenblick ist, sich, und sei es auch nur andeutungsweise, über die Misslichkeiten auszulassen, die sich in ihrer Ehe breit gemacht haben. Sie äußert sich sogar im gegenteiligen Sinn: »Ich weiß nicht, ich bin kaum zwei Tage von zu Hause weg, da bekomme ich schon Heimweh. Dabei freue ich mich sehr auf diese Rolle hier. Aber manchmal fühl' ich mich dann plötzlich wieder fremd ... Dabei sind sie alle nett. Auch Alain ...«

Doch als traute sie sich selbst nicht über den Weg, hält sie es dennoch für nötig klarzustellen: »Ich werde keine Dummheiten mehr machen. Nur die Rolle hat mich gereizt. Alain und ich spielen ein Liebespaar, das wir längst nicht mehr sind. Bei Harry habe ich Ruhe und Sicherheit gefunden. Die ›heißen‹ Szenen mit Delon? Für diese Art Szenen ist es besser, die Haut eines Freundes statt die eines Fremden zu berühren.«

Die Dreharbeiten zum *Swimmingpool* haben am 19. August 1968 begonnen. Mitte Oktober werden sie in denkbar bester Stimmung und Atmosphäre abgeschlossen. Romy hat jedes Wochenende bei Harry und David verbracht, die sie hie und da auch am Drehort besucht haben.

Sie ahnt noch nicht, wie sehr sie diese Rückkehr zu den Wurzeln, die der *Swimmingpool* ja darstellt, ihr ganzes Leben als Frau erschüttern wird. Zwei Monate lang hat sie mit ihrer anderen Familie wieder Verbindung aufgenommen und vieles wieder entdeckt, Klänge, Düfte, Stimmungen, Gefühlsregungen, die ihr letztendlich während der vergangenen Jahre entsetzlich gefehlt hatten.

Vor allen Dingen hat sie sich selbst wieder entdeckt. Jenseits der aufmerksamen Mutter und gegängelten Ehefrau, die Harry Meyen hatte erschaffen wollen. Ihr fehlten einfach die anderen, ihre Gespräche, ihr fehlte auch Alain, an den sie sich nun so mühelos wieder gewöhnt hat. Sie entdeckt für sich neu die Welt der Komplimente, der Schmeicheleien, der Kritik und all dessen, was die Arbeit in einer Gemeinschaft beseelt.

Sie ist hingerissen von diesen Kleinigkeiten, die es ihr ermöglichen, wieder an sich selbst zu glauben und an ein Schicksal, das nicht gar so nichts sagend verlaufen muss. Abends, während der »rushes«, macht Delon den Clown. Sobald Romy auf der Leinwand erscheint, stößt er bewundernde Pfiffe aus und brüllt: »Oh làlà, ist das Mädel schön!«, woraufhin die ganze Crew miteinstimmt. Und Romy ist entzückt. Als sie die ersten sinnlich geprägten Szenen mit Alain dreht, stellt sich nicht etwa Verlegenheit ein, sondern eher eine Art Erregung, die aus früheren Zeiten herrührt. Ganz unbekümmert plaudert sie darüber, spricht von einer »heftigen Knutscherei« und den pfiffig-durchtriebenen Anspielungen Delons, der nicht der Typ ist, sich mit irgendeiner Vergangenheit zu belasten: »Alain machte natürlich immer seine witzigen Bemerkungen vor und bei dieser Szene, aber vielleicht war das ganz gut (wenn es Absicht war; vieles ist ja bei ihm absolut unabsichtlich, aber sieht nach Absicht aus!) – ›das erinnert an die gute alte Zeit‹ etc., und so'n Quatsch, das musste er wohl loswerden, bevor ich mich triefend nass im Bikini vor der Kamera auf ihn legte.«[1]

Nachdem sie den Regisseur Jacques Deray erst einmal einschätzen gelernt hatte, fand sie rasch heraus, wie erstaunlich unkompliziert und fachkundig er war. Die Freiheit, die er seinen Schauspielern ließ, war eine zusätzliche Chance, die er ihrem Talent bot, und keineswegs eine Erleichterung für ihn selbst.

Langsam rannen die Tage dahin, die Nächte waren mild, man bewegte sich in einer abgeschirmten Welt. Saint-Tropez, nunmehr befreit von seinen Tausenden von Augusturlaubern, hatte sich wieder in ein friedliches Dorf zurück-

---

[1] Auszug aus einem Brief, den Romy Schneider am 23. August 1968 an ihre Freundin Christiane Höllger in Berlin schickte.

verwandelt. Auch die Vorgänge am Rand des Pools zogen sich träge in die Länge, in ungewohnter Ruhe, die nur hie und da beeinträchtigt wurde durch das Geschrei von Jane Birkins Baby Kate.

Die junge Engländerin wagte ihre ersten Schritte im französischen Kino. Sie hatte sich gerade von dem Filmmusikkomponisten John Barry getrennt, von dem sie eine kleine Tochter hatte. Nun versuchte sie, den Dreharbeiten und ihren Mutterpflichten gleichzeitig gerecht zu werden, was für eine Anfängerin keineswegs selbstverständlich ist. Es gab kein Kindermädchen, keine besonderen Rahmenbedingungen: Jane genoss nicht die Vergünstigungen, die man den Stars üblicherweise zugestand, und nur allzu oft gab man ihr mit unbarmherzigen Bemerkungen zu verstehen, dass sie mit ihrem Baby schon allein zurechtkommen müsse.

Romy missbilligte diese Haltung und nahm sich auch die Freiheit, das zu sagen. Eines Tages schließlich konnte Jane nicht mehr: Nach allzu vielen Sticheleien und Gehässigkeiten über die angeblich störende Anwesenheit ihrer Tochter wollte sie alles hinschmeißen. Wie ein gekränktes Kind floh sie in die Toilette, schloss sich dort ein und weigerte sich, zu den Dreharbeiten wieder herauszukommen. Romy griff ein, redete der jungen Frau gut zu, tröstete und beruhigte sie, und brachte sie schließlich so weit, die Arbeit wieder aufzunehmen.

Sie liebte das alles. Die Verletzlichkeit Janes, der Kindfrau, die sie gestern noch gar nicht kannte und die ihr nun nahe stand, das so schöne und traurige Lächeln Maurice Ronets, das Ungestüm Alains und Jacques Derays Leidenschaft für Präzision. Sie war auch gerne wieder bei ihrem David und bei Harry, von dem sie sich jetzt, da sie ihn seltener sah, weniger zu entfremden meinte.

Indem sie wieder ihre Flügel rührte, zu ihrer Unabhängigkeit und all dem, was ihr eigentliches Leben ausmachte, zurückfand, indem sie also Harry entschlüpfte, näherte sie sich ihm in gewisser Weise wieder an. Wenn das nur von Dauer wäre ... Sie mochte nicht an morgen denken, an ihre Rückkehr nach Deutschland, in jenes andere Leben, das sie nicht mehr lockte.

Würde sie nach allem, was sie soeben wieder entdeckt hatte, die Kraft haben, sich noch für die ewig scheiternden Pläne ihres Mannes zu interessieren, für seine ziemlich nebulösen Bühnenprojekte, für die endlosen Diskussionen mit ihren dortigen Freunden und deren leidenschaftliche Erörterungen über die Kunst, das Leben, die Kunst im Leben oder auch das Leben in der Kunst ... Darauf hatte sie keine Lust mehr. Sie wollte etwas tun, wenn sie schon das Glück hatte, etwas tun zu können.

Vorläufig vermied sie es sorgfältig, sich auch nur die geringste Frage zu stellen. Der Winter war im Anzug. Kurzerhand begrub sie ihre Bedenken und mit ihnen endgültig alles, was für sie das Leben als verheiratete Frau beeinhalten mochte.

Zunächst einmal drehte sie in England einen eher miesen Film von John Newland, *Inzest*, wertloser Schund, der bestenfalls dazu taugte, Romy etwas mehr Abstand zu Harry gewinnen zu lassen und ihr klar zu machen, dass einzig und allein das französische Kino imstande sein würde, ihr gewisse Momente unschätzbaren Glücks zu bescheren. In Frankreich würde sich ihr Aufstieg vollziehen, ihr wahrer Aufstieg, in Frankreich würde sie Menschen finden, die auf derselben Wellenlänge lagen wie sie.

Die Kritiken zu dem Film fallen hart aus: »Aus dem Nichts entsteht nur das Nichts. Daher ist es sinnlos, sich hier weitere Fragen zu stellen«, so liest man in *La Saison cinématographique*, als der Streifen dem französischen Publikum vorgestellt wird. Doch fügt das Magazin hinzu: »Dennoch muss man Folgendes festhalten: Einzig Romy Schneiders wunderbares Gesicht ist wohltuend bei diesem unglaublichen Schwachsinn.«

Sogar im Schund brilliert sie, und das erregt zwangsläufig Aufsehen. Sie weiß jetzt, dass sie ihren Orientierungssinn wieder gefunden hat. Sie weiß, dass es nötig war – und vielleicht auch noch weiterhin sein wird –, Niederungen zu durchqueren, bevor sie zu großen Rollen in großen Filmen gelangen kann.

Harry mag noch so höhnisch sein und, wenn er an Abenden zu viel getrunken hat, ungehalten brüllen, dass er es ihr ja gleich gesagt habe, dass sie bei der Wahl ihrer Rollen ohne seine Hilfe gar nicht auskomme, dass sie jetzt nicht anfangen könne, einfach immer nur machen zu wollen, was ihr passt – sie hört ihm nicht mehr zu. Schon seit einer ganzen Weile hört sie ihm nicht mehr zu. Das war ihnen nur noch nicht aufgefallen, allen beiden nicht. Wie eine brave, artige Ehefrau hält sie das Bild einer intakten Partnerschaft nach außen hin aufrecht und leiert in sämtlichen Interviews dieselbe Litanei herunter: »Lieber würde ich nicht filmen, als Konzessionen auf Kosten meines Privatlebens zu machen. Ich bin am Wochenende immer bei meinem Mann Harry Meyen und meinem Sohn David. Oder sie kommen dorthin, wo ich gerade drehe.« Und wenn sie das noch so oft und in allen Tonarten beteuert, sie selbst glaubt kein Wort mehr davon. Es ist nichts anderes als ein Zugeständnis an ihren Mann. Oder vielmehr an seinen Stolz.

Sie hat sich inzwischen entschlossen, sich in Frankreich niederzulassen. Um dort zu leben. Ohne Harry und ohne David, denn sie will nicht, dass Harry mit einem Schlag von beiden, sowohl von seiner Frau wie auch von seinem Sohn, getrennt wird. Wieder gab es überhaupt keine Diskussion, und Harry hatte nicht mitzureden. Das Einzige, was sie für ihn tun kann, ist, den anderen weiterhin vorzugaukeln, die Familie hätte den absoluten Vorrang für sie. Sie weiß, dass dieser Punkt für Harry ungeheuer wichtig ist. Es gibt fast nichts mehr, was er verlieren könnte, nur noch sein Gesicht.

Romy ist längst woanders, in Paris, das ihr von neuem verheißungsvoll winkt. 1969: ein herrlicher Frühling. Und ein Zusammentreffen mit dem Mann, der ihr etwas geben wird, nämlich die Dinge des Lebens wieder zu entdecken.

13

Filme sind schöner als das Leben ...

»Filme sind schöner als das Leben«, sagte damals François Truffaut, Autor und Regisseur des Films *Die amerikanische Nacht*, in dem er einige Jahre zuvor seine Liebe zum Film mit seiner Leidenschaft für die Frauen verbunden hatte. In jenem Oktober 1981 hatte Truffaut nur noch drei Jahre zu leben. Die Krankheit wartete schon und war wie eine Bedrohung. Trotzdem machte er weiter Filme, alle schöner als das Leben.

Romy Schneider war sicherlich um vieles weniger lebendig als er. Doch auch sie drehte weiter, wobei sie bisweilen über die so überlegene Schönheit der Filmkunst nachsann. Gewiss, zuweilen stirbt man im Film, doch nur, um in einer neuen Geschichte, einem neuen Film umso herrlicher wiedergeboren werden zu können.

Manchmal während der Dreharbeit zu »ihrer« *Spaziergängerin* ärgerte sie sich maßlos darüber, dass sie sich so schrecklich allein fühlte, obwohl sie doch von so vielen Menschen umgeben war. Bis hin zum Produzenten Raymond Danon, der mit seiner Familie gekommen war, um die Truppe zu unterstützen und durch seine ständige Präsenz zum Ausdruck zu bringen, wie wichtig ihm Romy war. Seine Frau und seine Tochter Géraldine waren auch dabei. Das junge Mädchen sollte einige Jahre später ebenfalls Schauspielerin werden. Einstweilen aber begnügte sie sich damit, Romy anzuhimmeln und das unschätzbare Privileg auszukosten, wirklichen Kontakt zu jemandem knüpfen zu können, der sie faszinierte und dessen Talent sie zum Träumen brachte.

Die meisten Jugendlichen müssen sich darauf beschränken, in ihrem Zimmer Fotos von ihrem Idol an die Wand zu pinnen. Géraldine hingegen hatte schon seit Jahren immer wieder Romy Schneider getroffen und lebte manchmal, anlässlich der einen oder anderen Dreharbeit, ganz in der Nähe ihres Idols. Sie sprach mit ihr, stellte Fragen, lauschte ihren Antworten und sah sie leben, in ihrer Schönheit und ihrem Glanz. Sie wusste noch nicht, wie oft so manches Strahlen nur tiefe Verlorenheit überdeckt. Erst nach und nach wurde ihr das in Berlin bewusst, angesichts einer Verzweiflung, die Romy Schneider selbst vor der jungen Géraldine nicht dauernd zu verbergen vermochte.

»Wir waren seit langem schon Freunde«, erzählt Raymond Danon.[1] »Und sie war auch mit meiner Familie befreundet. Immerhin habe ich sieben Filme produziert, in denen sie mitwirkte: *Die Dinge des Lebens* (1969), *Die Geliebte des anderen* (1970), *Das Mädchen und der Kommissar* (1970), *Le Train – Nur ein Hauch von Glück* (1973), *Sommerliebelei* (1973), *Trio Infernal* (1974) und *Die Spaziergängerin von Sanssouci* (1981). Sowas verbindet!

Im Laufe dieser Dreharbeiten hatte ich immer eine Menge Probleme mit ihr, aber mit den Jahren habe ich gemerkt, dass uns das irgendwie stärker zusammenschweißte.

Sie war nicht leicht zu nehmen. Vermutlich war sie das nie, das Leben ist schließlich nicht immer sanft mit ihr umgegangen. Sie hatte etwas Unkontrolliertes, Heftiges an sich, das manchmal, völlig unerwartet, aus ihr hervorbrach. Lange vor der Tragödie um den Tod ihres Sohnes trank sie

---

[1] Gespräch mit dem Autor

bereits, und nicht zu wenig. Sie vermittelte den Eindruck eines geschundenen Wesens, das von einer Sekunde zur anderen jederzeit einen Anfall von Wahnsinn bekommen konnte.

Einige Jahre zuvor waren meine Frau und ich einmal bei Romy in Ramatuelle zum Abendessen eingeladen. Da eine Freundin bei uns in Saint-Tropez zu Besuch war, rief ich Romy an: ›Würde es dir etwas ausmachen, wenn wir eine Freundin mitbringen?‹ – ›Aber ganz und gar nicht, sie ist herzlich willkommen.‹

Am Abend treffen wir also ein, Romy empfängt uns liebenswürdig, und alles läuft bestens, bis unsere Freundin eine Bemerkung über die Sofakissen macht, die sie sehr originell fand. Urplötzlich braust Romy auf, wird schrill und laut und reagiert unbegreiflicherweise auf das Kompliment mit einem völlig unkontrollierten Wutanfall: ›Wenn sie Ihnen nicht gefallen, kann ich sie ja gleich wegschmeißen!‹ Unsere unglückselige Freundin saß wie versteinert, und wir wussten nicht, was wir sagen sollten, während Romy wild herumfuhrwerkte und besagte Kissen quer durch den Salon in alle Ecken des Raumes schleuderte!

Das war eben Romy. Gleichzeitig war sie ein umwerfend großzügiger Mensch mit viel Herz und stets bereit, sich für diejenigen, die sie mochte, wirklich zu interessieren. Sagen wir mal so, mit der Zeit vernarbten ihre Wunden, aber ihr Verhalten veränderte sich, manchmal auf sehr unschöne Weise.

Als ihr Sohn starb, gab es daher nicht mehr viele Menschen, die noch an sie glaubten. Es stimmt schon, in meiner Eigenschaft als Produzent habe ich damals mehr als heikle Situationen erlebt. Offen gestanden befand ich mich in einer ziemlich ungemütlichen Lage; fast niemand rechnete mehr damit, dass die *Spaziergängerin* eines Tages noch mit

Romy Schneider in der Hauptrolle zustande kommen würde.

Nach dem ersten ›Schadensfall‹, ihrem Beinbruch und dem daraus resultierenden Aufschub des Drehbeginns, hatten die Versicherungen anstandslos gezahlt. Zum Zeitpunkt des zweiten ›Schadens‹ war ich gerade in Cannes, als ich erfuhr, dass sie ins Krankenhaus eingeliefert werden musste. Es waren die Tage des Filmfestivals, und alle Leute aus der Branche erkundigten sich bei mir mit einer Spur von Skepsis und leichter Ironie: ›Na, und Romy? – Alles bestens. – Und der Film? – Kein Problem, der wird gemacht.‹

Da ich von den Versicherungsträgern als »totaler Schadensfall« angesehen wurde, erstatteten sie mir meine Kosten, aber ich behielt die Rechte am Buch und an der Adaption. Zugegeben, man konnte sich insofern durchaus versucht fühlen, auf Dreharbeiten mit Romy zu verzichten, als ihr Gesundheitszustand höchst ungewiss war. Eine Niere war ihr entfernt worden, das wusste man, doch niemand war im Bilde darüber, wie schwerwiegend die Angelegenheit tatsächlich war. Man meinte, sie könnte sehr wohl die Dreharbeit zur *Spaziergängerin* aufnehmen, die Frage war nur, wann?

Zu diesem Zeitpunkt machte unser deutscher Co-Produzent Atze Brauner zum ersten Mal den Vorschlag, Romy durch Hannah Schygulla ersetzen zu lassen. Zu allem Unglück kam es ausgerechnet Romy zu Ohren, die mich sofort anrief: ›Ich werde diesen Film machen, versprich mir, dass niemand sonst ihn machen wird ...‹

Ich habe es ihr versprochen und ich habe Wort gehalten, selbst nach dem Tod ihres Sohnes, als alle Welt dachte, sie würde zum Fenster hinausspringen.«

Auch Jacques Rouffio hat diese Momente nie vergessen. Er hat sie turbulent und deutlich in Erinnerung, und jedes

1 Drehpause bei »Scampolo« auf Ischia, 1957

2/3 Mit den Eltern Wolf Albach-Retty und Magda Schneider, 1954/57, ...

5 Beim Tanz mit dem ▷ Bruder Wolfdieter Albach, 1965

4 ... und dem Stiefvater Hans Herbert Blatzheim, 1961

6/7 Mit Horst Buchholz in »Monpti«, 1957, und auf einem Ball mit ihm, 1956

8 Bei Dreharbeiten zu »Christine« mit Alain Delon, 1958

9/10 Mit Alain Delon in »Christine«, 1958, und die beiden Liebespaare dieses Films: Alain Delon und Romy Schneider sowie Jean-Claude Brialy und Sophie Grimaldi

11 Verlobung in Morcote am 22. März 1959

12 Mit Curd Jürgens auf dem Münchner Filmball, 1957, ...

13 ... und mit ihm in dem Film »Katja«, 1959

14 Mit Alain Delon in der Visconti-Inszenierung »Schade, dass sie eine Dirne ist« von John Ford, Paris 1961

15/16 »Boccaccio '70«: Der Regisseur Luchino Visconti mit seiner Hauptdarstellerin und eine Szene aus dem Film, 1961

17 Mit Jean-Louis Trintignant in dem Film »Der Kampf auf der Insel«, 1961

18 In Orson Welles' Kafka-Verfilmung »Der Prozess« mit Anthony Perkins, 1962 ▷
19 Mit Otto Preminger und Charlton Heston auf einer Party in Hollywood, 1963

20 Vier Filme, vier Gesichter: »Der Kampf auf der Insel«, 1961, ...

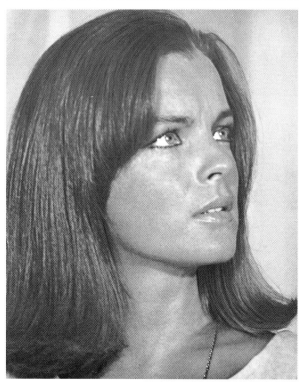

21 ... »Der Swimmingpool«, 1968, ...

22 … »Eine einfache Geschichte«, 1978, …

23 … und »Die zwei Gesichter einer Frau«, 1981

24 Mit Harry Meyen, ihrem ersten Ehemann, 1966

25 Szene mit Alain Delon in »Der Swimmingpool«, 1968

26 »Die Dinge des Lebens«, 1969: Der erste gemeinsame Film mit Michel Piccoli und dem Regisseur Claude Sautet

27 Mit Yves Montand in »Cesar und Rosalie«, 1972, ...

28 ... und eine Szene mit Jean-Louis Trintignant in »Das wilde Schaf«, 1973

29 In »Nachtblende«, 1974, …

30 … und in »Trio Infernal« mit Michel Piccoli sowie Monica Fiorentini, 1974

31 Hochzeit mit Daniel Biasini in Berlin am 18. Dezember 1975. Sohn David aus der Ehe mit Harry Meyen feiert mit.

32/33 Mit David, Paris 1975. – Romy begrüßt Jean-Claude Brialy, 1976. ▷

34 Szenen mit Jean Bouise in »Das alte Gewehr«, 1975, ...

36 Mit Sohn David in einer Drehpause von »Eine einfache Geschichte«, 1978 ▷

35 ... und mit Michel Piccoli in »Mado«, 1976

37 In ihrem vorletzten Film, »Die zwei Gesichter einer Frau«, 1981, mit Marcello Mastroianni

38 In »Die Liebe einer Frau«, 1979, mit Yves Montand ▷

39/40 Mit Tochter Sarah nach der Trennung von Daniel Biasini, 1981

41 Gute Freunde: Mit Alain Delon, Januar 1981

43 Zwei Szenen, zwei Partner: Mit Michel Piccoli ...

42 Treffen mit dem Regisseur ihres letzten Films »Die Spaziergängerin von Sanssouci« Jacques Rouffio, Paris 1981

44 ... und mit Helmut Griem in »Die Spaziergängerin von Sanssouci«, 1981

45 »Die Spaziergängerin von Sanssouci«, Portrait

46/47 Szene mt Filmsohn Wendelin Werner und Momentaufnahme bei den Dreharbeiten

48 Mit dem letzten Partner Laurent Petin in ihrem Landhaus in Boissy-Sans-Avoir, September 1981

Mal, wenn er darüber spricht, hört es sich niemals böse an. Beinahe mit denselben Worten wie er bestätigt Raymond Danon: »Das war ein harter Kampf, um diesen Film mit Romy durchzusetzen. Die Situation war nämlich ganz klar umrissen: Die Versicherungen waren bereit, uns abzusichern, außer im Falle eines Problems, das sich aus Romy Schneiders Gesundheitszustand ergab ... Jegliche durch Romy verursachte Verzögerung ging auf unsere Kosten ...«

Begreiflich also, in welch kollektiver Angst gewissermaßen alle leben mussten, die eine mehr oder minder große Verantwortung für die Dreharbeit zur *Spaziergängerin* übernommen hatten. Sich um Romy zu kümmern, war Tag für Tag jedermanns Leitmotiv. Man hielt sich auf dem Laufenden über die winzigste Trübung, gemeinsam erschrak man bei der geringsten Verspätung.

Raymond Danon war – aus Macht der Gewohnheit? – derjenige, der seine Gefühle am wenigsten verriet. In der Stadt, am Set, zwischen den Kulissen oder in den Fluren des Kempinski, überall trug er ein tadellos undurchdringliches Gesicht zur Schau: heiter, seiner selbst und auch der anderen sicher. Aller anderen. Nichts gab Anlass zu der Vermutung, dass dieser seelenruhige Mann seinen Ruin riskierte, wenn seine Hauptdarstellerin plötzlich zusammenbrach.

»Solange wir in Berlin waren, wo sich der Großteil der Dreharbeiten abspielte, bestanden gute Möglichkeiten, Romy zu ›überwachen‹. Wenn sie nicht gerade arbeitete, war sie doch immer mit den einen oder anderen zusammen. Oder aber sie blieb in ihrem Zimmer. Sie hatte ihr kleines Mädchen in der Nähe, und wir fanden, das sei ein zusätzlicher Schutz. Die negative Seite daran war für sie dieses Gefühl der Eingeschlossenheit in einer Stadt voller Erinnerungen.

Der Abschluss der Dreharbeiten war in Paris geplant, auf der Place Balard am Café ›Sanssouci‹, und dort, fürchtete ich, würden sich die Zwischenfälle häufen, da es nicht mehr so leicht wäre, sie vor allem, einschließlich sich selbst, zu schützen. Doch soweit waren wir vorläufig noch nicht. Wir konnten nur die Tage zählen und jeden Einzelnen davon als einen kleinen Sieg betrachten.

Gleich zu Beginn, nach unserer Ankunft in Berlin, waren wir, das heißt, meine Familie, Romy und ich, zum Mittagessen in der luxuriösen Villa eingeladen, die Curd Jürgens wenige Kilometer außerhalb von Berlin bewohnte. Es war ein sehr angenehmes Mittagessen und ein ebenso angenehmer Nachmittag, den wir dort verbrachten. Romy schien so glücklich, diesen Mann, den sie schrecklich gern hatte, wieder zu sehen. Es gab Momente wie diese, manchmal jedenfalls. Gesegnete Momente, in denen man glauben möchte, dass das Schlimmste schon vorüber ist.«

Dennoch zogen von Zeit zu Zeit wieder dunkle Wolken auf und überschatteten alles, sowohl ihr Gesicht, wie auch ihre Umgebung, Menschen, Bäume, Dinge. Man hatte gemeint, ihr Schmerz ließe nach, aber nein, der ließ nicht locker, er blieb so hartnäckig, dass er alles und jeden durchdrang.

»Bei anderen Gelegenheiten wieder schien mit einem kurzen Lachen, irgendeiner Kinderei oder plötzlichen Laune ein wenig Leben in sie zu kommen«, erzählt Raymond Danon weiter. »So etwa hatte sie eine Cartier-Uhr gesehen, die ihr unheimlich gefiel, und mich gebeten, sie ihr zu schenken. Ich erklärte mich einverstanden, weil es mir Spaß machte, ihr eine Freude zu bereiten. Die Gelegenheiten waren ja so selten, und ich sagte ihr, sie solle sie sich besorgen. Ein paar Tage später erhielt ich eine Rechnung von Cartier über zwei Armbanduhren! Ich wandte mich an Romy: ›Sag mal, was hat denn das zu bedeuten? Ich bekomme plötzlich eine Rechnung über zwei Uhren. – Ja, ich habe auch gleich eine für Laurent mitbestellt. – Das ist ja schön und gut, aber damit du es weißt, ich schenke dir nur eine. – Wenn das so ist, will ich gar keine. – Ganz wie du willst.‹

Sowas passiert einem schon mal mit Filmschauspielerinnen. Das kann dann sehr ärgerlich werden. In diesem konkreten Falle aber hat es mich richtiggehend amüsiert: Romy lebte noch.«

Und sie arbeitete auch. Sehr viel sogar. Und nicht nur, um nach Möglichkeit ihren Kummer zu betäuben. Immer, an jedem ihrer Filme, hatte sie viel gearbeitet. Es war gar nicht so einfach, die Doppelrolle von Elsa und Lina zu meistern. Leicht konnte man irgendetwas durcheinander bringen. Um diese Gefahr auszuschließen, erarbeitete sie sich stundenlang immer abwechselnd jede Figur, wobei sie beide in ihrem Kopf stets so streng voneinander getrennt hielt, wie sie es eben auch in der Geschichte waren. Sie beschrieb kleine Papierschnipsel mit Wörtern, Notizen, Bemerkungen zum Film, zu den Personen: »Lina macht dies«, »Elsa macht jenes«. Diese Eigenart zu arbeiten pflegte sie schon lange, auch dann, wenn es sich nur um eine »einfache« Rolle handelte.

Es gab also einerseits ihre Arbeit in stiller Zurückgezogenheit und andererseits die Stunden der gemeinschaftlichen Dreharbeit, die Zeit, in der jedermann ihr seine Hochachtung für sie als Schauspielerin wie auch als Mensch noch deutlicher zeigte. Jacques Rouffio, der niemals ein diktatorischer Regisseur war, versuchte sie vor allem dahingehend zu unterstützen, dass sie ihr Bestes geben konnte, ohne ihre Energiereserven allzu sehr ausschöpfen zu müssen: »Ich ließ sie instinktiv spielen und wiederholte niemals

Einstellungen. in dem Wissen, dass sie immer wild entschlossen war, ihr Maximum sofort, beim ersten Take schon, zu leisten. Gewiss, man sollte sich nicht auf den Instinkt allein verlassen, aber ich wusste ja, dass sie viel nebenher daran arbeitete und nichts dem Zufall überließ. Was das betraf, konnte wirklich nichts schief gehen.

Ich lenkte sie höchstens insofern, als ich ihr von Zeit zu Zeit mal einen Hinweis gab. Beispielsweise in der Szene im Kabarett ›Rajah‹ in Berlin, wo Elsa zu trinken und sich zugrunde zu richten begonnen hat, spürte ich, dass sie eine Hilfestellung brauchte, um diese neue Facette der Figur anzugehen. Also begann ich: ›Deutschland ruiniert sich, und Elsa ruiniert sich ...‹ Ich wollte gerade fortfahren, als ich in ihrem Blick las, dass der Groschen bei ihr bereits gefallen war. Es gab nichts weiter zu sagen, sie brauchte nur noch loszulegen und zu spielen ...«

Elsa ruiniert sich, Deutschland ruiniert sich ... das war gestern. Heute vermag keine Schminke der Welt mehr zu kaschieren, dass es Romy ist, die sich ruiniert.

Vor etlichen Jahren, vor langer Zeit, in einem anderen Leben, ist sie von einem ähnlichen Taumel erfasst worden. Das war bereits in Berlin und Paris zugleich. Damals war ihr klar geworden, dass die Geschichte zwischen Harry und ihr zu Ende war.

Sie musste den Weg nur zu Ende gehen, um dann wieder durchzuatmen und zu sich selbst zu kommen. Das war eine hübsche Idee, aber eine, die ihr Angst machte. So sehr Angst machte, dass sie sie noch Jahre ihres Lebens kosten sollte.

14

Die Dinge des Lebens

Nach dem *Swimmingpool*, das weiß sie, würde sie nie wieder dieselbe sein. Sie war bereits Sissi in einem anderen Leben, sie war Alain Delons verlassene Geliebte und dann die angepasste Ehefrau von Harry – jener Sorte Ehemann, die nur dein Bestes will. Mit dreißig nun bricht ihr viertes Leben an. Wann sie sich dazu entschlossen hat? Vermutlich im Februar 1969, als sie zur Premiere des *Swimmingpools* erneut nach Paris kam. Damals wurde ihr bewusst, dass sie gar nicht anders konnte, als immer wieder in diese Stadt zurückzukehren, die sie auch ein wenig als die ihre ansah. Und dort zu leben, auch wenn das nicht auf Dauer möglich war.

Die Monate, die seit der Dreharbeit in Saint-Tropez vergangen sind, haben sie Frankreich innerlich umso näher gebracht, als sie sich äußerlich von ihm entfernte. Sie ist wieder bei Harry und David in Berlin und in ihrem Haus im Grunewald, hat vorher allerdings einen Umweg über Lugano gemacht, um dort ein neues Haus einzurichten. Und vor allem hat sie sämtliche Fühler ausgestreckt, um sich nicht das geringste Filmprojekt, das sich bieten könnte, entgehen zu lassen. So etwa das von François Reichenbach, der ihr die Hauptrolle für seinen neuen Film *Le massacre* anbot. Als Drehort war die Camargue vorgesehen. Der Film allerdings wurde nie gedreht.

Regelmäßig kehrt sie nach Paris zurück, um an der Synchronisation für den *Swimmingpool* zu arbeiten. Das bereitet ihr jedesmal Vergnügen. Und sie gelangt zu der Überzeugung, dass dies ihr Leben ist. Diese Welt und keine andere.

Sie weiß nicht, dass sie in den Fluren der Studios von Billancourt von einem Mann beobachtet wird, der sie wie ein heimlicher Verehrer umgibt, und dass ihr genau dieser Mann in nicht allzu großer Ferne all das bieten wird, wovon sie träumt. Sein Name ist Claude Sautet. Vorläufig jedoch wagt er sie, die bald schon zum Sinnbild seiner schönsten Filme werden wird, noch nicht anzusprechen. Und Romy denkt vorläufig nur daran zu filmen, einfach aktiv zu sein. Um jeden Preis. Und ohne sich groß damit aufzuhalten, an ihrer Karriere herumzufeilen.

Sie ist entschlossen, ihren neu gewählten Weg zu gehen: nach ihren eigenen Bedürfnissen zu leben und wieder tief durchzuatmen, fernab von Harrys Bosheiten, den Fehlleistungen und dem eingeengten Dasein, das sie im Grunewald führte. Gewiss, das ist nichts Neues, aber jetzt, da ihr die Augen aufgegangen sind, wird keiner sie dazu bringen können, sie wieder zu verschließen. Folglich hat Harry ohne Murren akzeptiert, dass sie sich für die Hälfte der Zeit in Paris niederlässt, während er mit ihrem Sohn weiterhin in Deutschland lebt. Das nennt man einen Kompromiss. Ob Harry sich wohl darüber im Klaren ist, dass manche Kompromisse Feinde der Liebe sind und dass sie mit bestürzender Zielsicherheit eine Ehe beenden können? Dass Romy diesen Weg gewählt hat, ist verständlich. Es war sicherlich leichter und auf jeden Fall weniger grausam, wie ihr schien, sich in kleinen Schritten von Harry loszulösen.

Als *Der Swimmingpool* in die Kinosäle gelangt, gilt die Begeisterung, mit der der Film aufgenommen wird, auch der neuen Romy. Trotzdem, noch ist ihr nichts sicher: Mit Angeboten – mit guten, zumindest – wird sie keineswegs überhäuft.

Bis Claude Sautet sich endlich dazu durchringt, ihr ein Angebot zu machen.

Auch hier beginnt alles mit einem Telefonanruf. Er ruft sie in ihrem Hotelzimmer an, bittet sie um ein Treffen und schildert ihr Paul Guimards Roman *Die Dinge des Lebens*. Gebannt hört ihm Romy zu, und dann, ohne auch nur eine einzige Frage zu stellen, nimmt sie an. Sie vertraut einfach dem Stoff wie auch dem Regisseur, ohne Genaueres in Erfahrung bringen zu wollen, weder über Claude Sautet noch über den anderen. Was heute so aussehen mag, war damals nicht unbedingt eine Selbstverständlichkeit.

Sautet, ehemaliger Regieassistent bei Georges Franju, Yves Robert und anderen, ist knapp über vierzig, doch als Cineast vom breiten Publikum nach wie vor verkannt. Drei Spielfilme hat er bislang zu verbuchen: *Bonjour sourire*, 1955, ein Film, an den sich längst keiner mehr erinnert, *Classe tous risques* aus dem Jahr 1960 mit Lino Ventura und Jean-Paul Belmondo, heute ein Klassiker, der sich damals allerdings nur einen Achtungserfolg einspielen konnte, und 1965 schließlich *L'arme à gauche*, ein ziemlicher wirtschaftlicher Misserfolg. Drei Filme in zehn Jahren und dann nichts mehr. Als wäre es beschlossene Sache, dass die Filmwelt diesen ernsten, intelligenten Profi, der jedoch allem Anschein nach gerade nicht auf Erfolgskurs ist, nicht haben will, zumindest nicht im Scheinwerferlicht.

In anderer Hinsicht ist er dennoch unabkömmlich geworden: als eine Art Retter, den man zu Hilfe ruft, wenn es bei einem Streifen irgendwo nicht weitergeht und dieser dringendst wieder auf die richtige Schiene gesetzt werden muss. Auf diese Weise kann sich Sautet einer erstaunlichen Anzahl von »Rettungsaktionen« rühmen, die ihm den Beinamen Wunderdoktor des französischen Films eingetragen haben. Dass dies einen guten Film, der von ihm allein stammen würde und in den er alles stecken könnte, was er zu sagen hat, kaum aufwiegt, kann man sich wohl denken.

Mit seinem Roman *Die Dinge des Lebens* liefert ihm Paul Guimard die einmalige Gelegenheit, seine verkannte Rolle abzulegen und seine Fähigkeiten zu zeigen. Diesem Stoff ist er ganz nahe wie noch keinem Thema zuvor. Den Unfall, das weiß er jetzt schon, wird er zum eigentlichen Geschehen des Films machen, falls er je das Glück hat, ihn überhaupt drehen zu dürfen. Und genauso weiß er, dass diese Romy Schneider, die er insgeheim in den Studios von Billancourt beobachtet, *seine* Hauptdarstellerin ist.

Beide sind sie noch weit entfernt von der so engen Beziehung, die sie später, nach etlichen Filmen und einem Stück gemeinsamen Lebenswegs, haben werden. Noch sind sie Fremde füreinander, doch sie haben schon viel zu lange aufeinander gewartet, um sich nicht gegenseitig sofort zu erkennen.

Als er Romy anruft, ihr erklärt, dass er sie treffen möchte und sofort einen Termin bekommt, hat er, ohne es zu wissen, bereits gewonnen. Er wollte sie, und was er ihr anzubieten hat, ist genau das, was sie wollte. Der Film ist ein Melodram, die Dreharbeiten dazu werden wie ein Traum ablaufen.

Romy spielt darin die Geliebte Michel Piccolis, der mit der bildschönen Léa Massari verheiratet ist. Alle drei harmonieren so fantastisch, dass sie der Geschichte, die Sautet verfilmt, einen Ton, eine Harmonie und eine Musik verleihen, die sowohl die Dreharbeit wie auch den Film selbst in einen ganz besonderen Glanz tauchen.

Endlich hat Romy ihre Welt gefunden. Eine Welt, die ihr nichts als Glück beschert. Und die sie in ihr schönstes Licht rückt: »Es war für Romy Schneider keine dominierende

Rolle«, war einige Monate nach ihrem Tod in der Zeitschrift *Télérama* zu lesen. »Und dennoch, welche Sensibilität und Intelligenz, welche schauspielerische Leistung bei der Gestaltung dieser Rolle. Man muss Sautet für immer dankbar sein, so bedeutend dazu beigetragen zu haben, dass aus Romy diese große Schauspielerin wurde, auf die unser Kino stolz sein kann.«

Da Sautets Filmkunst aus einfachen Gesten, alltäglichen Worten und Gefühlen besteht, die jedem vertraut sind, baut Romy sich ohne großes Zutun darauf mehr als nur ihren Erfolg auf. Dabei sollte man nicht vergessen, dass schon echte Größe nötig ist, um solche Perfektion in der vom Regisseur gewünschten äußersten Schlichtheit zu erreichen und sich niemals zu »verfehlen«. Das zu betonen versäumt anlässlich der Filmpremiere auch das Magazin *Positif* nicht: »Allein in der Szene, in der man sie mit Freudentränen in den Augen zum Telefon greifen sieht, um eine Freundin anzurufen und sie zu bitten, ihr den Wagen zu leihen, ist Romy Schneider es wert, dass jeder sich zu Tränen hinreißen lässt, der weiß, dass das Ewige sich aus flüchtigen Augenblicken zusammensetzt.«

Daneben, doch schon ziemlich weit weg, gibt es noch ihr anderes Leben. Von Zeit zu Zeit fährt sie nach Hamburg zu Harry und vor allem zu David zurück. Doch sie hat zum zweiten Mal innerhalb von zehn Jahren ihre Wahl zwischen Frankreich und Deutschland getroffen. Und diesmal ist nicht die Liebe Schuld. Nach wenigen gemeinsamen Drehtagen hat Claude Sautet bereits viele Dinge in Romys Leben begriffen: »Vom ersten Drehtag an wurde ihr Privatleben recht schwierig und stürmisch. Man konnte spüren, dass sie nicht glücklich und innerlich zerrissen war. Sie war ständig von ihrer Angst beherrscht. Zunächst einmal drängte sich einem der Gedanke auf, dass es für einen Partner, der mit ihr lebte, ganz bestimmt nicht leicht sein dürfte. Und dann begann man, sich Fragen zu stellen. Es steckte so viel Leidvolles in ihr, so viel Unbehagen: Das passte einfach nicht zusammen mit dem heiteren, soliden Bild von ihrer Ehe, das sie hartnäckig nach außen hin erhalten wollte.«

Von dieser Ehe war, um die Wahrheit zu sagen, nichts übriggeblieben als die Illusion, die Romy noch vorgaukelte. Und die sie regelmäßig zerbrach, wenn sie in den Armen anderer Männer ein wenig von dem suchte, was sie wie Anerkennung empfinden konnte. Diese Momente waren nur von kurzer Dauer, die Gefühle mochten beim einen oder anderen passen, nie jedoch lange beim Gleichen. Jedes Mal, aber nie sehr lange, brodelte in ihr die glühende Eifersucht einer Liebenden, die endlich der ersten großen Leidenschaft begegnet. »Ihr absolutes Bedürfnis nach Ausschließlichkeit trieb sie, die Männer zu wechseln«, analysierte Claude Sautet. »Obendrein konnte sie rasend eifersüchtig werden, und sie verlor schnell ihre Selbstsicherheit.«

Jenen ganzen Sommer 1969 hindurch hat Claude Sautet sich nicht damit begnügt, Romy nur zu filmen. Er hat sie weiterhin beobachtet und sogar intensiver als in den Zeiten, in denen er sie noch nicht kannte. Und er hat gelernt, sie für all das zu lieben, was sie vor den anderen verbarg, und was für ihn so deutlich erkennbar war: ihre aus Kindheitstagen stammenden Ängste, ihre ewige Furcht, im Stich gelassen zu werden, ihre immer noch – und bis zum Schluss – vergebliche Suche nach einem Mann, den jene Liebe nicht überforderte, die sie so gern geben und erhalten wollte. Und ständig, ständig dieses bedrückende Gefühl, an allem Schuld zu tragen, was denen, die sie liebt, wehtut. Eine andere als sie hätte sich nach und nach schon zu überzeugen gewusst, dass die Schuld an dieser gescheiterten Ehe letztendlich bei Harry lag. Romy aber machte sich für dieses

Versagen verantwortlich und litt seelisch und körperlich darunter: weil sie es war, die aufgehört hatte, Harry zu lieben.

Die Monate vergehen, ein Projekt reiht sich an das andere. Natürlich gibt es für sie auch noch andere Filme als die von Sautet: *Die Geliebte des anderen* von Léonard Keigel, mit Maurice Ronet; *Bloomfield* von und mit Richard Harris; *La Califfa* von Alberto Bevilacqua mit Ugo Tognazzi. Alle drei Filme wurden 1970 gedreht, bis Romy das Jahr mit ihrem zweiten Sautet-Film *Das Mädchen und der Kommissar* abschloss.

Nach dem Riesenerfolg mit den *Dingen des Lebens* scheint sie ebenso zu *seiner* Schauspielerin geworden zu sein wie er zu *ihrem* Regisseur. Für sie sind gerade die besten Jahre ihrer Karriere angebrochen, und das hat sie einem Mann zu verdanken, der selbst vom ursprünglich verkannten Regisseur zum neuen Star des französischen Films aufgestiegen ist. Man entdeckt einen Sautetschen Stil, einen Sautetschen Ton, einen Sautetschen Touch, etwas Unbeschreibbares und bisweilen fast Unmerkliches, das nur er hat und mit dem man Romy Schneider für alle Zeiten in Verbindung bringen wird. *Cesar und Rosalie, Das Mädchen und der Kommissar, Mado, Eine einfache Geschichte* ... Selbst wenn es, wie in *Mado*, nur eine Szene für sie gibt, so wird genau diese Szene den gesamten Film tragen.

Ein Jahr folgte auf das andere, ebenso ein Erfolg auf den anderen. Im Laufe ihrer gemeinsamen Unternehmungen verliebt sich Claude Sautet ein wenig mehr in seine Schauspielerin: »Ich bin zwar immer ein bisschen vernarrt in das, was ich gerade drehe, aber wenn ich mit der Schneider arbeite, werde ich buchstäblich verrückt nach ihr. Sie ist sich der Macht ihres Körpers und der ungemein ausgeprägten Sinnlichkeit sehr bewusst, die von ihrer Person ausgeht.

Und sie besitzt eine Vielschichtigkeit, die alle großen Stars auszeichnet.«

Mit ihren Wutanfällen und Widersprüchlichkeiten, ihrem aufbrausenden Temperament, ihren wahnsinnigen Ausbrüchen hatten dieser Mann und diese Frau, die aus zwei sehr verschiedenen Welten stammten, manchmal eine sonderbare Ähnlichkeit miteinander.

Nicht verwunderlich also, dass sie mühelos eine große Zuneigung zueinander fassten. Mit und vor allem dank Claude hatte Romy zu ihrem Ehrgeiz zurückgefunden. Ihre Schauspielkunst fand zu dem, was er tat, eine ungeheure Bestätigung, und nun machte sie wieder Pläne. Erneut schaute sie nach Hollywood, sie liebäugelte mit Visconti, sie träumte von großen Erfolgen.

»Du inspirierst mich«, pflegte Claude Sautet zu ihr zu sagen, und dann lachte sie ihr wundervolles Lachen, das alle für sie einnahm, um ihre Rührung zu verbergen: Nie hatte ihr jemand eine schönere Liebeserklärung gemacht.

Wenn sie nach Berlin zurückfuhr, so fast nur noch besuchsweise. Sie blieb nie lange. Ihr eigenes Heim wurde ihr immer fremder. David war noch sehr klein, und in Harry hatte sie nie mehr als irgendwelche Träume von trauter Häuslichkeit geweckt.

Auf das Angebot, *Bloomfield* zu drehen, war sie vor allem deshalb eingegangen, weil die Dreharbeiten in Israel stattfanden. Für sie war das ein Weg, sich mit der jüdischen Vergangenheit und auch ihrer Vergangenheit auseinander zu setzen. Sie hatte ihre schrecklichen Erinnerungen und die Schuldgefühle waren auch hier gegenwärtig.

Sie war noch ein Kind gewesen, als Deutsche und Österreicher Millionen Juden in den Tod schickten. Obwohl sie noch so jung war, fühlte sie eine Mitschuld, die sie niemals abschütteln wollte. Ihre Heirat mit Harry war zum Teil ein Sieg über diese Gefühle gewesen und, so dachte sie, der Rückgewinn eines Stückchens Selbstachtung. Er war Jude, und ihr ganzer Stolz war es, ihm ein Kind geschenkt zu haben. So als wäre diese Geburt ebenfalls eine kleine Entschädigung gewesen für das, was geschehen war. Auch den Davidsstern hatte sie um den Hals tragen wollen. Aus Überzeugung einerseits und auch, weil sie sich dessen von nun an ein wenig würdiger fühlte.

Heute nun wusste sie, dass sie Harry verlassen musste, dass sie ihm ihren Sohn wegnehmen und ihn selbst in den Untergang stürzen musste. Der Gedanke allein schon quälte sie, aber ihr blieb nichts anderes übrig. Die endgültige Entscheidung fiel ihr sehr schwer. Und so zögerte sie sie immer wieder hinaus.

Nach ihrer Rückkehr aus Israel war sie nach Deutschland gekommen, um Weihnachten 1969 mit ihrer Mutter, ihrem Mann und ihrem Sohn zu verbringen. Harry richtete sich von Tag zu Tag mehr zugrunde. Er berauschte sich mittlerweile nicht mehr nur an Worten, sondern vor allem mit Alkohol, den er mit Barbituraten mischte. Auch sie, voller Mitleid und innerlich zerrissen, trank viel zu viel und ließ sich dazu hinreißen, zusätzlich Optalidontabletten zu nehmen, die ihr Mann in Mengen schluckte. Sie merkte nicht einmal, dass sich die depressiven Phasen und Erschöpfungszustände, die den Gebrauch dieser Präparate rechtfertigten, durch ihren Lebenswandel in jüngster Zeit gehäuft hatten. Sie hätte sich dazu durchringen müssen, endgültig allem den Rücken zu kehren. Sowohl Harrys Leben wie auch dem Alkohol und den Medikamenten. Doch sie brachte es immer noch nicht über sich. Nicht ganz jedenfalls.

Als wäre es ihre Pflicht, immer nachzugeben, hatte sie beschlossen, Harry den Vorschlag zu machen, zu ihr nach Paris zu ziehen. Selbst in seiner Verfassung behielt er genügend Klarsicht, um zu erkennen, dass er keine andere Wahl hatte. Wenn er sie noch zu halten hoffte, musste er ihr folgen. Wie immer wollte er dabei den Eindruck vermitteln, dass immerhin doch er es war, der die Fäden in der Hand hielt und alles unter Kontrolle hatte. Dass womöglich gerade dieser zwanghafte Drang mehr als alles andere Romys Ablehnung ihm gegenüber bewirkt hatte, auf den Gedanken kam er nicht: »Wir wollen uns aussprechen«, erklärt er selbstbewusst und mit großem Nachdruck. »Sollte Romy ganz in Paris bleiben, dann wird es wohl eine Trennung geben. Aber jetzt denken wir noch nicht daran. Scheidung? Diese Frage ist im Augenblick nicht aktuell. Ich versuche jetzt erst einmal, mit Romy in Paris zu leben. Wenn ich mir nach längerer Zeit darüber klar werden sollte, dass ich auf die Dauer nicht in Paris leben möchte, werde ich nach Deutschland zurückkehren.«

Währenddessen spielte Romy weiter die absonderliche Komödie der überglücklichen Ehefrau mit Kind in einem harmonisch-beschaulichen Heim, wo alles darauf abgestimmt war, ihr das Leben außerhalb der Drehtermine zu erleichtern. Um durchzuhalten, halfen ihr jedoch einzig und allein ihre unendlich große Liebe zu ihrem Kind und auch der Alkohol, den sie mehr und mehr brauchte.

Nach einigen Monaten in Paris beschließt Harry, nach Deutschland zurückzukehren. Er will wieder arbeiten und lässt sich in Hamburg nieder, wo er eine Wohnung mietet.

Für Romy könnte dies die geeignete Gelegenheit sein, einer Situation, die sie quält und zermürbt, nach so langer Zeit ein Ende zu setzen. Aber das geschieht immer noch nicht. Genau wie Harry belügt sie sich weiter. Ihr Mann äußert sich zu jenem Zeitpunkt: »Wir können auch getrennt sein – wir mögen es gar nicht so sehr, ständig beieinander zu hocken. Ich glaube nicht, dass man, auch wenn man miteinander verheiratet ist, die Karriere des anderen stören darf. Sie ist nun mal im Film und ich bin im Theater zu Hause.«

Im Gegenzug erwidert sie: »Natürlich gibt es Spannungen zwischen uns. Natürlich fällt es mir oft schwer, alles zusammenzuhalten. Mein Privatleben, den Beruf, den Mann, das Kind, die ewigen Reisen, mein Zuhause in Hamburg, der ständige Wirbel, sich auf neue Leute einzustellen, auf neue Umgebungen. Es gibt für Leute wie mich nur zwei Möglichkeiten, entweder man verschreibt sich seiner Karriere, dann kann man endlich mit den Regisseuren das spielen, was einem Spaß macht, oder aber man hält an seinem Privatleben fest, dann muss man es auch hinnehmen können, dass von heute auf morgen Schluss sein kann. Und ob ich so früh schon aufhören könnte, ich weiß es nicht.

Ich fand das lange Zeit sehr gut. Aber dann fand ich es nicht mehr gut, dass Harry immer am Drehort war, neben mir stand und sagte: ›Das machst du falsch: Du bist zu impulsiv. Du bist zu emotional ...‹

Am Anfang meiner Ehe dachte ich, dass ich dem Beruf und der Ehe gerecht werden könnte. Inzwischen weiß ich, das ist unmöglich. Und das ergibt natürlich Spannungen, die Harry und ich immer wieder ausgleichen müssen, über die wir reden müssen, was für beide nicht immer einfach ist.«
Das Leben geht also weiter. Und auch die Filmkarriere.

1971 dreht Romy gemeinsam mit Alain Delon und Richard Burton *Das Mädchen und der Mörder* von Joseph Losey. Der Film, bei weitem kein Meisterwerk, wird zwar kein besonders großer Erfolg, ermöglicht es Romy aber, sich erneut im Alleinsein zu üben, viel zu lesen, um gegen ihre Ängste anzugehen, und fernab von Harry und Deutschland von anderem zu träumen.

Im Jahr darauf steht Luchino Viscontis *Ludwig II.* auf dem Plan. Wiederum spielt sie die österreichische Kaiserin. Hier jedoch hat diese Figur herzlich wenig gemein mit jener anderen Sissi, die so übermächtig war, dass sie beschloss, sich von ihr frei zu machen:

»Zwischen der Sissi von einst und meiner heutigen Rolle gibt es nicht die geringste Gemeinschaft. Die Sissi damals war ein junges, dummes Ding, die Kaiserin Elisabeth dagegen ist eine reife Frau. Ich werde diese Rolle, den Charakter dieser Frau zum ersten Mal wirklich spielen ... Diese Frau jetzt darzustellen hat mich schon berührt. Dass ausgerechnet Elisabeth, die keine körperliche Angst kannte, ermordet wurde, ist merkwürdig. Körperliche Angst ist auch mir etwas völlig Fremdes. Andere Ängste, mit denen ich fertig werden musste oder noch muss, kenne ich zur Genüge. Überhaupt entdecke ich in der Elisabeth Charakterzüge einer Frau, die mir nicht fremd ist.

Mit dem Sissi-Stempel, den ich danach nur mühsam und unter so viel Qualen abgelegt habe, heute die Elisabeth glaubhaft zu machen –, das übt schon einen ganz schönen Druck auf mich aus – ob ich nun will oder nicht.«

Zu dem Zeitpunkt, als sie die Dreharbeiten zu Viscontis Film aufnimmt, ist ihre Ehe endgültig zerrüttet. Alles ist nur noch ein Kampf. Jeder mit Harry verbrachte Augenblick wird zu einem Augenblick der Krise, der Vorhaltungen und Zusammenstöße. Und der allgegenwärtige Alkohol macht jedes böse Wort, das fällt, nur noch schlimmer.

Das Ende ist nah, und Romy dürfte es als Wohltat empfinden, dass sie sich in Bayern aufhalten kann, wo der Großteil des Films gedreht werden soll. Doch je intensiver sie sich darum bemüht, in ihre Rolle einzusteigen, umso mehr muss sie einsehen, dass sie mit ihrer eigenen Persönlichkeit konfrontiert wird: als gescheiterte Ehefrau und als bedrückte Mutter, die nur noch eine einzige Lösung für ihr quälendes Problem sieht, nämlich die Trennung. Dadurch aber würde sie ihrem kleinen David genau das antun, was schon ihre eigene Kindheit verdunkelt hat. Sie würde ihn zu einem vaterlosen Kind machen, wie sie es selbst vor langer Zeit war. Sie kann sich einfach nicht dazu entschließen. Ganze Nächte hindurch plagt sie sich mit diesem Dilemma herum. Tagsüber dreht sie bei eiskalten Verhältnissen, da das Thermometer manchmal bis auf −10° sinkt. Ihre Rolle ist schwierig. Sie sollte eigentlich all ihre Kräfte dafür aufwenden, doch zu viel davon bleibt in den Nächten zurück: Sie weiß nicht mehr weiter und bricht schließlich zusammen, zuerst einmal, dann ein zweites und ein drittes Mal, erleidet Schwächeanfälle, denen oftmals Nervenkrisen folgen.

Anfang Februar hat sie einen erneuten Schwächeanfall am Set. Ein Notarzt wird gerufen. Er stellt einen extrem niedrigen Blutdruck fest, der auf einen massiven Erschöpfungszustand zurückzuführen sei. Er verordnet Romy einige Tage Erholung, die Dreharbeit wird also vorübergehend unterbrochen. Als sie wieder aufgenommen wird, ist Romy einigermaßen hergestellt, und da ihre Rolle es nicht erfordert, dass sie ebenso lange wie die anderen Hauptdarsteller vor Ort bleibt, verlässt sie Bayern nach anderthalbmonatiger Arbeit.

Mit David, aber ohne Harry kehrt sie nach Frankreich zurück. In ihrer Wohnung in Neuilly gestaltet sich das Leben weit weniger beängstigend. Manchmal holt sie ihren Jungen von der Schule ab, wie andere Mütter, und sie sagt sich, dass das Glück vielleicht doch nicht so unerreichbar sein muss. Dennoch bleibt das Problem ihrer Ehe mit Harry und wie man alles vielleicht lösen könnte.

Als der Film, das wahrhaft vollendete Meisterwerk eines glanzvollen Regisseurs, einige Monate später startet, huldigt alle Welt Helmut Berger als Ludwig II., Trevor Howard als Richard Wagner oder auch Silvana Mangano als Cosima von Bülow für ihre Leistungen. Romy aber wird in alle Himmel gehoben und geehrt als eine, die fortan auch zu den Unsterblichen zählt. »Viscontis *Ludwig II.* ist ein Sieg Romy Schneiders, der nicht genug bewundert werden kann«, so liest man in der *Süddeutschen Zeitung* vom 25. März 1973. »Romy Schneider ist eine Elisabeth von meisterlicher Hoheit«, schreibt *France-Soir* am 16. März 1973. Das schönste Kompliment aber kommt von Luchino Visconti selbst: »Du warst eine Elisabeth, wie ich sie mir vorgestellt habe, Romina.«

In Saint-Tropez, wo sie nun mit ihrem Mann und ihrem Sohn Ferien macht, ist sie glücklich, ständig mit David zusammensein zu können. Denn in den letzten Monaten war er immer wieder da und dort zu Hause, einmal in Deutschland und dann in Frankreich. Sie hat ja so wenig Zeit für ihn, wenn sie dreht. Harry hingegen wird ihr immer unerträglicher. Und die Zerrüttung ist so offensichtlich, dass die Presse sie bei jedem Interview mit Fragen über ihr Privatleben belästigt. Sie bleibt dabei, alles abzuleugnen, selbst nach diesem Urlaub und nach dem vorhersehbaren Scheitern ihres zweiten Anlaufs, ein gemeinsames Leben in Paris zu führen. Wenn man sie auf Trennung anspricht, erwidert sie: »Von morgens bis abends führe ich ein sehr ruhiges Leben bei mir zu Hause mit meinem Mann und meinem Kind. Ich verbringe meine Zeit wie jeder andere ... Ich treffe mich mit meinen Freunden. Ich gehe ins Kino, ins Theater, all das füllt meine Tage und Wochen aus, so einfach ist das. Ich versuche mich weniger mit unnützen Dingen zu beschäftigen. Man vertut so oft seine Zeit mit Kleinigkeiten,

Nichtigkeiten. Sobald man verheiratet ist, eine Familie, ein Kind hat, nehmen die Dinge eine ganz andere Dimension an.«

Im Herbst trifft sie für die Dreharbeit zu *Cesar und Rosalie* wieder mit Claude Sautet zusammen. Als der Film in den Kinos anläuft, reagiert ganz Frankreich tief bewegt auf die Geschichte dieser jungen Frau, die hin und hergerissen wird zwischen der Liebe, die ihr zwei sehr verschiedene Männer, Yves Montand-Cesar und Sami Frey-David, entgegenbringen und die sie jeweils auf sehr verschiedene Art und Weise erwidert. Dieser Film macht Romy-Rosalie zur beliebtesten Schauspielerin Frankreichs.

Aus diesem Erfolg heraus schöpft sie vermutlich die Kraft, Harry zu einer offiziellen Trennung zu bewegen. Als sie ihm dies mitteilt, reagiert er so, wie man es erwarten konnte. In seiner von der Wirklichkeit weit abgerückten Phantasiewelt verfangen, setzt der unglückliche Harry alles daran, das Gesicht zu wahren: »Ich suche in Hamburg immer noch eine stille Wohnung. Zuerst einmal eine Klarstellung: Wir leben nur aus beruflichen Gründen getrennt. Meine Frau mit unserem Sohn in Paris und Zürich und ich in Hamburg und Lugano. Wir haben nur eine Gütertrennung durchgeführt und den gemeinsam erarbeiteten Zugewinn geteilt. Meine Frau hat mir also nichts geschenkt.

Wir leben gezwungenermaßen getrennt. Wie wollen Sie sonst eine moderne Schauspielerehe führen, wenn meine Frau in Paris einen Film nach dem anderen dreht und ich in Hamburg ihre Filme synchronisiere und mich auf Theaterinszenierungen und Fernsehspiele vorbereite? Meine Frau ist so deutsch, deutscher geht's nicht mehr. Himmelhoch jauchzend und zu Tode betrübt. Ich wusste genau, wen ich vor fast zehn Jahren geheiratet habe. Es war Liebe auf den ersten Blick. Meiner Frau, die seit dem vierzehnten Lebensjahr vor der Kamera steht und in Frankreich zu den Top-Stars zählt, kann ich nicht den Beruf verbieten und sie als Hausfrau an den Kochtopf verbannen. (...)

Ich glaube, in unserem Beruf gibt es keine glückliche Ehe. Ich wüsste nicht, wie man das machen soll, wenn man geographisch getrennt arbeitet, dauernd neuen intensiven Begegnungen mit Menschen ausgesetzt ist, wenn sich das Leben ständig verändert. Es ist wahnsinnig schwer für Schauspieler, eine einigermaßen glückliche Ehe zu führen. (...)

Ich bin ein konservativer Mann. Als solchen verstehe ich mich. Ich finde, wenn man zusammenlebt und so eine starke Bindung zueinander hat, dann kann man nicht gleichzeitig die Funktion eines Beichtvaters übernehmen. Romy ging in der Schauspielerei völlig auf. Aber ich habe immer gewusst, dass ihr Erfolg das Ende unserer Beziehung bedeutet.«

»Aber er hat alles getan, um mich nur zu bremsen«, antwortet Romy fast unumwunden im Rahmen eines Wechselspiels, das auf dem besten Wege ist, sich zu einem öffentlichen Schlagabtausch zu entwickeln. Ein unwiderstehliches Bedürfnis drängt sie, auf Harrys leeres Geschwätz und auf die fadenscheinigen Gründe zu reagieren, die er anführt, um das Scheitern ihrer Ehe zu rechtfertigen, das er obendrein nicht einmal wirklich eingesteht. Weder ihr Stolz noch ihre ganze Wesensart können es dulden, dass man die Schuld für dieses Scheitern ihrem Schauspielerberuf anlastet.

Nachdem sie sich jahrelang ihrem Mann und seinen Spielregeln gefügt hatte und nun auch noch darauf eingegangen war, über den Stand ihrer Ehe verlogene Erklärungen abzugeben, kann sie jetzt einfach nicht mehr. Weil sie weiß, was im Laufe dieser Jahre alles in ihr kaputtgegangen ist. Sie weiß, dass sie in dieser Zeit beinahe ihren Beruf und ihre unbändige Lust am Leben verloren hätte und dass sie dabei tatsächlich einen Teil ihrer selbst eingebüßt hat. Sie weiß, dass sie begonnen hat, sich durch und mit Harry zugrunde zu richten, und dass ein Glück, das zerbrochen ist, nicht wiederkehrt. Die Falle ist zugeschnappt. Sie verlässt zwar Harry, wird aber nicht damit fertig werden. Den Alkohol, die Barbiturate, das Leiden am Dasein – die wird sie nicht mehr loswerden, bis zum Schluss nicht, dessen ist sie sich sehr wohl bewusst. Und so äußert sie sich ihrerseits: »Es macht ihm Spaß, mit mir zu Premieren nach Paris zu fliegen, Wohnungen in Paris und Hamburg einzurichten und mich zu beraten. Das fand ich lange Zeit sehr gut. Aber dann fand ich's plötzlich nicht mehr gut, dass da immer jemand neben mir stand und sagte: ›Das machst du falsch! (...)‹ Das war der Anfang vom Ende.

Er wollte immer Professor Higgins spielen, und ich sollte seine Fair Lady sein, und damit konnte ich nicht leben. (...)

Es war Zeit. Wir waren völlig in der Sackgasse, in einem Trott, aus dem wir nicht herauskamen.«

Zum Abschluss einer Erklärung, die einer Bekanntgabe im Stile Hollywoods nahe kommt, beschließt Romy, sich direkt an ihren Mann zu wenden: »Wenn du ehrlich bist, Harry, war es ein bequemes äußerliches Leben, wie die meisten sind wir faul geworden, nach den ersten zwei Jahren haben wir uns keine Mühe mehr gegeben. Und abends gab's zu viel Kartoffelsalat und Fernsehen. Es wurde langsam ein Vor-sich-Hindämmern. Wir haben uns zum Beispiel nie Gedanken gemacht über meine Person, über meine Vergangenheit, woher ich komme. Das hat sich später gerächt. Ich gab dir allerdings auch keine Chance zu fragen, weil ich meine Vergangenheit einfach mit sehr viel Tricks leergefegt habe. Ich habe gesagt: ›Ich filme und der Rest interessiert mich nicht!‹ Außerhalb meines Berufes hatte ich nie Interessen – oder nur oberflächliche. Zum Schluss habe ich zu viele Filme gemacht. Und wenn ich zwischen den Filmen nach Hause kam, war ich müde, körperlich und seelisch ausgelaugt. Unseren Alltag, unser Zuhause hast du arrangiert, und ich hab's zugelassen. Die Möglichkeiten, mein Leben außerhalb meines Berufes zu gestalten, sind mir so mehr und mehr entglitten. (…)

Du hast dich zu sehr um mich gekümmert und dich zu wenig mit dir beschäftigt, und ich habe das zugelassen. Wir haben erkannt, dass es falsch war. Und jetzt haben wir eine neue Chance.«

Diese neue Chance, von der Romy spricht, ist nichts anderes als die Scheidung. Egal wie Harry dazu steht, jetzt ist sie unabwendbar.

Zunächst einmal laufen die Dinge ziemlich geordnet ab. Vom Zeitpunkt ihrer Trennung 1973 an gilt Gütertrennung zwischen den beiden. Sie bezieht sich jedoch einzig und allein auf den Zugewinn, wodurch Harry 1,4 Millionen Mark erhält. Romy, die etliche Jahre zuvor schon für die erste Scheidung ihres Mannes bezahlt hatte, feilscht nicht erst lange herum, wie viel ihm zufallen soll, auch wenn ja eigentlich sie dieses Geld verdient hat, das nun zwischen dem Paar aufgeteilt wird.

Als es allerdings darum geht festzulegen, wo und bei wem David künftig leben soll, verändert sich alles. Harry geht zu heftigen Angriffen über, beantragt das Sorgerecht für den Jungen und erklärt Romy den Krieg. Jetzt macht er ihr das Recht an der Erziehung ihres Sohnes streitig, obwohl er sich nur wenige Monate zuvor noch, verwundert über die Indifferenz der Deutschen seiner Frau gegenüber, gefragt hat: »Warum sagt man nicht, dass sie eine gute Mutter ist?«

Gerade die Deutschen sollte Romy wieder einmal gegen sich haben, als in einer wütenden »Schlacht« über die Zukunft ihres Sohnes entschieden wurde.

15

»Leben ist Scheiße ...«

Wenn es November wird, ist Berlin gewiss nicht der ideale Ort, um vergnügliche Erinnerungen zu sammeln, die man nie vergisst. Solange man jedoch, wie Géraldine Danon damals, die Kindheit noch nicht ganz hinter sich gelassen hat, ist man für solche Details weniger empfänglich. In dieser lärmenden und zugleich grauen, regnerischen Stadt, Schauplatz vieler Tragödien, doch manchmal auch von großer Lebensfreude, hat das junge Mädchen innerhalb weniger Wochen die unterschiedlichsten Gefühle erfahren. Die ganze Zeit über war das Drama präsent. Mit all seiner Schwere lastete es auf dem Filmteam, das einerseits, was die Arbeit am Film anging, mit der Geschichte um *Die Spaziergängerin* befasst war und andererseits mit der persönlichen Tragik, die für Romy auch nie aufhören würde.

Von allen diesen Tagen hat Géraldine gemischte Erinnerungen, vergleichbar mit Tränen, die Tränen des Glücks und des Unglücks zugleich sind. Da war das Glück, überhaupt dabei sein zu dürfen, in unmittelbarer Nähe dieser Frau, die sie liebte und verehrte, zu sehen, wie sie spielte, sich bewegte, zu spüren, wie sie lebte, auch wenn sie nicht mehr den Eindruck machte, als hätte ihr das Leben noch viel zu geben. Beglückend war auch das Gefühl, dass sie so vertraut mit ihr umging, freundschaftlich, bisweilen sogar liebevoll, und fähig war, etwas zu geben. Und dann gab es noch das Unglück, das meist lautlos, aber so mächtig war, dass es, bevor auch nur ein Wort fiel, das hellste Lachen ersticken konnte. Jenes Unglück, das besonders in den Nächten greifbar war, wenn Romy sich zurückzog und alle an sie dachten, weil sie ahnten, was sie gerade durchmachte. Es war aber auch tagsüber da und man spürte, wie sie physisch zwar noch präsent war, gleichzeitig sich aber doch so unendlich weit weg befand.

Sie floh keineswegs. Erlaubte sich nur kurze Fluchtmomente hie und da, wenn der Kummer gar zu schwer wurde.

Am 1. November 1981 wurde Géraldine Danon vierzehn Jahre alt. Keine vier Monate zuvor war der vierzehneinhalbjährige David gestorben. Géraldines Geburtstag am Tag vor Allerseelen wurde zu einem frohen Ereignis, das sich jedoch durch die Grausamkeit des Lebens zu verwandeln drohte. So gibt es Feste, die einem durch ihre Fröhlichkeit das Herz noch ein wenig mehr brechen können, Geburtstage, wie sie selbst ein vierzehnjähriges junges Mädchen nicht unbedingt feiern möchte.

Trotzdem hat sie diesen Geburtstag am 1. November in beinahe vergnügter Stimmung gefeiert, und es war Romy Schneider, die ihn für sie organisiert hat. So selbstverständlich, als wäre es die normalste Sache der Welt, hat sie alles in die Hand genommen: »Wir hatten beschlossen, im Kempinski, dem alten Berliner Grandhotel, zu Abend zu speisen«, erzählt Géraldine Danon.[1] »Bei meinen Eltern hatte ich eine gewisse Scheu bemerkt, mir ein echtes Geburtstagsfest auszurichten. Diese Hemmungen hatte Romy bestimmt auch gespürt, und ich glaube, dass sie deshalb beschlossen hat, sich selbst um die Vorbereitungen zu kümmern, um dadurch allen aus der Verlegenheit zu helfen.

[1] Gespräch mit dem Autor

Wenn sie die Dinge organisierte, konnte keiner mehr etwas dagegen sagen!

Sie übernahm die Bestellung für das Essen im Kempinski, wählte das Menü aus und gab den Hinweis, dass es sich um einen Geburtstag handelte.

Im letzten Augenblick gab es ein Problem: kein Schokoladenkuchen, wie Romy es gewünscht hatte, weil sie wusste, dass das mein Lieblingsdessert war. Die vierzehn Kerzen lagen bereit, aber kein Kuchen. Und ihn durch irgendeinen anderen Kuchen, den ich womöglich nicht gemocht hätte, zu ersetzen, kam, für Romy jedenfalls, überhaupt nicht infrage. Also gab sie, ohne dass ich davon wusste, Anweisung, die Kerzen kurzerhand auf dem Lammkarree zu verteilen! Und so wurde es dann auch gemacht.

Leider nur nahm sie an dem betreffenden Abend am Diner nicht teil. Sie ließ mir einen kleinen Brief zukommen, um sich zu entschuldigen und mir zu sagen, wie sehr sie in diesem Augenblick an mich dachte und mir nahe sei. Ich wusste – jedermann wusste es –, warum sie nicht da war: Die Situation ging über ihre Kräfte. Doch bis zum Schluss wollte sie mir das Fest nicht verderben. Sie schrieb mir einfach, dass sie wegen einer leichten Erkältung und ein bisschen Überanstrengung leider nicht dabei sein könne. Vor allem aber schrieb sie mir in diesem Brief so viel Liebes und Sanftes. Das verwahre ich seit zwanzig Jahren sorgsam bei mir und halte es hoch in Ehren.

Sie schrieb immer mit Bleistift und hatte die Angewohnheit, manche Wörter in ihren Briefen zu unterstreichen, um sie hervorzuheben, ihnen mehr Gewicht zu verleihen. Manchmal verstand man nicht so recht, weshalb sie gerade dieses oder jenes, scheinbar belanglose, Wort unterstrichen hatte. Ich bin sicher, dass in ihren Augen all das sehr wohl einen Sinn hatte und dass sie niemals etwas rein zufällig unterstrich. Seitdem habe auch ich diese Angewohnheit angenommen und beibehalten, manche Worte zu unterstreichen, wenn ich einen Brief schreibe.«

Aus diesen Wochen in Berlin bleiben Géraldine Danon vor allem vereinzelte Eindrücke von Romy Schneider in Erinnerung: »Sie hatte ihre Tochter Sarah bei sich im Hotel, und selbst dann, wenn das Kinderfräulein da war, kümmerte sie sich sehr um die Kleine. In ihrem Schlafzimmer hatte sie Fotos von David an die Wände gepinnt, und manchmal sprach sie von ihm. Dann sagte sie, dass er da sei, dass er immer bei ihr sei.

Zu meinen Erinnerungen an diese Tage gehören auch ihre Verspätungen, morgens, zu Drehbeginn. Fast jeden Morgen ging das so. Sie nahm Schlaftabletten, um spät in der Nacht endlich einschlafen zu können. Naja, und morgens war sie dann natürlich nicht wach zu bekommen.

Ich entsinne mich, dass alle nett zu ihr waren. Verständnisvoll. Das Schrecklichste, was mir von ihr und ihrem Kummer im Gedächtnis blieb, war der Tag, an dem die Szene gedreht wurde, die in einem großen Pariser Restaurant spielt. Am Weihnachtsabend nimmt Elsa (Romy) ihren Adoptivsohn Max (Wendelin Werner) dorthin zum Essen mit. Sie sitzen da, beide schön, voller Zärtlichkeit und glücklich darüber zusammen zu sein. Ein Geiger nähert sich ihnen und fragt Elsa, ob er etwas Bestimmtes für sie beide spielen dürfe. Sie antwortet, ihr Wunsch sei es, dass ihr Sohn spiele. Der Junge spielt. Und Elsas Augen füllen sich mit Tränen. Das ist ein großartiger Augenblick in dem Film, der aber ausgesprochen schwer zu drehen war. Ich war zwar erst vierzehn, aber ich habe nichts davon vergessen. Gleich von Drehbeginn an hatte sich Romy Wendelin Werner gegenüber ziemlich gleichgültig, manchmal sogar ruppig, gezeigt. Das war ihre Art, sich gegen diesen jungen Schauspieler zu schützen, der ihrem Sohn viel zu ähnlich war, als dass sie einen unbeschwerten Umgang mit ihm hätte pflegen können.

Als sie diese Szene spielten, ist wieder ein Stück mehr in ihr zerbrochen. Ich erinnere mich: Die Einstellung musste wiederholt werden, weil sie zu sehr weinte und ihr Make-up verlief. Ich sehe es noch vor mir, die zerrinnende Schminke, die tränenverquollenen Augen und Romy, die auf Deutsch vor sich hinmurmelt: ›Leben ist Scheiße‹.«

Die Dreharbeiten in Berlin sind bald abgeschlossen. Ein Teil der Truppe wird sich in Paris wieder zusammenfinden, wo noch einige Szenen gedreht werden sollen. Jeder spürt, dass es nicht leicht sein wird, Berlin adieu zu sagen. Die Stimmung ist dumpf, manchmal bedrückend. Das Unglück lauert ständig in nächster Nähe. Aber die Truppe hat sich nun mal gegen alle Missgeschicke ringsumher, fiktive wie tatsächliche, verbündet.

Hie und da gibt es auch lustige Situationen. Wie an jenem Tag, als Romy und Dominique Labourier den Toningenieur William Sievel ernsthaft in Rage bringen. Sievel, dessen letzter Film dies werden sollte – er starb nur wenige Monate darauf, im Februar 1982 –, hatte Romy Schneider bereits wiederholt vorgeworfen, dass sie zu leise spreche, vor allem immer dann, wenn sie ihre Stichworte gab. An jenem Tag hatte sie einen Dialog mit Charlotte (Dominique Labourier), und sehr bald schon unterbricht William Sievel die beiden: »Lauter, bitte, ich höre nichts unter meinem Kopfhörer!« Die beiden Schauspielerinnen nehmen einen neuen Anlauf und versuchen lauter zu sprechen, allerdings ohne großen Erfolg: »Lauter, bitte schön!« Sie beginnen ihren Dialog ein drittes Mal, doch in den Kopfhörer des Toningenieurs gelangt offensichtlich auch weiterhin nur ein Flüstern. Da wirft er ihnen eine spitze Bemerkung hin, die geradewegs einem Film entnommen sein könnte: »Meine Damen, Sie denken zwar, aber Sie reden nicht!« Und Romy, für Empfindlichkeiten unempfänglich und geradezu glücklich, wie eine Anfängerin angeschnauzt zu werden, prustet einfach lauthals los, anstatt sich darüber zu echauffieren.

Professionell, gewissenhaft bis ins Letzte, das war sie. Immer bereit, stundenlang wieder und wieder an einer Szene zu feilen, ohne sich jemals hinter ihrem Status und ihrer langjährigen Erfahrung verschanzen zu wollen. Niemals aber spielte sie den Star, die Diva, die nicht die leiseste Zurechtweisung annimmt. Sie fühlte sich wohl im Kreise der anderen, ihrer Familie, sie hielt sich keineswegs für etwas Besseres. Wenn sie nörgelte oder in einen ihrer Tobsuchtsanfälle verfiel, so geschah das meist dem Regisseur gegenüber, weil sie die Dinge nicht so sah wie er. Am Set wollte sie, ob nun im Umgang mit anderen Akteuren oder mit Technikern, nie etwas anderes sein als eine Kollegin oder Partnerin. Ging es darum, dem einen oder anderen zu helfen, ihn von ihrer Erfahrung profitieren zu lassen, dann war sie da, immer präsent, zu jeder Zeit: »Ich bin einfach nur da. Ich verlange, dass man mich ruft, wenn man eine Stichwortgeberin braucht. Ohne falsche Bescheidenheit kann ich Ihnen versichern, dass ich dabei mehr Lampenfieber habe, als wenn ich selbst die Szene spielen würde...«[1]

In der Tat gehörte Romy nicht gerade zu denen, die die »unerträgliche Leichtigkeit des Seins« in sich hatten. Weder ihre Herkunft noch ihre Veranlagung noch ihre eigene Geschichte wiesen die Wesensmerkmale auf, durch

---

[1] Interview mit Danièle Heymann, 1982

die manche Menschen unbeschwerter sind als andere. Wesensmerkmale, die das Leben leichter machen, einen noch zum Teil in der Kindheit verweilen lassen, obwohl man längst in die andere Welt, die der Ernsthaftigkeit und der Verantwortungen, eingetreten ist. Sie war nicht gerne Kind gewesen, sie tat sich schwer damit, Frau zu sein. Humor, Unbekümmertheit und all die Leichtfertigkeiten, die die Jahre der Kindheit und der Jugend ausmachen, hatte sie nicht erfahren. Die einzige Person, die ihr das hätte beibringen können – ihr Vater –, war zu früh weggegangen. Ob nun bei ihrer Mutter, bei Harry und selbst bei Alain, der schon dem eigenen Ego verfallen war, hatte sie nichts anderes kennen gelernt als Zwänge, Schwerfälligkeit, Überdruss und eine gewisse Form von Verdrängung – alles Dinge, die in der Regel die Lust zu leben und zu lachen nicht eben fördern.

Das alles wusste sie nur zu gut und sie versuchte sich davon frei zu machen, auch wenn das Schicksal ihr nicht viel Gelegenheit dazu gab. Sobald sich eine solche bot, ließ sie sie sich nicht entgehen. Wie viele Male hat man sie nicht sagen hören: »Seht ihr, ich habe sehr wohl Sinn für Humor, egal, was andere sagen ...« Dabei wirkte sie wie ein kleines Mäd-chen, das sich, selbst verwundert, davon zu überzeugen sucht. Diesen Satz wiederholte sie etliche Male während der Dreharbeiten zur *Spaziergängerin*, als wäre sie ein braver kleiner Soldat, der sich für seine Fahne entschieden hat und sich nun unter keinen Umständen davon abbringen lassen will.

»Trotz allem, was sich auch immer einige Monate zuvor ereignet hatte, war die Freude für uns beide groß, dass wir uns während der Dreharbeit zur *Spaziergängerin von Sanssouci* wiedersahen«, berichtet Maria Schell in der Zeitschrift *Paris-Match*. »Als ich Romy kennen lernte, war sie fünfzehn, und es entstand eine echte Freundschaft zwischen uns. Selbst wenn wir uns jahrelang nur flüchtig gesehen haben, wussten wir doch, dass wir immer aufeinander zählen konnten.

Und dann unsere letzte Begegnung in Berlin. In ihrem Film *Die Spaziergängerin von Sanssouci*. Ich spielte eine Episode darin, hatte einige Tage zu drehen, und wir wohnten im gleichen Hotel. Wir freuten uns über das Wiedersehen ... Eine ganze Nacht lang haben wir in ihrem Appartement gesessen und geredet, bis vier Uhr morgens. Das ganze Schlafzimmer war voller Bilder von David und Sarah, ohne Rahmen und mit Rändern, die von der Sonne aufgerollt und verbogen waren. Und Bilder von Laurent Pétin, eine Unmenge von Bildern.

Ich habe mich täuschen lassen ... habe einfach nicht gespürt, dass es ihr nicht gut ging. Im Gegenteil, ich hatte das Gefühl, ich könnte beruhigt sein. Mir schien, als hätte sie nach dem grauenhaften Tod von David das Schwerste überwunden. Sie erzählte von ihrer großen Liebe, von Laurent. Zeigte mir die Narbe, die die Nierenoperation auf ihrem geschundenen Körper hinterlassen hatte ... Aber ich hatte nach wie vor den Eindruck, dass sie sich allmählich wieder erholte.«

Wie Maria Schell waren viele aus Romys näherer Umgebung versucht zu glauben, dass es mit ihr wieder aufwärts ging. Nicht etwa, weil sie blind gewesen wären, sondern weil Romy sie manchmal sehr geschickt zu täuschen wusste. Sie täuschte sich vor allem auch selbst bei der Suche nach einem Mittel, um mit ihrer Situation fertig zu werden. Alles was sie gefunden hatte, war, einen Teil ihres Gedächtnisses abzutöten. In erster Linie musste sie sich von ihren eigenen Erinnerungen losreißen, musste versuchen, David so in ihren Gedanken zu bewahren, wie sie ihn geliebt hatte, und nicht, wie er niemals sein würde. Ihretwegen nicht sein würde? Das war die Frage, der sie gerne aus dem Weg gegangen wäre.

Sie hatte ihm ihre Kraft gegeben. Und ihre Nähe. Sie hatte ihm eine Welt gebaut, deren Säule sie war. Sie hatte es genossen zu sehen, wie er an sie glaubte und überzeugt davon war, dass sie alles für ihn erreichen konnte. Eines Tages hatte er zu ihr gesagt, dass er niemals Angst hätte, solange sie da sei. Und sie hatte ihm geantwortet, dass sie immer da sein werde.

Aber sie war nicht da gewesen, an jenem Sonntag im Juli, als der Junge vom Ballspielen kam. Ob er daran gedacht hatte, bevor er starb? Sie würde es nie erfahren, aber das verhinderte nicht, dass sie in ihrer jämmerlichen Einsamkeit an nichts anderes denken konnte.

Nach Paris zurückkehren, das bedeutete, zu David zurückkehren, der sie ohnehin niemals verließ. Oder vielmehr bedeutete es, zu dem anderen David zurückzukehren, zu dem, der nichts sagte, der sich nicht mehr regte und ihr so viel Pein bereitete. Es hieß, zu einem Toten zurückzukehren, auch wenn sie oftmals, nur für sich selbst, so tat, als glaubte sie nicht ganz daran. Und übermäßig lebendig war sie auch nicht mehr, auch wenn sie, den anderen zuliebe, so tat, als wäre sie nicht endgültig tot. Immerhin, Theaterspielen war nun mal ihr Beruf.

Inzwischen wusste sie gar nicht mehr zu sagen, wann sie wirklich spielte und wann sie spielte, dass sie spielte. Wer kann schon zwischen der *Spaziergängerin* und dem wirklichen Leben das Wahre vom Falschen unterscheiden? Lina, Elsa und Romy ... wo war nun die Echte, diejenige, die nicht nur Filmtränen vergoss? Sie hatte einen Sohn verloren und hatte zwei Schwestern gefunden, doch ein Trost war das noch lange nicht, und dieser Film, dem sie ihr Überleben verdankte, machte gleichzeitig die Dinge schwieriger und den Schmerz noch größer. Jacques Rouffio ist nicht der Typ, der sich in großen Worten und übertriebenem Mitleid gefällt.

Aber eines Abends, kurz vor der Abreise, sagte er plötzlich mit seiner wohltuenden, dunklen Stimme voller Mitgefühl und Verständnis: »Meine liebe Rominette, es muss gar nicht lustig sein, alle Tage den Beruf des Schauspielers auszuüben.« Mit einer scheinbar banalen Bemerkung hatte er alles gesagt.

Nein, es ist nicht leicht, Schauspielerin zu sein, und in diesen Zeiten noch viel weniger, hätte Romy antworten können, aber ihr Sinn für Humor ist, gleichviel, was sie von ihm halten mag, nie bis zur äußersten Ironie der Verzweiflung gegangen. Also hat sie ihren Regisseur und Freund nur angesehen und sich dabei gedacht, dass er wenigstens alles begriffen hatte.

Morgen früh würde sie Berlin verlassen müssen, sich von einem Schmerz losreißen, um sich in einen anderen zu begeben. Zum Glück gibt es nach wie vor *Die Spaziergängerin*, die sie einerseits leiden macht, ihr aber auch zu leben hilft, eine Art selbst gewähltes Gefängnis, aus dem sie freilich eines Tages wohl oder übel entlassen werden muss. Und danach? Danach wird man schon sehen. Es ist gar nicht so einfach, sich zu sagen, dass das Leben weitergeht, wenn es doch gerade das Leben ist, an dem es einem fehlt.

Wie viele Male hat sie wohl die paar Worte auf den Lippen gehabt, die ihre ganze Verzweiflung beinhalten mochten: »Leben ist Scheiße« …

Es ist Dezember, morgen früh wird abgereist, und die ersten Schneefälle sind angekündigt.

Zum Einschlafen sagt sie sich vielleicht ein Gedicht von Francis Jammes vor:

> *In ein paar Tagen wird es schneien.*
> *Ich denke ans vergangene Jahr zurück,*
> *Ich denke an meine Schwermut im Licht des Feuerscheins.*
> *Hätte man mich gefragt: Was ist mit dir?*
> *Ich hätte gesagt: Lasst mich in Frieden, es ist nichts.*

16

Kriegsjahre

Wenige Wochen vor ihrem Tod noch erwähnte sie es: Deutschland hatte ihr ihre »Abtrünnigkeit« nie verziehen.

Seitdem sie nach Frankreich und zu Alain Delon gegangen war, fühlten sich die Deutschen – jedenfalls ein Teil von ihnen – verraten und fallen gelassen.

Jetzt, da sie Harry vor Gericht gegenübertreten und um das Sorgerecht für ihren Jungen kämpfen musste, würde sie zu spüren bekommen, wie leicht der alte Groll jederzeit erwachen konnte.

Während sich ihr Erfolg in Frankreich festigte, wo sie im Begriff war, sich als eine der talentiertesten Schauspielerinnen zu behaupten, musste sie erfahren, dass man in Deutschland gerichtlich gegen sie vorgehen wollte, weil sie gemeinsam mit 350 deutschen Frauen im *Stern* ein Manifest unterschrieben hatte, in dem sie zugab, dass sie schon einmal abgetrieben hatte. Die Staatsanwaltschaft von Hamburg, ihrem deutschen Wohnsitz, hatte bereits ein Gerichtsverfahren gegen sie eingeleitet und ließ ihr eine amtliche Vorladung zustellen. Im Falle eines Eingeständnisses drohte ihr ein Prozess, eine hohe Geldstrafe und fünf Jahre Gefängnis! »Das ist ja lächerlich und es lässt mich völlig kalt«, erklärt Romy, als sie von ihrer Vorladung erfährt.

Während Jeanne Moreau in Frankreich die Feder zückt, um sie, nachdem sie das gleiche Manifest ebenfalls unterschrieben hat, unverzüglich zu verteidigen, entschließt sich Romy, nach Deutschland zurückzukehren, um dort ihren »Richtern« die Stirn zu bieten und sich mit Bundeskanzler Willy Brandt zu treffen. Sie ist empört über die Kommentare, die ihr zu Ohren kommen, und über die verbalen wie schriftlichen Angriffe, die die Presse oder auch manche Politiker auf sie loslassen. Noch vor ihrer Abreise macht sie ihrem Herzen Luft: »Ich finde es ungerecht, dass mittellose und unbekannte Frauen wegen einer Abtreibung verurteilt wurden, während reiche, bekannte Frauen, die ihre Kinder problemlos großziehen können, aus reinen Publicitygründen damit prahlen, sie hätten einen solchen Eingriff vornehmen lassen.

Ich bin niemandem mehr Rechenschaft schuldig, aber zu der Abtreibung, die ich bei mir vornehmen ließ, das möchte ich nun doch betonen, dazu habe ich mich nur schweren Herzens entschlossen, denn zu dem Zeitpunkt meines Lebens war es ein absolutes Unding, ein weiteres Kind in die Welt zu setzen.«

Sie reist also nach Bonn, wo ihr »Fall« sich bereits von allein zu regeln beginnt. Eine Durchsuchung im Büro der Bewegung für Abtreibung fördert eine enorme Menge von Briefen zutage, die alle dieselbe Tat eingestehen.

Romy ist der öffentlichen Meinung geopfert worden, doch Abertausende von Frauen handeln wie sie, morgen genau wie gestern und heute. Da man nicht Tausende von Frauen ins Gefängnis stecken kann, verzichtet die Justiz darauf, gegen sie vorzugehen. Romy hingegen verzichtet nicht darauf, die Deutschen zu provozieren und gegen ihr eigenes Image anzurennen, das jene, koste es, was es wolle, aufrechterhalten wollen: Wiederum für den *Stern* posiert sie nackt, ungeniert und ohne Show. Es ist ein weiterer Versuch, Sissi und die Werte, die im Verständnis der Deutschen mit ihr verbunden sind, auf diesem Wege endgültig zu Grabe zu tragen.

Die Dreharbeit zu *Nur ein Hauch von Glück*, einem Film von Pierre Granier-Deferre, wird 1973 dann erneut einen Funken im Pulverfass abgeben.

Die Geschichte spielt nach Kriegsbeginn, 1940. Romy Schneider verkörpert darin eine junge Jüdin, die vor den deutschen Besatzern flieht und sich in einem von Leidensgenossen überfüllten Eisenbahnwaggon in einen Radiomechaniker verliebt; eine kurze Leidenschaft, die mitten in die Abgründe des Schreckens führt. Der Film, dem ein Roman von Georges Simenon zugrunde liegt, ist ein großartiger Erfolg, da sich die Regie, ausgesprochen nuanciert, zweier außergewöhnlicher Darsteller, Romy Schneider und Jean-Louis Trintignant, bedienen kann.

Die beiden sind sich auf der Leinwand so nah, dass man sehr bald begreift: Dieser Mann und diese Frau haben sich über ihre Rollen hinaus gefunden und erleben nun ihre eigene, ebenso intensive Geschichte. Jedenfalls ist man in Frankreich von diesem Zauber berührt, der von den beiden Schauspielern ausgeht. Nur in Deutschland ist man es nicht, wo sich ein Teil der Presse und der Öffentlichkeit über Romys Beteiligung an einem solchen Film entrüstet. Man wirft ihr vor, sie stelle sich auf die Seite derer, die das Bild ihres Landes und ihrer Landsleute verunglimpfen.

Wir haben das Jahr 1973. Der Krieg liegt noch nicht gar so weit zurück, kaum dreißig Jahre, die Revanchisten existieren, weiterhin kommen immer wieder alte Feindseligkeiten auf. Und so steht Romy wieder einmal auf der falschen Seite, da man sie bezichtigt, sie habe sich auf ein abgekartetes Spiel mit Deutschlands Feinden eingelassen! Natürlich weiß sie, dass dieser Mangel an Verständnis nie aussterben wird, egal, was sie tut oder sagt. Aber da sie

Romy Schneider heißt, leidet sie darunter, anstatt die Schultern zu zucken und sich um diese Woge der Feindseligkeit einfach nicht zu kümmern. Ein heimliches Schuldgefühl setzt ihr zu. Auch wenn sie fest daran glaubt, dass sie richtig gehandelt hat, fragt sie sich doch, ob sie es auf die richtige Art und Weise getan hat.

Mutig ergreift sie dennoch das Wort, um sich nach Möglichkeit wieder einmal zu rechtfertigen: »Diese Rolle ist unter meinen jüngsten Filmen ganz sicher die Rolle, die mir am liebsten war. Das Mädchen handelt, denkt, reagiert und liebt genau so, wie ich es auch tun würde. Es ist die beste Rolle, die mir in den letzten Jahren angeboten wurde. Um ein Signal gegen die Brutalität der Nazis zu setzen, die in Deutschland immer noch etwas zu sagen haben, habe ich mitgemacht.

Es wurde mir oft genug als Landesverrat ausgelegt, als ich vor fünfzehn Jahren nach Frankreich gegangen bin. Aber das war eine für mich notwendige Entscheidung.

Verrat? Weil ich als Deutsche eine Jüdin spiele, die sich in einen Franzosen verliebt? Du lieber Himmel – über dieses entsetzliche Nationaldenken sind wir doch hinaus! Außerdem setzt dieses Mädchen Anna alles aufs Spiel. Das kommt meinem eigenen Gefühl sehr nahe. Vom Charakter her bin ich jemand, der viel riskiert. Ich habe berufliche und private Gründe, diese Rolle zu spielen.

Man scheint mir alles übelnehmen zu wollen. Ein Film mehr oder weniger, was spielt das für eine Rolle? Ich identifiziere mich mit der Rolle. Ja. Für mich gilt im Leben wie hier im Film die Devise: Alles oder nichts. Risikobereitschaft ist etwas, was mir immer weitergeholfen hat.«

Das erspart ihr freilich nicht, einige Jahre später, beim Kinostart des Films *Das alte Gewehr* von Robert Enrico, wieder denselben Hasstiraden und sehr ähnlichen Vorwürfen ausgesetzt zu sein. Sie verkörpert darin die Frau eines Arztes, gespielt von Philippe Noiret, die durch die Flammenwerfer der Naziwehrmacht den Feuertod erleidet. Die Dreharbeiten beginnen Ende des Winters und laufen bis zum Frühjahr 1975 in Montauban und Umgebung, in Paris und Biarritz.

Unter allen Szenen prägt besonders eine für alle Zeiten diesen großartigen Film, der in seinem Verlauf mehr und mehr die Tiefen menschlicher Verzweiflung und das ganze Grauen eines Krieges zeigt. Es handelt sich um die schreckliche Vergewaltigungsszene, die Claras (Romy Schneiders) Tod vorausgeht. Die Schauspielerin hat sich derart in die Gestalt der Clara hineingelebt, dass sie einen ihrer Kollegen[1] die Treppe hinunterstößt. Sie lebt ihre Rolle so intensiv, dass auch sie vor Angst wahnsinnig zu werden scheint. Übrigens sollte man nach Ablauf des Drehtages feststellen, dass Romy sich tatsächlich auch physisch voll eingesetzt hat: Ihr Körper ist übersät mit blauen Flecken; sie hat etliche verstauchte Finger und abgebrochene Fingernägel. Dieser Film hätte manchem Deutschen in Erinnerung rufen können, dass die Fantasie des Drehbuchautors in diesem Fall nicht weit von der traurigen Wirklichkeit abschweifen musste.

Während Romy zwischen 1973 und 1974 einen Film nach dem anderen dreht (*Cesar und Rosalie, Nur ein Hauch von Glück, Sommerliebelei, Das wilde Schaf, Trio infernal, Nachtblende, Die Unschuldigen mit den schmutzigen Händen*), besteht die eigentliche Wirklichkeit für sie aus ihrer Scheidung von Harry, mit dem jetzt erst richtig ein unversöhnlicher Kampf beginnt.

Ihr künftiger Ex-Mann fordert von ihr die Summe von 210 Millionen Francs, das heißt, die Hälfte ihres innerhalb von

---

[1] Dieser Darsteller spielt einen der deutschen Soldaten, die sie vergewaltigen und ermorden.

zehn Jahren erworbenen Vermögens. Dabei beruft er sich auf den Umstand, dass er immerhin seine eigene Karriere dem Erfolg seiner Frau geopfert und dass er sich um den Jungen gekümmert habe, damit sie ungehindert arbeiten konnte. Harry findet sogar, dass er sich so gut um David kümmert, dass es sein Recht ist, dies auch weiterhin zu tun. Vorbei ist es mit den Lobeshymnen auf Romy als ideale und bewundernswerte Mutter, jetzt fordert er das Sorgerecht für den Jungen, und ein Großteil der Deutschen steht hinter ihm.

Doch Romy kämpft. Wie immer. Sie, die nie aufgibt, wird gerade jetzt nicht aufgeben, wo sie doch den Kampf um das Recht führt, ihren Sohn bei sich zu haben und aufzuziehen. Schließlich und endlich muss Romy – wieder einmal, möchte man sagen – teures Geld dafür bezahlen, dass sie ihre Freiheit wiedererlangt und David behalten kann. Erst nach einem finanziellen Arrangement mit Harry ist der Streit zu Ende und das Scheidungsgericht Berlin/West wird den nächsten Schritt tun.

Am 5. Juli 1975 um 10 Uhr vormittags spricht ein deutscher Richter ihre Scheidung nach beiderseitigem Verschulden aus. Dieser Krieg ist also nun beendet. Die beiden Kontrahenten sind nicht einmal vor Gericht erschienen. Sie wurden von ihren Anwälten vertreten.

Auch wenn diese Scheidung David nicht gerade glücklich macht, so lässt sie ihn zumindest hoffen, dass seine Mutter künftig weniger unglücklich sein wird. Längst schon hatte er begriffen, wie die Kluft zwischen seinen Eltern mit jedem Tag mehr wuchs, und welch unbeholfene Anstrengungen sie unternahmen, um ihm das Gefühl eines ganz normalen Zuhauses zu geben.

Befreit von der Last dieser Ehe, von der Last ihrer eigenen Schuldgefühle an diesem Scheitern, gewinnt Romy wieder etwas mehr Klarsicht. Zunächst einmal wagt sie endlich zu sagen, wie sehr ihr die Freiheit in dieser Ehe gefehlt hat und in welchem Maße das deren Scheitern beeinflusst hat – wo doch die Freiheit so ein ungemein wesentliches Element in ihrem Leben ist. Und dann spricht sie von David: »Wir wollten David so weit wie möglich eine normale Kindheit sichern. Mit einem Vater in Deutschland und einer Mutter in Frankreich, Eltern, die nur wegen ihrer Arbeit selten zusammen sein konnten ... Wir bemühten uns jedoch immer, einige Tage zusammen zu leben, und David war glücklich darüber. David hat sehr schnell begriffen, dass sein Vater und seine Mutter einander fremd geworden sind. Kürzlich erklärte er mir von selbst, ich sei doch nicht glücklich und solle lieber Schluss machen. Er hat das Problem also verarbeitet. Zumindest brauchen wir jetzt keine Komödie mehr zu spielen.«

Sein Leben zu verändern bedeutet nicht immer einen Schritt ins Glück. Vor allem, wenn man Romy Schneider heißt und sich von Kindheit an unentwegt an Illusionen geklammert hat.

Das Glück ist ein Begriff des Aufbruchs, und nichts anderes. Romy wollte das nie wahrhaben. Also verbrachte sie den größten Teil ihres Lebens damit, hinter etwas herzulaufen, das es im Grunde gar nicht wirklich gibt.

Die Trennung von Harry ist der Beginn einer Irrfahrt in Liebesdingen, von der man behaupten könnte, dass sie lange vorher schon begonnen hat, nur, dass es heute eben, im Unterschied zu früher, keine feste Anlaufstelle mehr für sie gibt. Und somit auch keine Schranke, weil sie keinem mehr Rechenschaft ablegen muss. Sehr bald entdeckt sie, dass die Freiheit einem Territorium ähnelt. Und zwar einem so weitläufigen Territorium, dass es einem den Atem nimmt ... Menschen, die aus dem Gefängnis entlassen werden, erleben dieses Gefühl am häufigsten.

In den Jahren 1973, 1974, 1975, in denen sie in erstaunlichem Tempo die Filme aufeinander folgen lässt, lässt sie ebenso die Männer und die verworrensten Liebesaffären aufeinander folgen: solche, die wehtun und keine Spuren hinterlassen, zumindest nicht an der Oberfläche.

Seit Delon ist ihr Leben vor den Augen der Öffentlichkeit ausführlich ausgebreitet worden, wozu sie manchmal sogar beigetragen hat, vor allem, indem sie ausgesprochen detaillierte Analysen von ihrer Ehe und deren Zerfall lieferte. Trotzdem legt sie Wert darauf, sich ein Stück Intimsphäre, ein Stück ihrer selbst zu bewahren, zu dem, abgesehen von ihren engsten Vertrauten, andere keinen Zugang haben. Manche Affären und kurze Abenteuer, die in jener Zeit ihr Leben anfüllen, sind bekannt, »eingestanden« und öffentlich zur Schau gestellt. Zu anderen wiederum, die auch nicht nicht geheim bleiben, bekennt sie sich nicht, sondern spricht von enger Freundschaft und großer Wertschätzung, die manche Menschen, in denen dieselbe Leidenschaft brennt, ebenso verbinden kann wie die Liebe.

Durch die neu gewonnene Freiheit wurde sie gleichzeitig auch verfügbar für manchen Blick, den man bisher zurückgehalten hatte, aber auch für die lebhafte Fantasie der einen oder anderen. So staunt man etwa über ihre perfekte Übereinstimmung mit Claude Sautet während der Dreharbeiten zu *Cesar und Rosalie*. Man bringt das geradezu magische Band zwischen beiden zur Sprache, und die Journalisten gehen gar so weit, sie mit der Autoren- und Schauspielerbeziehung zwischen Marlene Dietrich und Josef von Sternberg zu vergleichen, von denen man ja weiß, dass sie außerhalb der Filmarbeit tatsächlich ein Paar waren. Man beobachtet, dass sie für Sami Freys Charme empfänglich ist, und wenig später, bei den Dreharbeiten zu *Nur ein Hauch von*

Glück, auch dem Charme von Jean-Louis Trintignant erlegen ist.

Gleichzeitig macht sie keineswegs einen Hehl aus ihrer Liaison mit Bob Evans, dem Ex-Mann von Ali MacGraw und Produzenten von *Love Story.* Sie geht viel mit ihm aus und wirkt glücklich. Eines Tages aber fliegt er nach Los Angeles zurück, und Romy ersetzt ihn, scheinbar ohne lange zu zögern, durch Bruno Ganz, damals noch ein junger Theaterschauspieler, den sie in Berlin kennen gelernt hat. Er ist verheiratet, und seine Frau kann dieser Situation absolut gar nichts abgewinnen. Sie droht mit einem Skandal, wenn die Sache andauert, und wendet sich sogar an die deutsche Presse, als Romy und Bruno Ganz gemeinsam zu einem Kurzurlaub nach Marokko fliegen.

Romy scheint das nicht zu kümmern. Offen gestanden scheint sie in jener Zeit allem gegenüber gleichgültig und nur auf ihr eigenes Vergnügen bedacht. Sie nutzt die freien Tage, um Sonne und neue Kräfte zu tanken, bevor sie die Dreharbeiten zu *Nur ein Hauch von Glück* aufnimmt. Und ebenso tankt sie Liebe bei Bruno, den sie wiederum wie selbstverständlich gleich nach ihrer Rückkehr nach Paris verlässt. Als hätte Marokko für ihre Leidenschaft Höhepunkt und Ende zugleich bedeutet.

Gleich zu Beginn der Dreharbeiten für *Nur ein Hauch von Glück* kommt Raymond Danon, der diesen Film produziert, auf die Idee, Romy jemanden zur Seite zu stellen, der sich rund um die Uhr um sie kümmern soll. »Sie wirkte heiter und ausgeglichen, aber ich wusste, dass sie Strukturen brauchte und eine Vertrauensperson, die auf sie achten und ihr den Alltag organisieren konnte.« Es ist Daniel Biasini, der eines Abends im Dezember 1973 von Raymond Danon zu Romy in ihre Wohnung in Neuilly-sur-Seine geschickt wird und sehr bald schon im Leben der Schauspielerin und ihres Sohnes Einzug halten wird.

Im Dienst seiner neuen Arbeitgeberin soll Biasini verschiedene Aufgaben übernehmen. Zunächst einmal soll er sie fahren, denn sie hasst es, selbst am Steuer zu sitzen, und erweist sich außerdem als absolut unfähig, sich ohne Chauffeur in Paris zu bewegen. Ferner soll er ihren Sekretär spielen, die Beantwortung ihrer Post übernehmen, sie auf die Erledigung mancher Briefe oder Rechnungen hinweisen, kurz, ihr Leben organisieren und sich dazu noch um Davids Tagesablauf kümmern. Erster Auftrag: eine neue Wohnung finden, weil die in Neuilly jetzt, da Harry endgültig nicht mehr hier wohnt, zu groß geworden ist. Vor allem ist sie auch zu teuer geworden, da ja die junge Frau ihrem Ex-Mann eine geradezu exorbitante Summe zahlen musste, damit er es aufgab, sich mit ihr um das Sorgerecht für ihren Sohn zu streiten. Die neue Wohnung, die Biasini für sie aufgetan hat, liegt in der Rue Bonaparte, mitten in Saint-Germain-des-Prés.

Bald schon macht der junge Mann es sich zur Gewohnheit, abends dazubleiben, wenn Romy ausgeht oder spät noch arbeitet. Auf diese Weise kann er David Gesellschaft leisten, der diesen neuen Gefährten ganz allmählich lieb gewinnt. Man kann sicherlich nicht gerade behaupten, dass Daniel Biasini im Leben des kleinen Jungen den Vater ersetzt – er ist selbst erst vierundzwanzig Jahre alt, der Junge sieben –, aber er schafft zwischen ihnen beiden eine kumpelhafte Vertrautheit, die sich ganz von allein in Zuneigung verwandelt. Ohne sich je aufzudrängen oder etwas dazu zu erfinden, wird Biasini zu einem unverzichtbaren Bestandteil in Romys und Davids Leben. Immer ist er da, wenn auch oft nur im Hintergrund, immer Herr der Dinge, weder stressend noch gestresst. Für jedes Problem hat er eine Lösung, und instinktiv spürt man, dass er in schlimmen Momenten eine echte Stütze sein kann.

Die schlimmen Momente – Romy zählt sie schon gar nicht mehr. Sie sind so zahlreich, die vergangenen, die jetzigen und die noch kommen werden. Nachdem der Erfolg zurückgekehrt ist, macht sie einen Film nach dem anderen, und ihre Einnahmen können sich sehen lassen. Doch um die Schulden aus früheren Zeiten zu tilgen, reichen sie nicht aus. Diese rühren übrigens nicht nur aus der Scheidung von Harry. Nach dem Tod ihres Stiefvaters, »Daddy« Blatzheim, hat sie realisieren müssen, dass sie total ruiniert war!

Vor langer Zeit, im Grunde seit den Sissi-Jahren, hatte Magdas Ehemann die Geschäfte und Geldangelegenheiten seiner Stieftochter energisch in die Hand genommen. Indem er sich systematisch weigerte, Rechenschaft abzulegen, im Alleingang waghalsige Beschlüsse fasste und dieses Geld ohne Maß und Verstand verwaltete, hatte er Fehler über Fehler begangen und im Endeffekt alles vergeudet. Erst durch den Tod des Stiefvaters hatte Romy vom Stand der Dinge erfahren. Zu diesem Zeitpunkt war es natürlich zum Handeln zu spät, und aus Rücksicht auf den Kummer ihrer Mutter hatte sie sich nicht beklagen oder ihrem Zorn in aller Öffentlichkeit freien Lauf lassen wollen. Die Scheidung von Harry hatte ihr soeben einen weiteren Schlag versetzt, der verhängnisvoll hätte ausfallen können.

Was soll's, sagte Romy, dann arbeite ich eben noch mehr und so schaffen wir es schon. Ohne sich wirklich darüber klar zu werden, war sie bereits in einen teuflischen Kreislauf hineingeraten: Je mehr Geld sie verdiente, um wieder »auf die Beine zu kommen«, umso mehr schuldete sie dem Fiskus, der sie scharf ins Auge gefasst hatte und bis zu ihrem Tod, ja selbst darüber hinaus, nicht mehr locker lassen sollte.

Zu Beginn des Jahres 1974 zieht sie erneut um, diesmal in die Rue Berlioz. Daniel Biasini nimmt sich unweit der Wohnung ein Appartement. Er gehört nunmehr zur Familie. Bisweilen bleibt er abends noch und unterhält sich mit Romy. Sie erzählt ihm vom Verlauf ihrer Arbeitstage, von kleinen oder großen Sorgen, vertraut ihm so manches über ihr Leben an, und oft reden sie über David, über die Schule und sein seelisches Gleichgewicht.

Da sie eine aufmerksame Mutter ist, wird Romy sich Daniels Verlässlichkeit und der echten Zuneigung bewusst, die er ihrem Sohn entgegenbringt. Sie spürt, dass alles, was er über den Jungen sagt, gut klingt. Deswegen und auch wegen tausend anderer Kleinigkeiten hat ihr Sekretär mittlerweile ihr bedingungsloses Vertrauen gewonnen. Sie sind einander mehr geworden als Chefin und Angestellter, so viel ist sicher. Etwas mehr noch als Freunde?

Als Daniel dann nach Senegal in den Urlaub fährt, fliegt sie ihm wenige Tage später nach Cap Skirring hinterher, nur, um ihn zu überraschen. Weil er ihr fehlt. Sie, deren Liebesleben sich in Enttäuschungen, in aller Heimlichkeit ausgelebten Leidenschaften und kleinen Affären ohne jede Zukunft abspielt, sie kann unmöglich übersehen, dass dieser bezaubernde junge Mann, der seit etlichen Monaten fast ihr ganzes Leben teilt, dem sehr nahe kommt, wonach sie sucht.

So ganz im Stillen keimt ihre Liebe. Sie ist kurz davor, sich zu offenbaren, aber beide wollen davon noch nichts wissen. Bis zum letzten Augenblick tun sie so, als ob nichts dergleichen wäre, als würden sie nicht einmal daran denken. Bis zum letzten Augenblick spielen sie einander den verschworenen und vertrauten Kumpel vor, dem man absolut alles erzählen kann. Sie berichtet ihm von ihren kleinen Abenteuern, neckt ihn, wenn sie ihn erlebt, wie er nach einer Nacht, die offensichtlich alles andere als erholsam war, morgens müde bei ihr auftaucht. »War sie wenigstens hübsch? Jedenfalls hast du dich bestimmt nicht gelangweilt!« Daniel lächelt dann und erwidert nichts. Ob er wohl ahnt, dass ihre kleinen Hänseleien und liebevollen Geplänkel sie beide direkten Weges dorthin bringen, wo sie eigentlich gar nicht hin wollten?

Einige Monate später, als sie sich darauf eingelassen haben, einander glücklich zu machen, erinnert sich Romy an diese Zeit, die sie immer in wunderbarer Erinnerung behalten sollte: »Er war halt mehr für mich als ein Sekretär, der von früh bis spät am Schreibtisch sitzt und die Post und die Telefonate erledigt und dann ins Studio kommt, so dieser übliche Job. Wenn er mich vor Drehbeginn fragte: ›Kann ich irgend etwas für Sie tun?‹, dann war das sehr viel mehr, als es sein Job verlangte. Und als es mir völlig beschissen ging, war er der Einzige, der da war. Und das sind Dinge, die ich nie vergesse.

Der Coup de foudre, der Blitzschlag der Liebe auf den ersten Blick, war es nicht. Überhaupt nicht. Und das finde ich auch gut so! Denn das habe ich genug erlebt – das geht immer alles kaputt, zumindest, was mich betrifft.«

Solange sie sich dieser Liebe noch nicht bewusst ist, lebt Romy vorerst weiterhin ihre Gefühle bei den jeweiligen Dreharbeiten aus, und auch ihre Glücksmomente als Schauspielerin und abends dann auch als Frau findet sie da. Sie ist so wild entschlossen, an die Liebe zu glauben, dass sie sich oftmals falschen Hoffnungen hingibt und sich vorgaukelt, sie sei ihr bei einem zufälligen Blick, einem Satz oder einem Lied begegnet. Zu jener Zeit übernimmt sie eine Rolle nach der anderen, dreht laufend mehr oder weniger gute Filme, und scheint sich dabei willentlich und mit einer gewissen

Befriedigung in Rollen zu verlieren und dabei Menschen zu spielen, die ihr manchmal ähnlich sind.

Zwischen *Trio Infernal* und *Die Unschuldigen mit den schmutzigen Händen* wurde 1974 unter der Leitung von Andrzej Zulawski *Nachtblende* gedreht. Dieser Film kennzeichnet einen ebenso einschneidenden Wendepunkt in ihrer Karriere wie sechs Jahre zuvor *Der Swimmingpool*. Es ist ein großer Film, dem ein großer Roman[1] zugrunde liegt, und Romy Schneider ist darin größer denn je. Vor allem hat sie in der Gestalt der Nadine Chevalier eine Rolle gefunden, die ihr wie auf den Leib geschneidert ist und es ihr ermöglicht, durch die darstellerische Umsetzung all ihrer Brüche noch weiter über sich hinauszuwachsen.

Auf den ersten Blick entdeckt man wenig Übereinstimmung zwischen der heruntergekommenen Schauspielerin Nadine Chevalier und dem Weltstar Romy Schneider. Nadine lebt in einer schwierigen Ehe mit einem Lebensgefährten (Jacques Dutronc), der ständig zwischen Verzweiflung und Wahnsinn hin und hertreibt. Sie verliebt sich in einen Bildreporter (Fabio Testi), der zu einem Fototermin gekommen ist, fühlt sich aber nun innerlich zerrissen zwischen dieser Liebe, die ihre Rettung sein kann, und der schweren Entscheidung, ihren Mann zu verlassen, mit dem sie immer noch ein Gefühl verbindet, das zwar keine Liebe mehr ist, aber doch noch Kraft besitzt.

»Nadine ist eine am Leben Gescheiterte, ein Treibgut«, erklärt Romy. »Jetzt das Gegenteil von mir. Aber ich hatte mit Nadine eine sehr enge, geheime Bindung, denn wie sie bin ich eine verlorene, eine erledigte Frau gewesen, und ich konnte mich erinnern.« Kurz nach dem Kinostart des Films geht Zulawski sogar noch weiter: »Ich wählte Romy

---

[1] *Nachtblende*, von Christopher Frank, Prix Renaudot 1972

Schneider nicht nur wegen ihres Talents aus, sondern auch, weil zwischen der Schauspielerin und der von ihr zu verkörpernden Figur eine Art Affinität besteht. Es gibt da außergewöhnliche Beziehungen, die sich zwischen beiden herausbilden. Die Gestalt der Nadine ist sehr schwierig, sehr empfindsam, ergreifend und zugleich doch sehr stark. Sie hat eine misstrauische, verwundbare Seite, die äußerst heftig in Erscheinung treten kann. Romy hat sich von vornherein für eine Figur entschieden, die besonders ansprechend, nicht ›glamourös‹ ist. Sie spielt ganz unverblümt und das, wie ich glaube, zum ersten Mal. Sie ist ›entblößt‹. Ich finde das sehr schön, aber viele werden meinen, das sei nicht gut. Im Übrigen gibt es zwischen ihr und Nadine Chevalier eine tiefe Übereinstimmung, vielleicht ist es die von Künstlerin zu Künstlerin.«

Zulawski kann über das Resultat umso glücklicher sein, als die Dreharbeiten zu *Nachtblende* für ihn – und für viele andere am Set – oft genug die Hölle waren. Jeden Morgen brachte Romy ihre eigene Hölle mit, ihre Lebensqual und alles, was sie nach außen hin noch zu kaschieren versuchte und das dann dort, am Set, wo ja gerade ein anderer, dem ihren nicht unähnlicher, Wahnsinn dargestellt wurde, zum Ausbruch kam. Der Fotograf, der für diese Dreharbeiten zum Standfotografen ernannt worden war, erinnert sich an die düstere, schwierige Atmosphäre, an das permanente Unbehagen jener Wochen: »Der Film selbst erzählte eine Geschichte voller Tod und Wahnsinn. Daher hatte der Regisseur beschlossen, manche Bilder in echten Leichenhallen, im Kremlin-Bicêtre-Hospiz, oder auch in der Nervenklinik mitten unter Verrückten zu drehen.

In dem Film gibt es auch eine Szene, in der die von Klaus Kinski interpretierte Figur an Leberzirrhose stirbt. Vor dem Dreh wollte Zulawski unbedingt sehen, wie der Leichnam eines an Zirrhose gestorbenen Menschen aussieht. Also begaben wir uns ins Leichenschauhaus, wo man ihm die Schubfächer öffnete, in denen die Leichen lagen. Er klopfte ihnen auf die Leber und rief: ›Aha, so sieht das aus!‹ Dutronc war dabei, und ich erinnere mich, dass er ganz grün im Gesicht war. Und dann war da eben noch Romy. Sie steckte damals mitten in einer Krise, und selbst der Umstand, dass sie sich von lauter Menschen umgeben fühlte, die sie sehr gern hatte, wie etwa ihre ständige Garderobiere Fanny oder ihr gewohnter Maskenbildner Didier Lavergne, vermochte es nicht, sie zu beruhigen. Diese beiden standen ihr wirklich nahe. Nicht nur, dass sie keinen Film ohne die beiden machte, nein, sie traf sie auch privat außerhalb der Drehtermine, was in diesem Milieu nicht eben üblich ist.

Sie führte sichtlich ein bewegtes Leben, und Alkohol war immer im Spiel, das haben etliche von uns erst im Laufe dieser Dreharbeiten entdeckt, denn, obwohl sie seit ziemlich langer Zeit schon trank, blieb ihre Umgebung immer diskret. Freilich gab es hier und da Gerüchte, gut informierte Leute, die durchblicken ließen, dass sie sich seit dem Scheitern ihrer Ehe und ihren massiven finanziellen Scherereien in den Alkohol flüchtete, aber naja, man weiß schließlich, dass es in dieser Branche von Gerüchten nur so wimmelt und dass an diesen Gerüchten keineswegs immer was dran ist, bei weitem nicht.

Nun gut, nach wenigen Drehtagen jedenfalls hat schon keiner mehr daran gezweifelt: Morgens kam sie an, oftmals ohne überhaupt im Bett gewesen zu sein, mit bleichem, übernächtigtem Gesicht und beladen mit einer Plastiktüte, in der eine Flasche Champagner und zwei Flaschen Bordeaux steckten, die sie gemeinsam mit Jacques Dutronc leeren wollte.

Jeden Morgen, wenn er die Plastiktüte erblickte, ging Zulawski die Wände hoch: Er riss ihr das Ganze aus den Händen, und da begann dann Romy ihn anzuschreien: ›Ohne das Zeug kann ich nicht drehen, geh mir bloß nicht auf den Nerv! – Du kannst trinken, wenn du mit der Arbeit fertig bist!‹

Danach fegte Romy fuchsteufelswild davon, um sich in ihrer Garderobe einzuschließen, wo sie pausenlos Platten von Jacques Dutronc abspielte!

Dutronc war damals zwar ein Neuling beim Film, dafür aber ein sehr bekannter Sänger. Er hatte eine ansehnliche Reihe von Hits wie ›Les cactus‹, ›Et moi, et moi, et moi‹ und ›Les play-boys‹ gemacht.

Man hätte schon blind sein müssen, um nicht zu merken, dass Romy sich in ihn verliebt hatte, und da sie nie etwas tat, ohne es gleich zu übertreiben, zeigte sie ihm das auf jede erdenkliche Art und Weise, und eben auch dadurch, dass sie seine Platten unermüdlich auf dem Plattenspieler ihres Garderobenwagens laufen ließ.

Dutronc sagte nicht viel dazu. Von Natur aus schüchtern, fühlte er sich ohnehin stark beeindruckt von diesem neuen Metier, das er gerade erst kennen lernte, und in den ersten Tagen daher umso mehr erdrückt von der Persönlichkeit dieser Filmgiganten, mit denen er sich hier messen sollte – Romy Schneider und Klaus Kinski, das will schon was heißen.

Es schien ihm vor allem peinlich, dass er indirekt und weiß Gott unfreiwillig den Anlass zu den Wutanfällen Zulawskis bot, der es weitaus lieber gesehen hätte, wenn seine Hauptdarstellerin sich in ihre Rolle vertieft hätte, anstatt sich immer wieder die Chansons seines Hauptdarstellers zwischen zwei Einstellungen anzuhören.

Nach einigen Tagen steckte er dann allmählich mit Romy,

die er auf einmal besser zu verstehen schien, enger zusammen. Alle am Set fragten sich, welcher Art wohl ihre Beziehungen sein mochten, zumal Romy ja vom ersten Tag an mit ihrem Faible für ihren Filmpartner keineswegs hinterm Berg gehalten hatte.«

Niemand weiß in diesen Tagen, was sich tatsächlich zwischen Jacques Dutronc und Romy Schneider abspielt. Ob sich etwas abspielt, darüber halten sich die beiden selbst umso bedeckter, als Dutronc mit Françoise Hardy zusammenlebt und es geschmacklos wäre, irgendwelche Gerüchte, ob nun fundiert oder nicht, zu verbreiten.

Nachdem die Dreharbeiten abgeschlossen waren, hat jeder von beiden sein Leben genau wie vorher wieder aufgenommen, und alles, was vielleicht gewesen sein könnte, war in Filmkreisen sehr schnell kein Gesprächsthema mehr. Bis Françoise Hardy im Mai 2000, also sechsundzwanzig Jahre später, plötzlich persönlich bestätigte, was bisher nur Vermutung gewesen war: In der Zeitschrift *Femina Hebdo*, als sie von den langen Jahren, die sie mit Dutronc zusammenlebte, spricht, fügt sie unvermittelt hinzu: »Beinahe wären wir ins Schleudern geraten während der Dreharbeiten zu *Nachtblende* von Zulawski.« Und sie erzählt, wie sie durch eine schäbige Erpressung von der Geschichte erfahren hatte: »Man drohte mir, die Sache zwischen Jacques und Romy an die Öffentlichkeit zu bringen, wenn ich mich weigerte, ein Interview zu geben. Es war grauenhaft! Umso mehr, als ich noch auf meiner rosa Wolke saß und es gar nicht glauben wollte. Erst später erfuhr ich, dass es stimmte.«

Selbst wenn Romy verliebt ist, verhält sie sich deswegen keineswegs weniger chaotisch. Kein Tag vergeht ohne Krach, Gezänk oder Streit mit ihrem Regisseur: »Morgens hatte Zulawski sie ja noch einigermaßen im Griff, auch wenn er, wie ich schon erzählte, zu massiven Mitteln greifen musste«, berichtet weiterhin der Fotograf, der am Set damals seines Amtes waltete. »Nach dem Mittagessen, wenn sie ordentlich gebechert hatte, sah das dann schon anders aus. Sie war dann nicht mehr in ihrem Normalzustand, nörgelte wegen Kleinigkeiten herum und machte aus allem eine Affäre.

Einmal, wir hatten gerade einen Drehtag in Issy-les-Moulineaux, bekam sie plötzlich einen Tobsuchtsanfall, weil sie nicht einverstanden war mit der Art und Weise, wie die Szene gespielt werden sollte, oder auch mit dem Text, den sie zu sprechen hatte, ich weiß es nicht mehr so genau. Schreiend und außer sich vor Wut, fegte sie mit dem Handrücken wutentbrannt alles um, was sich auf dem Tisch befand, und rauschte ab, wobei sie die Glastür so heftig hinter sich zuschlug, dass die Scheibe zersprang.

Ein andermal war wieder ich es, auf den sie es abgesehen hatte: ›Hör bloß auf, mich mit deinen Fotos zu nerven, so kann ich mich unmöglich konzentrieren.‹ Sowas habe ich mir ziemlich oft anhören müssen.

Morgens kam sie in der Regel mit Verspätung und oftmals in einem jämmerlichen Zustand. Es kostete echt Mühe, sie wieder so weit herzurichten, dass sie drehbereit war. Am schlimmsten waren aber trotzdem die Nachmittage. Jeden Augenblick konnte sie absolut unkontrollierbar werden, und das wussten wir.

Die Katastrophe brach schließlich herein, als wir eines Nachmittags in der Tiefgarage an der Place de la Concorde drehten. Es war eine Szene, in der die von Romy gespielte Figur auf der Zufahrtsrampe des Parkplatzes von einem Wagen verfolgt wird. Genau genommen war es eine Szene, in der ein Dreh gedreht wurde. Im Film ist Nadine Chevalier (Romy Schneider) selbst eine Schauspielerin, die einen

Film und somit auch diese Verfolgungsszene dreht. Sie rennt über zwei Stockwerke vor dem Fahrzeug her, das sie bedroht, bleibt dann gegen eine Wand gepresst stehen, und der Wagen zertrümmert ihr die Beine. Der Stuntman Rémy Julienne fuhr den Wagen. Romy sollte die gesamte Szene bis zu dem Augenblick spielen, wo sie, das Gesicht zur Wand, stehen bleibt und sich mit den Händen dagegenstützt. In dem Moment trat dann ein Double an ihre Stelle, um die Aufprallszene zu übernehmen.

Kaum dass die Kamera läuft, fängt Romy an zu rennen, erreicht die Wand, bleibt abrupt stehen und sagt: ›Eine saublöde Szene ist das, sowas spiele ich nicht.‹

Diese Bemerkung war im Drehbuch freilich nicht vorgesehen! Zulawski versucht also mit ihr zu verhandeln, ihr seine Gründe für diese Szene zu erklären, umsonst. Alles um sie her wartet, aber nichts passiert.

Nach zwei Stunden beschließt man, die Filmproduzentin Albina de Boisrouvray zurate zu ziehen, die sich in Genf aufhält. Der Sonderbeauftragte der Versicherungsgesellschaft, die, insbesondere im Falle von Verzögerungen, den Film absichert, beginnt nämlich schon sich aufzuregen. Vereinbart war eigentlich, dass seine Gesellschaft lediglich für Verzögerungen aufkommt, die sich aus unkontrollierbaren Ereignissen ergeben: Naturgewalten, Unfällen aller Art, Drehverhinderung eines Darstellers oder des Regisseurs. Die Launenhaftigkeit einer Schauspielerin gehört nicht in diese Kategorie.

Albina de Boisrouvray kommt sofort im eigenen Privatflugzeug angerauscht und begibt sich unverzüglich zu Romy: ›Entweder du spielst diese Szene oder ich stoppe augenblicklich den Film und sorge für eine Neubesetzung deiner Rolle. Das mag kosten, was es will, Geld ist kein Problem für mich.‹

Eine Viertelstunde Bedenkzeit, und Romy, die seit ihrer Debatte mit Zulawski keinen Ton mehr gesagt hatte, presst endlich hervor: ›Gut, ich mache es.‹

Alle sind daraufhin erleichtert, und keiner von uns ahnt, was nun geschehen wird, welch grauenhaftes Schauspiel sich uns bieten wird. Die Szene läuft erneut an, Romy rennt, von dem Wagen verfolgt, die Auffahrtsrampe hinunter. Sie läuft so schnell sie kann, hält auf die Mauer zu, und stützt sich dann aber, als sie sie erreicht, nicht mit den Händen ab, um sich abzubremsen, sondern knallt mit dem Gesicht voll gegen die Wand!

Absicht oder nicht? Ich habe es nie erfahren. Ich weiß nur, dass es lange gedauert hat, bis man ihr nichts mehr im Gesicht ansah.

Sie mischte sich ziemlich selten unter den Rest der Crew und kam beispielsweise nie zum Mittagessen in die Kantine. In den Essenspausen pflegte sie in ihrem Garderobenwagen zu schlafen oder sich einfach auszuruhen. Meistens ließ sie sich ein Gericht, das sie bestellt hatte, dorthin bringen. Manchmal ging sie auch mit Dutronc essen, in jedem Falle aber war sie, so oder so, immer angetrunken, wenn wir uns nachmittags wieder an die Arbeit machten. Doch zuzugeben, dass sie getrunken hatte, das kam für sie nicht in Frage, selbst dann nicht, wenn Zulawski sie zusammenstauchte. Sie behauptete, genau zu wissen, was sie tat, alles unter Kontrolle zu haben und niemals über ein gewisses Maß hinauszugehen.

Immer und überall posaunte sie ihr bevorzugtes Motto zum Thema Wein hinaus: ›Weiß auf rot, alles im Lot. Rot auf weiß, die Sorgen auf Eis.‹

Wenn ich nur eine einzige Erinnerung an diesen Film, den einzigen von Romy, an dem ich mitgearbeitet habe, bewahren sollte, dann wäre das ihre strahlende, so unglaublich beeindruckende Schönheit, wenn sie geschminkt war. So wie sie dagegen morgens daherkam, war sie eine andere: Da war sie eine fünfunddreißigjährige junge Frau, die durch das Leben, die Exzesse und die Schläge, die sie hatte einstecken müssen, vorzeitig verbraucht und gealtert war ...«

Wohl auch durch die tiefe Enttäuschung, das klägliche Gefühl, ihr Herz und somit sogar ihr gesamtes Dasein auf eine Schiene manövriert zu haben, von der sie nur mühsam, wenn überhaupt jemals wieder herunterkommen würde.

Am schmerzlichsten ist sicherlich für sie das Gefühl, sich im Missverhältnis zu dem strahlenden Bild zu wissen, das sie den meisten Menschen gegenüber abgibt. Wie viele Millionen sind es nicht, ob Männer oder Frauen, die sie beneiden, sie bewundern und von ihrem Ruhm und ihrem vermeintlichen Glück träumen? Sie weiß, dass man sie verwechselt mit Sissi, mit Rosalie, mit der glanzvollen Marianne aus *Der Swimmingpool* und dass diejenigen zahlreich sind, die sie nur in ihrem strahlenden Glanz sehen, weil sie nicht gelernt haben, sie mit anderen Augen zu betrachten. Weil sie das ganze Elend hinter der glitzernden Schönheit nicht zu erkennen vermögen. Auch darunter leidet sie.

Darum sucht sie in Filmen wie *Nachtblende* oder in den Augen der Männer, die sie betört, das wahre Abbild dessen, was sie geworden ist, das Gefühl, so geliebt zu werden, wie sie ist, und nicht aufgrund einer Vorstellung, die man sich nach wie vor von ihr macht. Mit dem Vorsatz, nicht mehr etwas vortäuschen zu wollen, und mit der Absage an die Illusion wie an die Desillusion hat ihr selbstzerstörerischer Wettlauf begonnen. Letztendlich ist sie jetzt gar nicht mal so weit entfernt von jenen Hollywoodstars, die mitsamt ihren Mythen auf nichts als Missverständnissen aufgebaut worden sind. Ava Gardner, Rita Hayworth, Marilyn Monroe, Gene Tierney – das alles sind ihre Schwestern, und zu diesem Zeitpunkt in Romy Schneiders Leben fühlt man sich unwillkürlich erinnert an den so verzweifelten, hellsichtigen und traurig amüsanten kleinen Ausspruch von Rita Hayworth: »Mein Problem mit den Männern ist, dass sie abends mit Gilda einschlafen und morgens mit Rita Hayworth aufwachen.«

Mit dem Abschluss von *Nachtblende* hat sie ihren fünften Film innerhalb von elf Monaten gedreht. Wiederum – aber sie hat es ja so gewollt – geht sie völlig erledigt, am Ende ihrer Kräfte, innerlich aufgebraucht daraus hervor. Doch es ist ihr lieber so, lieber als alles andere. Denn das Leben, das sie nebenher noch führt, ist ihr unerträglich geworden, auch wenn sie ihm verzweifelt etwas Farbe zu verleihen sucht.

Sobald sie einmal nicht dreht, zieht sie um, gibt Unsummen für die Innenausstattung und Möblierung der von ihr gemieteten Wohnungen aus, flüchtet in die Ferien bis ans Ende der Welt, wo es ihr dennoch nie erspart bleibt, ihren Phantomen wieder zu begegnen, und verliert sich in ihren finanziellen Problemen, die allmählich Besorgnis erregend ausufern.

Weiterhin stürzt sie sich in zweifelhafte amouröse Abenteuer, auch vor den Augen des unerschütterlichen, gleichzeitig verständnisvollen, wohl wollenden und emotional mehr und mehr involvierten Daniel Biasini.

Nach den Dreharbeiten zu *Die Unschuldigen mit den schmutzigen Händen* kommt endlich ihre seit etlichen Monaten zurückgehaltene Liebe zum Durchbruch. Wie immer nach der Arbeit an einem Film fühlt Romy sich leer, unnütz, verunsichert. Sie hasst es, plötzlich allein zu sein und in eine Wohnung zurückkehren zu müssen, zu der sie keinen Bezug hat, zumal dann, wenn David auch noch die Ferien bei seinem Vater verbringt.

Einige Monate zuvor war sie Daniel nach Senegal nachgereist, nur so, um mit ihm zusammen zu sein. Ohne sich mehr davon zu versprechen. Diesmal folgt sie ihm nach Saint-Tropez, wo er hingefahren ist, um ein paar Tage auszuspannen. Die Zeiten, da man mit seinen Gefühlen hinterm Berg hält, haben sie hinter sich. Bedenkenlos und geradezu mit Erleichterung gesteht sie Daniel, dass er ihr fehlt. Sie will nicht mehr ohne ihn sein. Sie braucht ihn. Gibt es eine schönere Art, jemandem zu sagen »Ich liebe dich«?

Als die Dreharbeiten zu *Das alte Gewehr* beginnen, ist Daniel immer an ihrer Seite. Es ist ja bekannt, welch verblüffender Erfolg diesem Film beschieden war, der nach über fünfundzwanzig Jahren immer noch Millionen von Menschen zu erschüttern vermag. Die Geschichte ist wundervoll, Noiret überragend und die Musik von François de Roubaix tief erschütternd. Doch was uns alle aufwühlt, sind nicht nur die grauenhaften Bilder einer Vergewaltigung, eines Blutbades und des verzweifelten Wahnsinns einer Frau, die durch die Abscheulichkeit der Menschen mit ihrem Kind zusammen hingerichtet wird, oder die Qual eines guten und sanftmütigen Mannes, der seinerseits zum Mörder und vor allem Rächer wird. Was uns darüber hinaus bei diesem Film besonders berührt, das ist sie. Denn hierin steckt die ganze Geschichte ihres Lebens, als hätte Robert Enrico in seinen Bildern all ihre Abkürzungen, Stationen und Krisen einfangen wollen. Diese Zartheit und das Glück, als sie Noiret, ihrem künftigen Mann, zum ersten Mal begegnet, der sie wie gebannt betrachtet, während sie vor einer Tasse Tee sitzt und spricht, und der urplötzlich, obwohl er sie noch keine zehn Minuten kennt, mit der ruhigen Gewissheit und Tiefe, die für immer Gültigkeit hat, zu ihr sagt: »Ich liebe Sie.« Das Grauen, verursacht durch das Feuer, den Tod im Flammenwerfer, das ermordete Kind und die bestialische Vergewaltigung. Die paradiesische Szenerie im Vorspann, die auch das Ende des Films bildet und in der sie alle drei, Vater, Mutter und Kind, Fahrrad fahren und dabei begleitet werden von François de Roubaix‹ Musik, die sie einem Glück ohne Ende entgegenzutragen scheint. Ist nicht all das, diese ständige Mischung aus Tragik und Unbeschwertheit, Romys Leben?

Sie jedenfalls gibt sich da keiner Täuschung hin. Sie erkennt sich sehr wohl in dieser Geschichte. Sie erkennt darin ihre Wunden und Hoffnungslosigkeiten, und auch einige Geschenke, die ihr das Leben hie und da zugestanden hat. Wie die Clara im Film hat sie erkannt, dass jederzeit alles umkippen kann, dass ein Glück nicht notwendigerweise ein weiteres beinhalten muss, aber unendlich großes Unglück verbergen kann. Wie Clara ist sie verwundbar und letztlich entkräftet hinter dem heiter strahlenden Glanz, der ihre Festung ist.

Daniel ist in ihr Leben getreten, doch er hat nicht alles erhellen können, längst nicht alles. Dafür hat sie bereits zu viel Leid hinter sich, zu viele Tiefschläge. Manchmal lässt sie sich unmerklich in ihr Elend fallen. So wie im Laufe jener Szene, in der Julien (Philippe Noiret) hinter sie tritt und sie in die Arme schließt. Im Grunde genommen nichts Außergewöhnliches, nichts als ein Augenblick flüchtiger Zärtlichkeit zwischen einem Mann und seiner Frau. Dennoch spürt sie plötzlich, wie ihr langsam Tränen aus den Augen treten und über die Wangen fließen, und Noiret fühlt dieselben Tränen über seine Hände rinnen; da umfasst er sie noch fester, und sie schmiegt sich ein wenig mehr an ihn. Diese Szene im Film wird zu einer Szene im Leben, unvorhergesehen, aber so ungemein echt und authentisch. Alles um sie her schweigt und blickt zu Boden. Noiret wagt sich nicht mehr zu rühren, aus Furcht, den Zauber des Augenblicks zu zerstören und ihren Erwartungen an ihn in dieser Sekunde nicht gewachsen zu sein; sie ist da und dennoch auch entrückt, reglos in ihrer Not und diesem Augenblick des Friedens, und festgelegt auf ihr wahres Leben, das ihr Angst macht.

Im Anschluss an *Das alte Gewehr* ist Urlaub angesagt. Und zwar langer Urlaub, hat sie beschlossen: mindestens vier Monate drehfreie Zeit. Dazu fühlt sie sich durchaus imstande, jetzt, da es Daniel gibt, eine Liebe, die man in Licht und Sonne ausleben kann.

Als am 23. August in Paris *Das alte Gewehr* Premiere hat, geht schon seit einer Weile das Gerücht um: Romy sei schwanger von ihrem neuen Lebensgefährten. Sie beeilt sich, eine jener langen und oft sehr komplizierten Richtigstellungen vorzunehmen, an denen sie Gefallen zu finden scheint – vermutlich ein Relikt aus ihrer Zeit mit Harry und jener Neigung zur öffentlichen Analyse, wodurch alles, private Vorfälle und Gefühle mit inbegriffen, zerpflückt werden kann: »Ich kann ohne Umschweife sagen, dass ich Daniel sehr gern habe. Doch ich sehe keine Notwendigkeit, ihn deshalb gleich zu heiraten. Warum sollte ich so etwas überstürzen? Besonders, da ich immerhin meine Erfahrungen hinter mir habe. Während unserer Ehe haben mein Mann und ich viele Fehler gemacht, die ich nicht wiederholen möchte.

Verflixt noch mal: Was ist denn dabei, wenn ich mich von Daniel überzeugen lasse, mal vier Monate auszuspannen? Ich hab's wirklich nötig, denn die letzten Filmarbeiten haben mich sehr angestrengt. Das hat doch nichts mit einer Schwangerschaft zu tun! Und dass ich etwas fülliger geworden bin, ist ganz normal: Ich setze immer leicht an, wenn ich nicht drehe.

Ich möchte gern noch einmal Mutter werden, das ist schon lange mein Traum. Es ist ein Leben, das für mich den Frieden verkörpert, Familie und Geborgenheit ...

Männer vergleichen mich oft mit dem, was ich in Filmen darstelle. Daraus entstehen Missverständnisse. Heute muss man als Frau darauf gefasst sein, über lange Zeit allein zu leben, diese Distanzen allein zu bewältigen.

Emanzipation heißt für mich, sich ein anderes Glück zu erkämpfen als jenes, wofür die meisten Frauen erzogen worden sind. Konsequenterweise muss jeder für sich allein aus diesem Klischee herausfinden. Vor allem aber sollten Mann und Frau ehrlich zueinander sein, zu echten Partnern zusammenwachsen. Keine Frau ist in meinen Augen aufrichtig, die das höchste Glück ihres Lebens allein in der Mutterrolle sieht. Je mehr ich einen Mann mag, umso weniger plane ich für die Zukunft. Biasini und ich versuchen täglich aufs Neue herauszufinden, ob uns nach den Erfahrungen, die wir beide mitbringen, eine echte Partnerschaft glücken kann. Und wir müssen lernen, miteinander umzugehen. Das ist es, was wir im Augenblick probieren.«

Den Sommer verbringen sie gemeinsam in Saint-Tropez und genießen die Freuden heiteren, verliebten Nichtstuns. Sie fahren mit dem Boot herum oder machen es sich in der Villa behaglich. Daniel und David verstehen sich fabelhaft, und für Romy ist das bereits enorm: Sie bilden eine wirkliche Familie.

Im September merkt sie, dass sie schwanger ist. Ihre maßlose Glückseligkeit straft sämtliche Überlegungen, die sie noch wenige Wochen zuvor diesbezüglich ausführen mochte, Lügen. Bleibt zu hoffen, dass das Baby, das im Juni 1976 kommen soll, ein Mädchen sein wird. Da noch keine neuen Dreharbeiten in Sicht sind, ist sie vollkommen beruhigt, frei von Ängsten – beinahe glücklich.

Am 18. Dezember 1975 heiratet sie Daniel Biasini im Hotel Gehrhus in Berlin-West. Die Trauung findet im Wintergarten des Grunewald-Hotels statt. Auf die rituelle Frage hin antwortet er: »Ja« und sie: »Oui«.

Was sie sich von dieser Ehe erwartet, sagt sie ganz schlicht und schamhaft, aber auch mit viel Scharfblick: »Mein Leben lang habe ich versucht, Mann, Kinder, Beruf, Erfolg, Geld, Freiheit, Sicherheit, Glück unter einen Hut zu bringen. Das erste Mal bin ich gescheitert. Mit Daniel versuche ich es wieder.«

Jetzt, wo sie mit siebenunddreißig diesen sechsundzwanzigjährigen jungen Mann heiratet, von dem sie ein Kind erwartet, will sie noch daran glauben, dass das Leben, das so wehtut und das jederzeit Wunden schlagen kann, ihr endlich ein wenig Ruhe gönnen wird. Da aber täuscht sie sich.

17

»*Zu meinem Andenken* ...«

Das gesamte Filmteam ist nach Paris zurückgekehrt, wo die Dreharbeiten zur *Spaziergängerin* zum Abschluss kommen sollen. Noch ein paar Drehtage in Deauville, und die Sache ist endgültig vorbei.

In Paris werden insbesondere die Szenen gefilmt, die auf der Place Balard vor dem Café »Le Sanssouci« spielen. Alles ist hier noch schwieriger als in Berlin, da Romy erneut unkontrollierbar geworden ist. Dabei ist Laurent da, bereit, sich um sie zu kümmern, sie zu stützen. Doch viel kann er nicht ausrichten, wenn sie sich in ihren Schmerz flüchtet.

Sie hat sich geweigert, in ihrer Wohnung zu übernachten, wo sich der Raum befindet, in dem David nie wieder schlafen wird. David schläft anderswo, auf dem kleinen Friedhof von Boissy-Sans-Avoir.

Bald wird Romy, Laurent und Sarah dort ein Haus gehören. Laurent kümmert sich tagtäglich darum, doch die Umbauarbeiten dauern eben. Einstweilen lebt das Paar in einer Wohnung in der Rue Malakoff, die Freunde ihnen leihweise zur Verfügung gestellt haben.

Seit ihrer Rückkehr nach Paris geht es Romy noch schlechter. Jeden Morgen verspätet sie sich. Sie kommt unausgeschlafen und mit verquollenen Augen, und der Maskenbildner hat zu tun. Jacques Rouffio fühlt sich manchmal machtlos: Er darf Romy nicht unter Druck setzen, ihr nicht drohen und muss gleichzeitig mit den diversen, durch ihr

Verschulden angestauten Verzögerungen jonglieren. Sie müssen wieder in den Zeitplan kommen, das ist ihm klar, sonst zahlen die Versicherungen nicht mehr. Der Vertrag war äußerst klar formuliert: Für jede durch Romy Schneider verursachte Verzögerung würde die Versicherungsgesellschaft nicht aufkommen. Jeden Morgen ist der Beauftragte der Gesellschaft lange vor der Hauptdarstellerin des Films zur Stelle, um die Minuten zu zählen, die sie überzieht.

Sie spricht immer weniger. In Berlin hatte sie manchmal den anderen noch etwas zu sagen. Oder einige Zeilen zu schreiben. Wie in jener Nacht etwa, als sie ihrer Freundin Maria Schell für den Zuspruch danken wollte, den sie ihr bot. In ihrer Schlaflosigkeit hatte sie sich an den kleinen Schreibtisch ihres Hotelzimmers gesetzt und, wie immer mit Bleistift, ein paar Worte an sie geschrieben: »Danke, wieder einmal hast Du mir Mut und Kraft zurückgegeben.« Dann hatte sie sich aufgemacht, um wie ein stiller Geist durch die menschenleeren Flure des Grandhotels zu wandeln und ihr kleines Briefchen unter Marias Zimmertür durchzuschieben. Heute nun geschieht nichts mehr dergleichen. Es ist, als sei durch die Rückkehr nach Paris noch einmal etwas in ihr zerbrochen. Sie findet die Worte nicht mehr.

Vielleicht weil ihr das bewusst ist, wagt sie einige Gesten, die beschönigen sollen, was man wohl ihren Abschied nennen muss. Einer Freundin schenkt sie ihren Pelzmantel. Wenn sie zu spät kommt, gibt sie Champagner aus, damit man ihr verzeiht. Ihrem Friseur Alexandre macht sie ihr goldenes Van Cleef-Armband zum Geschenk und gibt es ihm mit der Bemerkung: »Trag es immer zu meinem Andenken.« Als wäre sie schon jetzt nicht mehr da. Und als hätte sie selbst beschlossen, sich so zu benehmen, als ob es sie nicht mehr gäbe.

Währenddessen schlägt sich Laurent mit ihren Geldproblemen herum: mit unbezahlten Steuern und allen Arten von Strafgebühren für Verspätungen, die Romy nicht noch mehr belasten sollten. Diese Schwierigkeiten, die immerhin einer Lebensphase angehören, mit der er nichts zu schaffen hat, könnten ihn eigentlich unberührt lassen. Dennoch versucht er, mit ihnen fertig zu werden. Ganz allein oder jedenfalls beinahe, denn auch hier ist Romy fernab von allem.

Ende Dezember bricht die Crew zum Dreh nach Deauville auf. Nahezu bedrohlich steht das Ende des Films kurz bevor. Am 29. Dezember ist dann alles vorbei. Auf den Tag genau fünf Monate später wird Romy nicht mehr am Leben sein. Ahnen sie es etwa alle? Weshalb sind sie sonst so traurig und so erschrocken bei der Vorstellung, ihr Leben ohne *Die Spaziergängerin* weiterleben zu müssen? Nein, so ist es nicht bei allen Filmen. Stärker noch als die anderen spürt Jacques Rouffio dieses Gefühl des Verlorenseins. Und er, obschon ein Mann der Bilder, vermag es in Worte zu fassen: »Die Dreharbeiten für *Die Spaziergängerin* sind abgeschlossen. Die Crew hat sich am Strand von Trouville versammelt und steht da untätig, schweigsam und unbeholfen herum. Nur hie und da fallen ein paar scherzhafte Worte, die aber irgendwie unecht klingen ... Als der letzte Lastwagen abgefahren ist und die Bustür sich hinter dem Team geschlossen hat, zählen wir unser Häufchen: einige Getreue aus den allerersten Tagen (Januar 1981, erste Berlinreise) – Claire Denis, Gérard Klein, Jean-Pierre Eychenne, Alain Peyrollaz, genannt Perol, Élisabeth Tavernier ...

Ursprünglich sollten noch mehr bleiben, aber die sind im feuchten Nebel wie von ungefähr entschwunden ... morgen ist Sylvester! Naja, und da ...

Trostlos!

Gleich nach der letzten Klappe ist Romy – tief in die Polster ihres Wagens gedrückt – nach Paris zurückgekehrt, weinend ... (Am Strand war es bitterkalt.) Später dann werde ich erfahren, dass es etwas anders war, dass sie sich erst einmal – die Koffer zu ihren Füßen – im Hotel verkrochen hat, bevor sie die Rückkehr in ihr Leben ›ohne die *Spaziergängerin*‹ in Angriff nahm ... allein, ganz für sich ... Klein ist bei uns. Er redet und redet. Wir kippen einen Cognac nach dem anderen, können uns einfach nicht entschließen, nach Hause zu gehen ... ›Das hier müssen wir doch irgendwie feiern, heute abend ...‹ Claire und Jean-Pierre haben sich – schon im Oktober in Berlin – geschworen, nach dem letzten Drehtag am Strand von Trouville den Sonnenaufgang mitzuerleben ... Träge ermuntern wir einander durchzuhalten. – Wie die Kinder!

Mit den Piccolis, die zu uns gestoßen sind, waren wir noch schön beim Essen. Wir haben getrunken – viel – zu viel –, um unseren großen Kummer zu vergessen: diese *Spaziergängerin*, mit der wir nun seit einem Jahr wie Verliebte zusammengelebt haben, und die einfach nicht vorübergehen will.

Für Romy, Danon, Jacques Kirsner und mich sind es sogar schon zwei Jahre.

Sie hat unsere Begeisterung entfacht, hat bewirkt, dass wir Leidenschaft, Ungestüm und Brüderlichkeit entfalteten. Sie hat ihre Kraft verströmt unter unseren Technikern und Akteuren, unter unseren Berliner Freunden aus der Begegnung im Mai, und der im Oktober – es sind dieselben! – und es sind aufrichtige! ... und auch an Kirsner, unseren unermüdlichen Drehbuchbearbeiter.

Auch an Romy.

Romy, die gegen ihre Ängste ankämpfte, Gefälligkeiten von sich wies und wieder und wieder die nötige Energie aufbrachte für Lina Baumstein und Elsa Wiener – die verborgene, die ausgesetzte, die vertrauensvolle und geschwisterliche Romy.

Ihre Tränen und ihre persönlichen Erinnerungen.

Die Idee zu einem Film, die an einem gewissen Abend im Februar 1980 von ihr kam: ›Hast du das Buch von Kessel gelesen? *Die Spaziergängerin von Sanssouci?* Lass uns das zusammen machen!‹ Zwei Jahre. Ein in einem einzigen Wurf weit gespannter Bogen, trotz der Brüche und Risse ...

Jetzt bin ich allein mit Anna Ruiz im Schneideraum, um Ordnung in ›all das‹ zu bringen. Und die anderen, deren Anrufe immer seltener werden, beginnen, vielleicht verwundbarer als nach manchem anderen Film, sich zurückzusehnen. Sehnsucht aber heißt, etwas nachzutrauern, das hätte sein können. Doch alles ist gewesen – alles hat existiert. Wir haben nicht geträumt.

Nun also? Sehnsucht ... Sehnsucht!

Ein Film, eine Lebenserfahrung.

Zwei Jahre, ohne je den Glauben daran zu verlieren. Zwei Jahre, in denen wir Freud und Leid miteinander geteilt haben.

Bis bald, Romy, Michel und all ihr anderen!«[1]

---

[1] Auszug aus den Presseunterlagen zu der *Spaziergängerin von Sanssouci*, die dem Autor von Jacques Rouffio zur Verfügung gestellt wurden.

18

Der Blick von Hélène

Sie glaubt, das Glück nun endlich in ihren Händen zu halten, wenigstens für ein paar Jahre. Doch nein, am 31. Dezember, nur dreizehn Tage nach ihrer Hochzeit, muss sie einen neuerlichen Schock erleiden.

Am späten Nachmittag bekommt sie plötzlich heftige Schmerzen in der Bauchgegend. Daniel ist augenblicklich klar, dass es etwas Ernstes ist, und ruft den Hausarzt an. Ohne zu zögern, kommt dieser vorbei, untersucht Romy und lässt dann einen Krankenwagen kommen, der die junge Frau in eine Klinik im 16. Pariser Arrondissement bringt.

Es werden eingehendere Untersuchungen durchgeführt, Romy wird der medizinischen Obhut des Krankenhauses übergeben, und wenige Stunden später, am 1. Januar 1976 um ein Uhr morgens ist das Urteil gefallen und trifft Daniel mitten ins Herz: Romy hatte soeben eine Fehlgeburt.

Für den Hausarzt ist der Grund für das schlimme Ereignis ziemlich klar: Schon seit einiger Zeit hatte Romy Zahnprobleme. Die Schmerzen hatten sie teilweise sogar am eigenen Hochzeitstag gequält. Vor Heiligabend dann erlebte sie eine neuerliche Schmerzattacke, so schlimm, dass Daniel seine Frau mitten in der Nacht zu einem Zahnarzt fuhr, der der Patientin den Zahn zog und ihr Antibiotika verabreichte. Es scheint so, als sei im Zuge dieser Zahnoperation ein Virus auf den Fötus übertragen worden und habe diesen infiziert.

In den nun folgenden Tagen ist Romy völlig niedergeschlagen.

Wie man es ihr auch zu erklären versucht, es spielt keine Rolle. Sie empfindet sich wieder einmal als Opfer einer Art Fluch.

Aber Daniel ist da, gleichfalls unter Schock und trotzdem voller Zuversicht in die Zukunft. Er vertraut darauf, dass sie gemeinsam ihr Unglück verwinden werden und dass lauter gute, schöne Dinge auf sie warten. Sie sollten am besten ganz rasch dieses tragische Ereignis, das sie getroffen hat, hinter sich lassen, neue Hoffnung fassen und von neuem daran denken, dass sie ihre Liebe und David haben. Er findet so wundervoll die richtigen Worte, dass Romy langsam ihre Traurigkeit verliert und sich dagegen wehrt, nur ihr Unglück zu sehen. Allen, die sich besorgt zeigen, sie könne resigniert haben, kündigt sie stolz und fast herausfordernd an: »Ich wünsche mir, trotz der Fehlgeburt im Januar, ein weiteres Kind.«

Sie zögert nicht, ganz besonders hervorzuheben, welche Rolle Daniel bei ihrer raschen seelischen Genesung gespielt hat. Denn schließlich hat er sie dazu gebracht, das Leben wieder zu lieben, an sich selbst zu glauben und wieder Geschmack daran zu finden, für etwas zu kämpfen: »Ich kann nicht alleine leben. Doch hatte ich das Glück, einen Mann zu finden, mit dem ich mich innig verbunden fühle. Ich bin siebenunddreißig Jahre alt. Er kaum achtundzwanzig. Trotzdem, mich schreckt dieser Altersunterschied nicht. Beim Älterwerden habe ich gelernt, das flüchtige Glück zu schätzen, günstige Augenblicke zu nutzen.

Vorher wollte ich die Leute so sehen, wie ich sie mir wünschte. Ich verschloss wissentlich die Augen, um eingekapselt in meinen Illusionen zu leben. Diese Haltung brachte mir ein, dass ich einige Schläge im Leben hinnehmen musste, dass ich enttäuscht und einsam war. Mit Daniel ist es anders. Wir können uns zuhören, denn wir haben uns etwas zu sagen. Er und ich, wir sind keine Seifenblasen. Ich lüge nie – und er ist immer ehrlich.« Auf dieses bewegende Bekenntnis in *Paris-Match*, nur zehn Tage nach dem Unglück, folgt eine sehr intime Enthüllung über ein anderes Drama, das sich zwei Jahre zuvor abgespielt hatte und das Romy sorgfältig geheimgehalten hatte: »Dass er mir unersetzlich geworden war, begriff ich an dem Abend, als ich eine Niereninfektion bekam. Das war vor zwei Jahren. Zu jener Zeit lebte ich wie eine Zigeunerin in möblierten Zimmern oder im Hotel und fühlte mich ziemlich verloren nach der Trennung von meinem Mann. Der einzige Mensch, an den ich dachte, als ich mich vor Schmerzen krümmte, war Daniel. Ich rief ihn an, um ihn zu bitten, einen Arzt für mich zu suchen. Er antwortete: ›Verlassen Sie sich auf mich!‹ Keine zwanzig Minuten später war er an meinem Bett in Begleitung eines Arztes. Daniel sagte nichts. Er wusste, dass Worte gegen Schmerz nichts ausrichten. Er nahm einfach meine Hand, und danach habe ich ihn nicht mehr verlassen.«

Um ihr über den Verlust des Babys endgültig hinwegzuhelfen und sich auf ein anderes, das sie tatsächlich bald erwarten würden, allmählich einstellen zu können, ist Daniel mit Romy verreist. Wieder zurück in Paris, hat sie im März vom Tod ihres Freundes und großen Regisseurs, Luchino Visconti, erfahren. Schon seit langem war er krank gewesen, und bei ihrem letzten Zusammentreffen hatte er sie lange Zeit fest umarmt und sie dabei mit sehr ernstem, tiefem Blick angesehen. Vielleicht hatte er geahnt, dass er sie nicht wiedersehen würde. Einige Monate später hatte er, nachdem ihm die Krankheit eine Atempause gönnte, Romy vorgeschlagen, gemeinsam mit Delon *Die Unschuld*, seinen, wie er vermutlich ahnte, letzten Film zu drehen. Doch zu diesem Zeitpunkt war sie schwanger, und da es ihr unmöglich war, den Tod ihres Freundes überhaupt in Erwägung zu ziehen, konnte sie sich nicht vorstellen, dass *Die Unschuld* für Luca, wie sie ihn nannte, der letzte Film werden könnte. Sie hatte abgelehnt, ihn aber gleichzeitig wieder auf ihr gemeinsames Projekt, ein *Sissi*-Remake, angesprochen. Sicherlich ohne selbst noch daran zu glauben, hatte der kranke alte Mann es ihr versprochen: Ja, bald würden sie beide das Leben Elisabeths von Österreich drehen, wie es wirklich war, und Romy könnte Sissi für immer und ewig begraben.

Stattdessen hatte sie nun Luca begraben müssen. Und im April, bei der Verleihung der Césars für *Das alte Gewehr* und an Romy selbst als beste Darstellerin für ihre Rolle in *Nachtblende*, hatte sie Visconti einen erschütternden Nachruf gewidmet. Immer hatte sie es sich verboten, vor ihm auch nur eine einzige Träne zu weinen, selbst dann nicht, als sie ihn so entkräftet erlebte. Heute war er nicht mehr da. Heute durfte sie weinen.

Wenig später fährt sie nach Griechenland, um dort unter der Leitung von Pierre Granier-Deferre *Die Frau am Fenster* zu drehen. Ihre Partner sind Victor Lanoux und Philippe Noiret.

Daniel ist währenddessen im Libanon und macht eine Reportage in diesem vom Krieg zerrissenen Land. Weil nun Athen nicht allzu weit von Beirut entfernt liegt, kommt er sie dort besuchen, und sie sind glücklich, einander sagen zu können, wie einsam sie sich ohne den anderen fühlen und wie sehr sie den anderen vermissen. Und sie reden über das Kind, das sie sehr bald wieder erwarten werden, als sei es schon geboren.

Ende Juli beendet sie unter der Sonne Griechenlands die Dreharbeit an dem Film *Die Frau am Fenster* und kehrt nach Paris zurück, um da eine Szene, eine einzige nur, in dem neuen Film von Claude Sautet, *Mado*, zu spielen. Nur eine Szene, aber eine sehr ergreifende![1]

Sie spielt darin die Rolle der Hélène, der ehemaligen Geliebten von Simon (Michel Piccoli), die trotz der Jahre, die seither vergangen sind, immer noch in ihn verliebt ist. Ihr Mann, Simons Geschäftspartner, hat sich einige Tage zuvor das Leben genommen. Hie und da ist im ersten Teil des Films von Hélène die Rede, allerdings ohne dass man sie je zu sehen bekommt.

Als Simon an jenem Tag bei ihr erscheint und ihr Schlafzimmer betritt, wo sie noch am helllichten Tag schläft, weiß man abgesehen davon, dass ihr Mann kürzlich Selbstmord beging, noch rein gar nichts über sie. Innerhalb einer Sekunde nur erkennt man allein schon an ihrem Gesicht, dass sie Alkoholikerin ist. Und dass es zwischen ihr und Simon vor langer Zeit einmal eine Liebesgeschichte gab.

Nachdem sie hastig ihrem Gesicht wieder einen Hauch von Farbe zu verleihen versucht hat, kehrt sie in ihr Bett zurück und empfängt Simon. Er küsst sie. Setzt sich zu ihr aufs Bett. Sie lächeln einander an mit einem etwas traurigen Lächeln, dann sehen sie sich lange in die Augen. Man könnte meinen, sie hätten in dieses Schweigen alles gelegt.

Endlich schlägt Hélène die Augen nieder und beginnt als Erste zu sprechen:

»Eigenartig, dass du gekommen bist.«

»Nein ... Nein, finde ich nicht.«

»Was ist es dann?«

---

[1] Die Dialoge für *Mado* stammen von Claude Néron und Claude Sautet.

»Es ist ... eine ganz natürliche Regung.«
»Es ist schon so lange her ... Mindestens ein Jahr?«
»Beinahe.«
»Ich bin nicht gerade in ... bester Verfassung. Wenn du dich angemeldet hättest, hätte ich mich hübsch gemacht.«
»Du gefällst mir, wie du bist.«
»Ja, dir gefalle ich immer, wie ich bin.«
»Nicht immer.«
Hier nun stellt sich erneut ein sehr langes Schweigen ein, wohltuend und unerträglich zugleich. Fast belustigt sieht sie ihn an und schafft beinahe ein Lächeln, sogar mit den Augen:
»Sind deine Haare weniger geworden?«
»Ja.«
»Das hat dich nicht verändert. Hast du viel Ärger?«
»Ein wenig, ja, aber ich bin nicht gekommen, um darüber zu reden.«
»Du bist gekommen, um Hélène zu besuchen?«
»Genau.«
»Und ... wie immer ... hast du mir nichts zu sagen?«
Jetzt lächelt sie nicht mehr, sucht ihre Not nicht mehr zu verbergen. Ihr Gesicht verändert sich, sie scheint den Tränen nahe, ist am Ende ihrer Kraft:
»Es ist furchtbar, Simon, ich muss aufhören, ich muss unbedingt aufhören ...«
Sie weint und versucht die Tränen wegzuwischen, wendet dabei ihren Blick von Simon ab, der nun seinerseits das Schweigen bricht:
»Du solltest eine Entziehungskur machen.«
»Ich wollte ja, war schon drauf und dran. Aber dann hat Julien sich ... das hat mich entmutigt ...«
Wieder bleiernes Schweigen, das nur durch einen Seufzer von Hélène gestört wird, dann ein winziges Lächeln, eines

von jener Art, wie manche Frauen sie hervorbringen können, wenn sie um Verzeihung bitten.

»Simon, was hat dich eigentlich immer wieder von mir fern gehalten? Die Angst? Hab' ich dir Angst gemacht?«

»Ja, das war es wohl ... Angst ... ich bin ein Feigling ...«

Nichts als düstere Tragik liegt nunmehr im Raum: Da sind nach wie vor die Tränen in Hélènes Gesicht, Bitterkeit bei Simon und das Gefühl der Verlorenheit zu beiden Seiten. Dann schüttelt sie den Kopf: »Angst ... du Mistkerl!«

Sie hat wieder zu einem Lächeln zurückgefunden. Einem verschmitzten, verständnisinnigen und beinahe heiteren Lächeln. Da bricht er in ein unbändiges, fröhliches Gelächter aus. Er spürt, dass ihr das Vergnügen bereitet, und schickt sich an, noch lauter zu lachen. Er lacht, als wüsste er nicht wohin mit seinem Glück. Und sie lächelt, als versuchte sie sich das Lachen zu verkneifen.

Dann steht er auf, um zu telefonieren. Mit einem langen, traurigen Blick betrachtet sie ihn. Sie leert ein Glas, das sie neben sich stehen hat. Dicht am Bett sieht man zwei Flaschen, davon eine fast leere Weinflasche. Unvermittelt springt sie auf, zieht die Vorhänge zurück und geht zum Kleiderschrank hinüber. Sonnenlicht durchflutet den Raum. Plötzlich schwankt sie, als hätte sie das Leben, das gerade eben wieder die Oberhand gewann, wie ein Schlag getroffen. Simon telefoniert immer noch. Sie holt ein Kleid aus dem Schrank, lässt sich dann plötzlich in einen Sessel fallen. Er legt auf, stürzt besorgt zu ihr, nimmt sie in die Arme und hilft ihr wieder auf die Beine. In all seinen Gesten liegt viel Liebe. Hélène merkt das. Sie löst sich von ihm und fragt:

»Wartest du auf mich? Ich brauche nur fünf Minuten. Du kannst mich doch ein Stück mitnehmen?«

»Ja, ja.«

Kurz darauf sieht man beide in einem Taxi sitzen, und es wird deutlich, dass Hélène auf dem Weg zu ihrem Arbeitsplatz ist. Sie wirkt völlig verändert: geschminkt und geradezu strahlend vor Schönheit. Bevor sie aus dem Taxi steigt, fragt sie noch:

»Simon, wenn ich in die Klinik gehe, kommst du mich dann besuchen?«

»Natürlich.«

Sie sieht ihn lange an, zärtlich und auch etwas wehmütig: »Sie sind selten, deine natürlichen Regungen.«

Sie küsst ihn leicht auf den Mund, bevor sie sich von ihm verabschiedet. Dann entschwindet Hélène aus dem Film.

Ihr gesamter Dialog ist in seiner Knappheit geradezu überwältigend. Was hier zählt, sind nicht so sehr die Worte, die sie sprechen, sondern ihr Schweigen, all die unausgesprochenen Dinge, die man aber auf beiden Gesichtern lesen kann. Gesichter, die vom Leben erzählen. Hélène ist dem Alkohol erlegen, genau wie Romy es so viele Male war. Die Frau und die Tragik ihrer Rolle kennt sie in und auswendig, und sie muss wahrhaftig eine überragende Schauspielerin sein, wenn sie eine solche Rolle trotzdem darstellen kann. Es ist spürbar, welche Pein es ihr bereitet, diese Frau zu spielen, die ihr wie eine Doppelgängerin ähnelt, und tief im Grunde ihres Innersten nach den Empfindungen einer depressiven Alkoholikerin zu forschen, die sie seit Jahren nun mal ist.

Den Weißwein und den roten Bordeaux, Champagner und Beruhigungsmittel, die kennt sie alle zur Genüge. Sie helfen ihr zu leben, Schläge einzustecken, sich Mut zu machen. Schon allzu lange gelingt es ihr nur mit großen Gläsern Wein und Optalidon, ihre Ängste ein wenig zu verlieren und die übermäßig starken Gemütsschwankungen unter Kontrolle zu halten, die sie immer dann heimsuchen, wenn sie sich in eine neue Rolle stürzt. Wenn sie eine andere Frau erschaffen soll, die ihr manchmal gar nicht, manchmal aber auch zu sehr ähnelt, wodurch die Herausforderung dann umso schlimmer wird.

Das Trinken hat sie bei Harry, im Umgang mit ihm, gelernt, weil das zu ihrem Leben gehörte, weil man im Alkohol etwas von der heiteren Ausgeglichenheit und dem Glücksgefühl suchte, was man sonst nirgends mehr fand. Sie hat weiter getrunken, um Harry auszuhalten, mitsamt seinen Vorschriften, seinen Vorwürfen, seiner Bitterkeit und seinen Misserfolgen. Auch um zu vergessen, dass der Teil ihres Leben, von dem sie so sehr geträumt hatte, sich in Mittelmäßigkeit und Sinnlosigkeit auflöste. Danach wusste sie nicht mehr so recht zu sagen, weshalb sie eigentlich trank. Sie stellte sich nicht einmal mehr die Frage oder beantwortete sie mit einer freudlosen Erklärung: »Ich brauche das einfach, sonst kann ich nicht drehen«, pflegte sie Zulawski bei der Arbeit an *Nachtblende* zu sagen.

Später dann, wenn sie sich nicht wohl fühlte, griff sie eben zu Alkohol und Beruhigungstabletten. Nur eine schlechte Angewohnheit. Wie bei Hélène, ihrer Seelenverwandten. Und sie zu spielen, ihr in einem Augenblick Leben zu verleihen, in dem sie selbst wieder einmal die Hoffnung hegte, sich durch die Verbindung mit Daniel und einem zweiten Kind zu retten, das hieß immerhin einiges Risiko eingehen, sich dem Leben wieder zu stellen. Das war die denkbar größte Herausforderung, eine Art und Weise, den anderen, und zwar denen, die sie nicht liebten, sondern verurteilten, zu sagen: »Ja, ich bin so. Diese Frau, die euer Mitleid erregt und euch zugleich Angst macht, das bin ich, zumindest ist es ein Teil von mir, und Pech für diejenigen, die mich für alle Zeiten in das Prinzessinnenkorsett einer Sissi zwängen wollten. Verleugnet mich nur, wenn ihr wollt, aber ich, ich kann mich nicht verleugnen.«

Nachdem sie im August ein bisschen Ferien gemacht hat, fährt sie nach Berlin, um dort eine weitere wundervolle Rolle, nämlich die der Leni in *Gruppenbild mit Dame*, zu spielen. Während der Dreharbeiten wird sie Opfer eines Unfalls. Das Fahrzeug, in dem sie sitzt, gerät ins Schleudern und stürzt in den Straßengraben. Nichts wirklich Schlimmes, doch Romy ist stundenlang in Tränen aufgelöst: Sie ist überzeugt, dass sie erneut schwanger ist, und fürchtet, ihr Baby schon wieder verlieren zu müssen. Zum Glück bleibt ihr das Unheil diesmal wenigstens erspart: Wenn alles gut geht, wird sie Ende August 1977 ihr zweites Kind zur Welt bringen.

Die gesamte erste Jahreshälfte widmet sie der Schwangerschaft und der Erwartung des Babys: Romy dreht nicht mehr. Die zahlreichen verlockenden Angebote, die sich häufen, verschiebt sie auf sehr viel später. Sie geht im Bois de Boulogne spazieren, kümmert sich um David, liest Peter Handke, Scott Fitzgerald und Brecht, hört Mozart, Bach und Mahler. Sie trinkt Tee, den sie nur leicht mit Cognac anreichert, und vermeidet es, auch nur das geringste Risiko einzugehen, durch das ihr Baby Schaden nehmen könnte.

Ende Juni begibt sich die ganze Familie in ihr Haus nach Ramatuelle, nahe bei Saint-Tropez. Dort will Romy das Ende ihrer Schwangerschaft abwarten. In der Klinik »L'Oasis« in Gassin will sie ihr Kind bekommen und sich danach noch ein oder zwei Monate gönnen, um auszuruhen und so richtig die Zeit mit ihrem Baby zu genießen, bevor sie alle wieder nach Paris zurückkehren.

Träge und langsam ziehen die Tage dahin. Romy und Daniel bekommen hie und da Besuch von einigen Freunden, mit denen sie in den lauen, sternklaren Nächten von Ramatuelle zu Abend essen. Manchmal gehen auch sie zum Essen bei Bekannten aus, lassen es dabei aber nie spät werden.

David ist da und freut sich auf die baldige Geburt eines kleinen Bruders oder einer kleinen Schwester. Er streichelt den Bauch seiner Mutter und legt vorsichtig den Kopf daran, um zu lauschen, ob er das Baby hören kann. Romy freut sich darüber.

Seit einiger Zeit macht David ihr Sorgen. Auch wenn er sich fantastisch mit Daniel versteht, so leidet er doch unter der Trennung seiner Eltern. Genau genommen sieht er seinen Vater nur noch zwei Wochen im Jahr während der Ferien. Und wenn er von dort zurückkommt, bedrückt und belastet ihn all das, was er über seine Mutter zu hören bekommen hat: ihre Art zu leben, die Grausamkeit, mit der sie ihren Mann verließ. Je tiefer Harry in seine Misserfolge und Alkoholprobleme abrutscht, desto größer wird sein Groll gegen Romy, deren großes Vergehen es im Grunde genommen ist, dass sie sich ihm entzogen hat. Also lässt er seiner Erbitterung vor seinem Sohn freien Lauf, den er zum Zeugen aller Irrungen seiner Exfrau nimmt. Verwirrt und hin- und hergerissen kehrt der Junge jedes Mal von den Besuchen bei seinem Vater zurück – ein verunsichertes Kind, das nicht mehr weiß, an wen es glauben soll. In letzter Zeit benahm er sich seiner Mutter gegenüber sogar ziemlich aggressiv. Jetzt, da sich ein Baby ankündigt, läuft alles besser: David hat zu seiner Fröhlichkeit zurückgefunden und ist vor allem Romy wieder näher gekommen.

An einem Sonntag Mitte Juli, nach einem ruhig verlaufenen Tag und Abend, weckt sie Daniel mitten in der Nacht: Die Fruchtblase ist geplatzt. Er bringt sie in die Klinik »L'Oasis«, wo man sie sofort medizinisch versorgt, doch ihr Zustand bleibt eine Woche lang unverändert: Das Kind will nicht kommen. Endlich entschließt sich der Arzt und Geburtshelfer, einen Kaiserschnitt zu machen.

Wieder packt sie die Angst. Die Angst vor dem Unheil, noch mehr Unheil. Und vor dem Leid. Der ursprünglich vorgesehene Geburtstermin ist noch weit. Sie ist um ungefähr einen Monat, vermutlich sogar etwas mehr, zu früh dran. Die Stunden bis zur Operation sind schrecklich. Umso mehr, als sie von den Ärzten auf all ihre Fragen keine genaue Antwort bekommt. Nur Daniels zärtlicher, zuversichtlicher Blick hilft ihr, der Operation mit etwas Mut entgegenzusehen.

Als sie ein paar Stunden später wieder erwacht, erfährt sie, dass sie Mutter eines entzückenden kleinen Mädchens geworden ist, das sie jedoch weder liebkosen noch berühren, ja, nicht einmal sehen kann. Sarah Magdalena Biasini, geboren am 21. Juli 1977 in der Klinik »L'Oasis« in Gassin, ist unverzüglich in die Spezialabteilung für Frühgeburten des Krankenhauses »Lenval« nach Nizza gebracht worden. Dort wird sie bis Anfang September bleiben müssen, solange, bis sie eben den Entwicklungsstand und das Gewicht erreicht hat, die sie bei ihrer Geburt hätte haben sollen.

»Dieses Warten ist nicht leicht, ich habe noch nie in meinem Leben ein so schweres, hartes Warten gekannt!«, schreibt Romy einige Tage danach an ihre Mutter. »Ich dachte doch nicht, dass ich's so bezahlen muss.

Wenn wir sie in unsere Arme nehmen können, wird das für mich die wirkliche Geburt sein, und wir werden alles andere vergessen! Ich habe schon viel abgenommen – neun bis zehn Kilo – und mache mich auf zur strengen Diät – ohne zu übertreiben, wegen der Narben und meinem Wackligsein.«

Als Sarah dann schließlich aus der Klinik für Frühgeborene entlassen wird, kann das Fest des Lebens und des schmerzlich erworbenen Familienglücks endlich beginnen.

Unterstützt vom Kindermädchen Bernadette, kümmert sich Romy liebevoll um ihr Baby. David tritt in die fünfte Klasse des Janson-de-Sailly-Gymnasiums im 16. Pariser Arrondissement ein. Dort lässt er sich unter dem Namen Biasini und nicht Meyen führen. Einerseits, weil er seinen Stiefvater abgöttisch liebt, andererseits aber auch, weil er unbedingt zu dieser Familiengemeinschaft dazugehören möchte, die sich um seine kleine Schwester herum zu festigen beginnt.

Drehen kommt für Romy in den nächsten Monaten erst einmal nicht infrage, aber sie beginnt wieder Drehbücher zu lesen. Für das kommende Jahr ist bereits eine ganze Reihe von Projekten geplant. Und an erster Stelle steht der neue Sautet-Film *Eine einfache Geschichte*.

Seit langem schon hatte Romy Claude gebeten, doch einmal eine richtige Frauengeschichte für einen Film zu verfassen. »Immer nur machst du Filme über Männer«, hatte sie ihm auf gut gemeinte Art vorgeworfen. Und Claude hatte ihr versprochen: »Gut, zu deinem Vierzigsten.« Es sind noch zwei Monate hin bis zu ihrem vierzigsten Geburtstag, als im Sommer 1978 die Dreharbeiten zu *Eine einfache Geschichte* beginnen.

Im November 1978 spricht Romy tief bewegt in der Zeitschrift *Le Nouvel Observateur* über ihre Arbeit und ihre Beziehung zu Claude Sautet: »Wenn ich fünfzig bin, und Claude Sautet will mich, verlebt, wie ich dann bin, werde ich zu ihm gehen. Das ist eine Liebeserklärung...« Wie zur Antwort widmet er ihr seinerseits Worte voller Verehrung: »Ich wollte um jeden Preis mit Romy drehen. Es ist eine biologische Tatsache, dass diese Frau mit vierzig noch viel schöner ist, als sie mit zwanzig war. Diese Frau, die ein wechselvolles Leben geführt hat, erreicht jetzt eine Reife, die sie anziehender macht als je zuvor.«

Im Herbst dreht sie *Blutspur*, einen äußerst schlechten Film von Terence Young, der kein Erfolg wurde, und kehrt dann nach Paris zurück, um mit ihrer Familie Silvester zu feiern.

Am 3. Februar 1979 bringt ihr ihre großartige Leistung in *Eine einfache Geschichte* erneut den César für die beste Darstellerin des Jahres ein. Strahlend vor Glück ist sie Hand in Hand mit ihrem Mann zur Preisverleihung erschienen, die Stufen, um ihren Preis entgegenzunehmen, hat sie allerdings allein erklommen. Es sind Tränen des Glücks, die ihr in diesem Moment über das Gesicht laufen.

Etwas weniger Alkohol, viel weniger Angst, Daniels Liebe und ihre beiden Kinder in der Nähe: Sollte es das Leben tatsächlich endlich einmal gut mit ihr meinen? Sie möchte so gerne daran glauben, dass sie das Unheil hinter sich gelassen hat. Schon zwei Monate später wird es sie, aufgetaucht aus der Vergangenheit, wieder einholen.

19

»Ein Kummer, den ich niemals vergessen will ...«

Jenes Jahr 1981, in dem sie ihren Sohn begraben hatte, musste sie nun gleichermaßen irgendwie begraben, der Vergangenheit übergeben. Hätte es genügt, den Jahreswechsel einfach nicht zu feiern, um sich besser zu fühlen, wäre ihr das auch recht leicht gefallen. Doch es genügte eben nicht. Und außerdem durfte sie sich wenigstens für Sarah an Heiligabend nichts anmerken lassen. Sich nichts anmerken lassen, das war schon viel.

In Berlin hatte sie sich mit Fotos von David umgeben, mit Bildern von einem Glück, das noch gar nicht so lange her, heute aber nun schon so fern war. In Paris flieht sie vor den Erinnerungen. Sie zeigt eine gewisse Gleichgültigkeit. Als der 31. Dezember naht, findet sie die Kraft, sich von der Geschäftigkeit rings um sie her überhaupt nicht betroffen zu fühlen. Dem letzten Tag dieses grauenhaften Jahres geht sie aus dem Weg oder ignoriert ihn vielmehr. Das tangiert sie nicht mehr. Sie fühlt sich alldem gegenüber völlig fremd. Ganz so, als wäre sie irgendwo anders.

Im Januar fliegt sie mit Laurent und Sarah auf die Seychellen. Eng aneinander gekuschelt, verbringen die drei ihre Tage am Strand im Sand. Sarah erstickt sie schier mit Küssen. Und Laurent nimmt unaufhörlich ihre Hand und drückt sie jedes Mal, wenn er ihr etwas Liebes sagen will, ganz fest.

Er weiß, dass ein leichter Händedruck ihr zurzeit mehr sagt als Worte, und wären sie noch so liebevoll.

Gemeinsam sind sie danach nach Boissy-Sans-Avoir gefahren, um sich um ihr Haus zu kümmern. Der Umbau wird bald fertig sein, spätestens im August.

Das etwa fünfzig Kilometer von Paris entfernt gelegene Dorf zählt weniger als vierhundert Einwohner. Doch Romy fühlt sich hier sofort wohl. In der Stadt will sie nicht mehr leben. Sie sagt, sie habe dort zu viel gelitten.

Übrigens soll auch David hier seine allerletzte Ruhestätte finden. Der Junge liegt seit Juli auf dem Friedhof von Saint-Germain-en-Laye begraben. Gleich nachdem sie das Haus erworben hatte, kaufte Romy auch ein Familiengrab auf dem kleinen Dorffriedhof von Boissy-Sans-Avoir. Später will auch sie neben ihm liegen.

Sie versucht sich zu beschäftigen, mit ihrem Unglück fertig zu werden und überhaupt mit all ihren derzeitigen Problemen, den rückständigen Steuerzahlungen etwa, diesem leidigen alten Thema. Sie versucht, den Menschen, die ihr nahe stehen, eine heile Welt vorzuspielen, ohne sich allzu sehr auf ihren so gefährlichen und verführerischen Verbündeten, den Alkohol, zu stützen.

Laurent macht sich Sorgen, will ihr das aber nicht gar so deutlich zeigen. Er versteht sie. Er versteht alles. Er spricht über sie mit unendlicher Milde: »Sie sucht nach einem Glück, das es nicht gibt. Und weil sie es nicht finden kann, richtet sie sich selbst zugrunde.«

Ab März können sie das Haus fürs Erste wenigstens an den Wochenenden für sich nutzen. Und weil es wichtig ist, auch weiterhin etwas zu haben, worauf sie sich trotz allem freuen kann, freut sie sich eben auf das künftige Landleben. Ein bisschen fernab von allem anderen. Wie eine Rückkehr in ihre frühe Kindheit in Österreich. Tiere, Felder, Bäume und Blumen wird sie um sich haben, den Mann, den sie jetzt liebt, und ihr einziges Kind.

Es beginnt Frühling zu werden, als sie ihrer Mutter einen geradezu schwärmerischen Brief schreibt: »Mammi! Wir haben ein Haus! Endlich! Ein wunderschönes Haus auf dem Land! Hier will ich endgültig leben. Hier will ich mich um meine Tochter kümmern, hier will ich Konfitüre einkochen, unter den Bäumen spazieren gehen, endlich richtig leben. Und hier will ich alt werden.«

Der Ton dieses Briefes, die gute Laune und Leichtigkeit, die hier mitschwingen, stehen in scharfem Kontrast zu den wenigen Fotografien, die es von Romy Schneider aus jenen Märztagen 1982 gibt. Gesicht und Augen sind verquollen. Sie hat zugenommen, und in ihrem Lächeln liegt eher ein Ausdruck von Kummer als von Freude.

Die Avenue Malakoff haben sie gegen ein anonymes Hotelzimmer eingetauscht. Später dann ziehen sie in die Rue Barbet-de-Jouy, wo ihnen ein Freund, der tunesische Filmproduzent Tarak Ben Amar, leihweise eine Wohnung zur Verfügung stellt.

Der Schnitt für *Die Spaziergängerin von Sanssouci* ist fast abgeschlossen. Am 2. April hat Jacques Rouffio die Tonmischung fertig. Auf dem ersten Titel des Vorspanns wird jeder, der den Film sieht, eine Widmung vorfinden: »Für David und seinen Vater«. Romy wollte das so. Es war ihr wichtig, ihre Arbeit beiden Verstorbenen, Vater und Sohn, zu widmen. Jacques Rouffio hatte seine Zweifel, ob das richtig von ihr war. Aus Rücksicht, vermutlich, und immer in dem Bemühen, Romy zu schützen und sie daran zu hindern, sich selbst Dingen auszusetzen, die ihr im Gegenzug wieder wehtun konnten. Er hielt es für sinnvoll, ihr zu sagen, wie er darüber dachte:

»Ich finde, dies ist etwas Persönliches.«

»Was ist in meinem Leben noch persönlich? Unsereins scheint doch jedem zu gehören. Also, wenn ich schon allen gehöre, sollen auch alle wissen, was mir gehört hat und was ich verloren habe ...«

Jacques Rouffio hat dazu nichts mehr gesagt. Die kleine Widmung wird tatsächlich ganz oben im Vorspann erscheinen.

Zudem sind es nur noch wenige Tage bis zur Premiere der *Spaziergängerin*. Die Bitten um Interviews häufen sich. Alle Welt will Romy, von der man seit dem Tod ihres Sohnes praktisch nichts mehr zu hören bekommen hat, zum Reden bewegen. Ganz Frankreich wartet auf diesen Film, der gewissermaßen für ihre Rückkehr in die Welt des Kinos steht. Manche sagen, für ihre Rückkehr ins Leben. Sie sollen sich getäuscht haben.

Und sie redet tatsächlich – ein ganz klein wenig. Sie sagt, *Die Spaziergängerin von Sanssouci* sei für sie mehr als nur ein Film. Viel mehr.

Um sie ein bisschen zu entlasten, äußert sich auch der Rest des Teams. Über ihre Person mehr noch als über den Film selbst, denn das ist es ja, was letzten Endes alle interessiert. »Während so mancher heutzutage nicht ohne wortreiche Sympathiebekundungen auskommt, haben Romy und ich das Glück, uns ohne Worte zu verstehen«, bekennt Michel Piccoli. Und Jacques Rouffio spricht über sie, wie er es noch nie getan hat:

»Für mich ist Romy ein Wesen, das ständig ›in Bewegung‹ sein muss ... Die Sympathie, die sie erregt, verdankt sie, glaube ich, zwei Dingen: dem Bild von Verletzlichkeit, das sie mit ihrer Stimme, der Art und Weise, ihre Rolle zu interpretieren, vermittelt, und der großen Kraft, die man trotz dieser Empfindsamkeit bei ihr spürt. Sie ist eine Frau, die niemals ›loslässt‹. Deshalb lieben die Leute sie ja auch. Sie hat einen engen Kontakt zum Publikum. Sie gehört zu den wenigen Schauspielerinnen des französischen Films, die bei den Leuten immer wieder das Bedürfnis hervorrufen, sie zu sehen.«

Dominique Labourier fügt hinzu: »Während der ganzen Dreharbeiten war ich von Romy/Elsa ergriffen. Sie drückte ihre Angst so intensiv aus und war so innig mit ihrer Figur verschmolzen, die selbst zerbrechlich, furchtsam und verwundbar war, dass ihre Angst mir die meine nahm. Ich verspürte den Wunsch, ihr Mut zuzusprechen, sie in meine Arme zu nehmen und ihr zu sagen: ›Das geht vorbei.‹ Noch niemals hatte ich im Film mit jemandem gearbeitet, der sich so wie Romy bis zum Äußersten seiner Rolle hingibt...«

Sie erklärt sich bereit dazu, in Michel Druckers Fernsehsendung »Les rendez-vous du dimanche« zu erscheinen. Dort wird plötzlich sichtbar, welche Spuren Kummer und Leid bei ihr hinterlassen haben. Sie wirkt bleich und mitgenommen. Aber tapfer ist sie immer noch. Sie spricht über den Film, über ihre Rolle, die Dreharbeiten, und als Drucker auf ihren Sohn anspielt, hat sie noch die Kraft, mit einer Stimme, die vor Zorn und Erregung brüchig wird, über jene zu spechen, die die Stirn hatten, ihren toten Jungen auf dem Sterbebett zu fotografieren. Kurze Zeit später dann beantwortet sie Michel Druckers Fragen auch in einem Interview für »Paris Match«. Unverzüglich kommt der Journalist auf die Tragödie zu sprechen, die die Schauspielerin einige Monate zuvor durchlebt hatte.

M.D.: »Als vor zehn Monaten ihr Sohn David auf tragische Weise ums Leben kam, habe ich Ihren Schmerz mitempfunden. Ich frage mich, ob ich an Ihrer Stelle diesen Beruf hätte weiter ausüben können. Haben Sie es akzeptiert, mit Jacques Rouffio zu drehen, weil es weitergehen muss, wie die Amerikaner sagen, ›The show must go on‹?«

R.S.: »Ich möchte lieber sagen: ›Life must go on‹ (Das Leben muss weitergehen). Sicherlich gibt es Augenblicke, wo man Lust hat, den Vorhang fallen zu lassen und nichts mehr mit diesem Beruf zu tun zu haben. Aber ich habe Verantwortungen. Ich bin nicht allein. Daher muss das Leben weitergehen. Ich werde meine Arbeit so gut wie möglich fortsetzen. Es muss vorwärtsgehen, man kann nicht stehen bleiben. Man kann einen Augenblick lang in die Knie gehen, aber dann muss man weitermachen. Stehenbleiben ist für mich nicht möglich.«

M.D.: »Wenn man ein solches Drama wie das Ihre erlebt hat und eine Person des öffentlichen Lebens ist, kann der Tod eines Kindes nicht geheim bleiben. Dieser Kummer wirkt auch auf Millionen von Menschen, die ins Kino gehen und seit Jahren an einer Schauspielerin hängen. Wie reagiert man auf diese Prüfung?«

R.S.: »Die Empörung, die sich gegen das Unglück richtet, bleibt und sie wird ein Leben lang bleiben. Wenn das Publikum sich voller Mitgefühl dafür interessiert, mildert das nicht den Schmerz.«

M.D.: »In welcher Gemütsverfassung wirkt eine Schauspielerin in einem Film mit, in dem sie mit Gestalten konfrontiert wird, die sie an ihren Schmerz erinnern? In *Die Spaziergängerin von Sanssouci* gibt es einen kleinen Jungen, Max, und einige Szenen, die mich besonders berührt haben. Ich habe mich gefragt, wie Sie drehen konnten, obwohl doch dieses Drama so dicht an Ihre eigene Wirklichkeit herankam. War das nun schwieriger als alle Ihre bisherigen Interpretationen? Haben Sie Rouffio angerufen, um ihm zu sagen: ›Es kann losgehen‹?«

R.S.: »Der Drehbeginn wurde aus Gesundheitsgründen verschoben, weil ich operiert worden war. Aber ich war bereit, gleich nach der Genehmigung meines Arztes mit der Arbeit zu beginnen. Mag sein, dass ich noch etwas erschöpft war, aber die Arbeit gibt mir physische und seelische Kraft. Was nun die für mich schmerzvollen Szenen mit dem kleinen Max betrifft, so hat mir da Rouffio großartig geholfen.«

Im weiteren Verlauf des Interviews geht es um ihre Arbeit als Schauspielerin und die Gründe, die Romy dazu bewogen haben, sich für den Roman von Kessel zu entscheiden, es geht um Marksteine ihrer Kindheit, um den Krieg, den Antisemitismus und die Einsamkeit ihrer Mutter nach der Scheidung. Zum Thema der *Spaziergängerin* fragt Drucker Romy, ob sie mit David über ihren Wunsch, diesen Roman zu verfilmen, gesprochen hatte: »David hatte das Drehbuch gelesen. Er sagte mir, dass es ihm gefallen habe. Aber er konnte nicht alles verstehen, obwohl er für sein Alter sehr reif war. Er wollte einfach, dass ich diesen Film drehe.« Kurz darauf kommt der Journalist erneut auf die Schwierigkeit zu sprechen, eine Lebenstragödie zu drehen, während man selbst gerade eine solche durchlebt.

M.D.: »Zu Beginn der Dreharbeiten war Ihr Unglück noch ganz nah. Meinen Sie, dass Rouffio sich dadurch umso stärker verantwortlich gefühlt hat?«

R.S.: »Er hat auf wundervolle Weise Verständnis gezeigt. Intuitiv wusste er immer, wann es für mich zu schmerzhaft wurde. Er verstand es, mir die richtigen Worte zu sagen. Das ist ein Mensch, der Achtung vor Schauspielern empfindet. Er liebt sie. Er ist der Erste, der zu mir gesagt hat: ›Es muss gar nicht lustig sein, alle Tage den Beruf des Schauspielers auszuüben.‹ Das hat mich verblüfft. Noch niemals hatte ein Regisseur so etwas zu mir gesagt.« (...)

M.D.: »Kam David mit Ihnen an die jeweiligen Drehorte?«

R.S.: »Ja, oft. Seit dem Unglück bleibt mir nur Sarah, die jetzt viereinhalb Jahre alt ist. Sie ist noch zu klein, um mit ins Studio zu kommen.«

M.D.: »Warum wohnen Sie zurzeit im Hotel?«

R.S.: »Weil ich nicht mehr in einer Umgebung leben kann, die mich so sehr an meinen Sohn und an die glücklichen gemeinsamen Zeiten erinnert. Ich bin auf der Suche nach einem neuen Heim, um mein Leben neu zu beginnen und meinen Kummer vielleicht zu überwinden.«

M.D.: »Ist es ein Kummer, den man vergessen kann?«

R.S.: »Es ist ein Kummer, den ich niemals vergessen will.«

Was Romy da auf sich nahm, als sie sich auf all diese Fragen, die ihr das Herz zerreißen mussten, einließ, das hätte sie sich nur wenige Tage zuvor noch nicht zugetraut. Und keiner hätte die Unverfrorenheit aufgebracht, sie dazu drängen zu wollen.

Außerdem hat sie sich eben wieder einmal zusammengerissen, hat sich über ihren Schmerz hinweggesetzt. Freilich, das hat sie für den Film getan, für diesen Stoff, der ihr so am Herzen lag. Aber wohl auch für das, was sie dem Publikum persönlich und direkt zu sagen wünschte. Nicht etwa in der Absicht, ihren Kummer mit ihm zu teilen, sondern um es einfach nur zu sagen. Damit die »anderen« das Leid in ihrem Gesicht sehen, die Worte, die sie zu sagen hat, hören und ihr Unglück, einmal wenigstens, unmittelbar spüren können, damit es für sie greifbar wird.

»Woher kommt die Kraft, die mir hilft weiterzuleben?«, fragt sie sich Anfang Mai, als Rouffios Film bereits ein großer Erfolg ist. Wenige Tage später ist sie tot ...

20

Der Glanz erlischt

> »Ich hatte damals noch keinerlei
> Erfahrung mit den Frauen. Ich
> wusste nicht, dass sie genauso
> erbarmungswürdig sein können
> wie jeder von uns.«
>
> Peter Dexter, *Paperboy*

1979 hatte mit einem César begonnen. Seinen Fortgang nahm das Jahr mit drei neuen Filmen: *Blutspur* von Terence Young, *Die Liebe einer Frau* von Costa-Gavras und *Der gekaufte Tod* von Bertrand Tavernier.

Dieses letztere Projekt vor allem spornte Romy an und machte ihr gleichzeitig große Angst. Mit Harvey Keitel als Partner sollte sie die Rolle einer krebskranken Frau spielen, die sich dazu bereit erklärt, ihr Sterben von Fernsehkameras filmen zu lassen. »Ich werde deine Katherine sein«, schreibt sie Tavernier kurz vor Beginn der Dreharbeiten in Glasgow. »Ich werde sie die ganze Zeit über sein, bis zum Schluss; das macht mir Angst, aber ich werde sie sein.« Ihr ist bewusst, dass sie, um diesen unerbittlichen Film anzugehen, Kräfte sammeln und überhaupt alle Möglichkeiten ausschöpfen muss, um sich stark zu machen. Sie beschließt übrigens David zu den Dreharbeiten mitzunehmen, die Ende Mai in Schottland beginnen sollen.

Der Junge ist jetzt zwölf Jahre alt. Er ist im Begriff, seine

Persönlichkeit zu entwickeln und ein junger Mann zu werden, der sich für den Film zu begeistern beginnt. Schon spricht er davon, in die Fußstapfen seiner Mutter, seiner Großeltern und Urgroßeltern treten zu wollen. Wenn er mit erwachsenen Worten und kindlicher Träumerei von der Zukunft redet, lächelt Romy glücklich und zufrieden. Sarah ist achtzehn Monate alt. Sie ist ein wundervolles Kind geworden, ein blonder Engel, der mit seinem strahlenden Lächeln die schlimmen Erinnerungen an seine Geburt längst vergessen ließ.

Dieser Frühling 1979 ist einer jener lichten Augenblicke, in denen das Leben es einem leicht macht zu glauben, dass es schön ist und dass, auch wenn einem nicht alles gelungen ist, es zumindest diese lachenden Kinder gibt, diesen Mann zur Seite, der einen liebt, und diese Aufgaben, die einen über sich selbst hinausheben.

Im April fliegt sie mit Daniel nach Mexiko: Ein herrlicher Urlaub mit viel Sonne und Liebe soll ihr die nötigen Kraftreserven verschaffen. In Puerto Vallarta mieten sie das Haus, in dem Richard Burton und Liz Taylor während ihrer Hochzeitsreise gewohnt haben. Alle Tage machen sie mit dem Boot ausgedehnte Ausflüge aufs Meer hinaus. Als sie eines Abends in den Hafen zurückkehren, begegnen sie dem großen amerikanischen Regisseur John Huston, der seinen Lebensabend in dieser Gegend auf einer kleinen Insel verbringt, die er zu seinem letzten irdischen Paradies gemacht hat. Huston lädt sie ein, ihn auf seiner Insel zu besuchen, und begeistert davon, sich am Ende der Welt und zugleich in der Nähe dieses genialen und so ungemein lebendigen alten Mannes aufhalten zu dürfen, bleiben sie sogar über Nacht.

Als sie am 15. April in ihr gemietetes Ferienhaus zurückkommen, erhält Romy einen Anruf von ihrem Kindermädchen und erfährt, dass ihr Exmann Harry Meyen sich wenige Stunden zuvor in Hamburg erhängt hat.

Wie zu sich selbst sagt sie: »Ich hab's geahnt.« John Huston gegenüber gesteht sie bei einem zweiten Besuch, dass dieser Tod sie sehr schmerzt. Dass sie Harry einmal sehr geliebt hat, braucht sie gar nicht erst zu sagen. Alle, die ihr nahe stehen, wissen das. Und ebenso braucht sie nicht zu sagen, dass sie während der letzten Monate sehr wütend auf Harry war, weil er Davids seltene Besuche ausgenutzt hat, um Romy, wo es nur ging, bei ihrem Sohn schlecht zu machen.

Sie sagt nichts oder fast nichts. Sie denkt an Harry, vielleicht auch an all das Leid seit so vielen Jahren. Ob er die Erlösung gefunden hat? Sie denkt an David, der sich in den letzten Jahren nach und nach seinem Vater entfremdet hatte, bevor er ihn zunächst nur aus den Augen und nun schließlich ganz verlor.

Ohne den Rat anderer abzuwarten, hat Romy ihren Entschluss gefasst: Sie wird nach Hamburg fliegen, um ihre Pflicht zu tun und Harrys Begräbnis beizuwohnen. David allerdings soll nicht mitkommen. Was hätte er im Grunde genommen davon, einen Toten aufzusuchen, den er, auch wenn es sein Vater war, so wenig gekannt hatte? Es würde ihm nur überflüssigen Schmerz bereiten, sonst nichts.

Gleich nach ihrer Ankunft in Paris trennen sich Daniels und Romys Wege: Er fährt mit David nach Ramatuelle, sie fliegt nach Hamburg.

Harry Meyen, dessen Leben aus Drogen, Alkohol, Verzweiflung, Misserfolgen und Bitterkeit bestand und der aus alldem nicht mehr herausfand, hatte sich also dazu entschlossen, diesem Dasein ein Ende zu bereiten. Vielleicht, um in einer anderen Welt zu sein, von der er sich weniger Leid erhoffte. Noch in letzter Zeit hatte er etliche stationäre Entziehungskuren absolviert, alles vergebens. Am 15. April hat er sich in seiner Hamburger Wohnung im Harvestehuderweg 27 mit einem Wollschal an der Feuerleiter neben seinem Balkon erhängt.

Man hatte Harrys Sarg noch nicht verschlossen, bis Romy eintraf. So konnte sie ihn noch ein letztes Mal sehen, doch sollte sie immer für sich behalten, was sie dabei empfunden hat. Da sie es für ihre Pflicht hält, geht sie entschlossen daran, sämtliche Formalitäten zu erledigen. Zu diesem Zeitpunkt empfindet sie Harrys Tod längst nicht so schmerzvoll, wie sie ihm in ihren letzten Lebensmonaten gegenübersteht. Später, mit Davids Tod, lässt sie ihr Herz sprechen und drückt die im April 1979 empfundene Erschütterung in Worten aus.

> *Ich habe den Vater begraben –*
> *Ich habe den Sohn begraben –*
> *Ich habe sie beide nie verlassen*
> *Und sie mich auch nicht*

Diese wenigen flüchtig hingeworfenen Zeilen schrieb sie kurz nach Davids Tod. Und einige Monate später sollte sie darauf bestehen, *Die Spaziergängerin von Sanssouci* David und seinem Vater zu widmen. Geradezu, als hätte sie, während sie sich dem eigenen Tod näherte, Harry wieder mit den Augen von einst zu sehen begonnen. Und als könnte er nun, da ihr nichts mehr vom Leben blieb, wieder Teil ihres Lebens werden.

Als Harry sich im April 1979 erhängte, durchlebte Romy gerade eine Art Zeit der Gnade. Es war, als sei sie von Glück rings umgeben. Der Tod ihres Exmannes aber machte alles wieder zunichte und das Leben, das sie nicht geliebt hatte, kam wieder zurück und auch das Schuldgefühl, das allzeit darauf gelauert hatte, wieder aufzutauchen. Sicherlich hatte sie Harry nicht so geliebt, wie es nötig und wie es ihre Pflicht gewesen wäre.

Und dann gab es da noch das Thema Deutschland und die Deutschen mitsamt ihrer Presse, die stets bereit war, zum Angriff überzugehen, sobald sich eine Gelegenheit bot. Dahinter stand freilich nicht ganz Deutschland, auch nicht alle Deutschen, aber ein Teil von ihnen. Diejenigen eben, die Romy die Abkehr von Deutschland nicht verziehen hatten, ebensowenig wie ihre Liebe zu Harry, den einen oder anderen Film und schließlich ihre Scheidung. Diejenigen, die ihr das Recht streitig gemacht hatten, für ihr Kind zu sorgen. Damals hatten sie es nur durchblicken lassen, jetzt sagten sie es um vieles deutlicher: Indem sie Harry verließ und dem Mann, den sie im Stich ließ, auch noch das Kind nahm, hat sie ihn in den Tod geschickt. Ihretwegen hat er sich schließlich und endlich das Leben genommen.

Statt sich einer Trauer hingeben zu können, sah Romy sich mit Anschuldigungen konfrontiert, die ihr letztlich nur eines vor Augen führten: Harrys Tod nahm plötzlich wieder etwas von dem Leben, das sie sich gerade aufzubauen versuchte.

Harrys Selbstmord und seine Beisetzung auf dem Hamburger Friedhof Öjendorf am 24. April 1979 haben das Selbstzerstörerische in Romy wieder in Gang gesetzt. Ihre Schonfrist war vorbei. So, wie man den letzten Akt einer Tragödie angeht, war sie nun in die letzte Phase ihres Lebens eingetreten. Das Schlimmste sollte erst später kommen, aber ihre Ehe, die begann jetzt Risse zu bekommen.

Wie immer, wenn eine Liebe endet und am Ende der Entzweiung die Scheidung steht, hat jeder von beiden seine Gründe, die der andere nicht kennt.

Romy begann wieder, sich in ihrem eigenen Elend zu vergraben. Tag für Tag ließ sie sich mehr fallen. Anstatt ihr eine Stütze zu sein, brachten die harten, kompromisslosen Filme, die sie drehte, sie nur noch mehr aus dem Gleichgewicht. Den Funken, der sie wieder hätte beleben können, fand sie nicht mehr, weder in den anderen, noch in dem, was sie tat, noch in sich selbst.

Nicht lange, und sie sah rings um sich her nur noch Leid. Und sie hatte Recht. Daniel litt. David litt. Alle ihr nahe stehenden Menschen litten.

Daniel nahm einen Anlauf und unterzeichnete seinen ersten Drehbuchvertrag für einen Film, *Der ungeratene Sohn*, den Claude Sautet auf die Leinwand brachte. Romy wirkte bei dem Film nicht mit, es gab darin keine Rolle für sie. Aber sie wäre trotzdem gern mit dabei gewesen.

Sie verübelte es Daniel, dass er imstande war, auf eigenen Füßen zu stehen und darüber – ihrer Ansicht nach – einfach zu vergessen, was er ihr zu verdanken hatte. Sie grollte Sautet, den sie beschuldigte, sie in dem Streifen nur deswegen nicht einzusetzen, weil sie ihm zu alt war. Dabei hatte der Regisseur lediglich die Fairness besessen, seinen Film, dessen Vorlage von Romys Ehemann stammte, nicht um jeden Preis abzusichern und den Filmstar nur deswegen zu engagieren, damit der Publikumserfolg gewährleistet war. Ihr Zwist artete in einen offenen Streit aus, und sie fanden nie mehr zu ihrer bislang so innigen alten Beziehung zurück.

Mit Daniel war es etwas anderes. In ihrer Ehe begann es zu kriseln.

Erste Zweifel kamen auf. Romy spürte, dass seine Leidenschaft nachgelassen hatte. Sie fand, dass der Blick, mit dem er sie ansah, sich verändert hatte. Naja, jetzt arbeitete er ja auch mit Sautet, »ihrem« Sautet, zusammen, und sie, sie blieb außen vor!

Zu David hatte er eine so enge und tiefe Beziehung geknüpft, dass sie sich manchmal und inzwischen immer häufiger von ihnen ausgeschlossen fühlte. Daniel wollte sie unbedingt daran hindern, dass sie trank und Medikamente nahm, und er verwandte viel Zeit darauf, auf sie einzureden und sie zu überwachen. Das führte dann zu üblen Szenen und endlosen Auseinandersetzungen. Sie fühlte, dass, je hartnäckiger er diesen Kampf aus Liebe zu ihr führte, wie er sagte, sie ihn umso sicherer verlor. Es schien ihr, als ließe allmächlich sein Interesse nach. Und sie fürchtete, er könne sich anderen Frauen zuwenden. Sie war sogar zu der Überzeugung gelangt, dass er sie nicht mehr brauchte und dass ein Leben ohne seine Frau für ihn reizvoller wäre. Bei jeder Gelegenheit betonte sie von nun an beharrlich ihren Altersunterschied: Elf Jahre, bislang spielte das überhaupt keine Rolle, jetzt aber machte sie eine unüberwindliche Kluft daraus.

Anfang des Jahres 1980 beginnt sie mit den Dreharbeiten für *Die Bankiersfrau*, einen Film, der seit langer Zeit geplant, aber etliche Male verschoben worden ist. Den Regisseur Francis Girod kennt sie gut, und ebenso ihre Filmpartner Jean-Louis Trintignant, Jean-Claude Brialy und Claude Brasseur. Sie freut sich ungemein darauf, diesen Film zu drehen, doch noch vor Drehbeginn gibt es bereits Schwierigkeiten.

Zunächst einmal gerät sie mit dem Regisseur und Drehbuchautor Georges Conchon aneinander. Etliche Textpassagen gefallen ihr nicht und sie will sie umarbeiten lassen, wobei sie eigene Lösungsvorschläge einbringt, die nicht alle akzeptabel sind. Spannung liegt bereits in der Luft, und sie wird sich permanent steigern. Romy hält nichts und niemanden mehr aus. Mittags geht sie nicht mehr mit den anderen essen, sie zieht sich zurück, um für sich allein einige

Gläser Weißwein zu trinken, und regt sich über alle und jeden auf. Man sieht sie nicht mehr lachen, ja, nicht einmal lächeln. Mehrfach muss sie sich verbessern, um ihren Text einigermaßen richtig zu bringen, und gibt die Schuld dafür mal dem einen, mal dem anderen.

Zwischen den Einstellungen schließt sie sich in ihrem Garderobenwagen ein, an dessen Tür sie einen Zettel mit dem warnenden Hinweis geheftet hat: »Zutritt nur für meine Freunde: Dany, Jean-Claude, Francis und noch ein paar andere, aber sehr gesprächig bin ich nicht und auf der Hut bin ich auch. Romy.«

An einem Abend im Februar geht sie zum Festakt der César-Verleihung. In ihrer Eigenschaft als Preisträgerin des Vorjahres ist sie eingeladen, der zur besten Darstellerin des Jahres gewählten Schauspielerin ihren Preis zu überreichen. Es ist Miou-Miou für ihre Rolle in *Die Aussteigerin*, und Miou-Miou ist nicht erschienen. Da greift Romy sie doch tatsächlich ganz offen an und verurteilt ihr Fernbleiben als Missachtung des Publikums. Ihre Gründe mögen nicht unberechtigt sein, aber geben sie ihr deshalb auch das Recht, eine Berufskollegin in einer Live-Sendung vor Millionen von Fernsehzuschauern aufs Schärfste zu kritisieren? Die Mehrzahl der Leute in der Filmbranche findet das nicht und verurteilt nun ihrerseits Romy Schneider, die sich plötzlich so lehrmeisterlich gibt, für ihre Allüren.

Viele sind der Meinung, dass diese Art Verhalten mit allem, was man in letzter Zeit über Romy so hört, perfekt übereinstimmt. Sie ist unberechenbar geworden, überempfindlich und jähzornig. Sie trinkt wieder, betäubt sich mit Medikamenten und zeigt allen gegenüber, sich selbst eingeschlossen, ihre ablehnende Haltung.

So lässt sie sich im Zuge der Dreharbeiten zur *Bankiersfrau* nur äußerst widerwillig zu einer Fotoserie überreden, die ihr die Herstellungsleitung »aufgezwungen« hat, und faucht, als die Aufnahmen beendet sind, den Fotografen an: »Na? Kann man's noch verantworten, sie zu fotografieren, die alte Kuh?« Als Francis Girod sie den Eigentümern des Schlosses vorstellen möchte, in dem etliche Szenen des Streifens gedreht werden, weigert sie sich einfach. Auch noch neue Gesichter kennen lernen, das kommt überhaupt nicht infrage, wo sie doch mit den alten schon genug zu tun hat!

Es ist ihr durchaus bewusst, wie störend, ja, verletzend ihr Verhalten für andere sein muss. Es ist ihr so sehr bewusst, dass sie sich jedes Mal schwört, alles zu tun, damit das anders wird. Umsonst.

Diese schwache Seite treibt sie so um, dass sie sich öffentlich dazu äußern will. Der Tageszeitung *Le Matin de Paris*, der sie am 25. April 1980 ein Interview gewährt, gesteht sie: »Gewiss, du wachst morgens auf und sagst dir: ›Heute wirst du nicht nervös, heute wirst du keinem auf den Wecker fallen.‹ Fest entschlossen kommst du zum Set. Und schon ist wieder alles gelaufen! Du zitterst vor Angst. Unerträglich ist das für dich selbst und für die anderen.«

Immer häufiger friert sie, ohne ersichtlichen Grund. Ihre Garderobiere muss ihr mehrmals täglich heißen Tee machen und Wärmflaschen herrichten.

Ihr ist kalt und sie hat Angst. Sie hat das Gefühl, als schliche sich ganz langsam irgendetwas Unbekanntes in sie ein, das sie so frieren lässt. Sie versucht das mit ironischen Bemerkungen abzutun: Und wenn das gar die kalte Hand des Todes wäre?

Nach Harry ist nun auch ihr Freund Pascal Jardin gestorben, Drehbuch- und Dialogautor von vielen Filmen (*Nur ein Hauch von Glück, Cesar und Rosalie, Das alte Gewehr* ...). Pascal Jardin, den sie so gern hatte und so bewunderte, auch wegen seiner Bücher. Er hatte es verstanden, vor allem in *La guerre à neuf ans* (Der Krieg mit neun Jahren), über seine Kindheit und in all seinen Romanen über die Liebe zu sprechen, wie sie es auch gerne gekonnt hätte. Einige Sätze von Pascal, die sie auswendig gelernt hat, begleiten sie ständig: »Ich bringe alles um, was ich liebe. Ich habe mit mir selbst angefangen, als ich noch ein Kind war«. – »Die Kindheit ist unsere Wasserstelle. Man kommt immer wieder zu ihr zurück«. Oder auch: »In der Liebe muss man immer Angst haben. Man muss sich immer zum letzten Mal sehen.«

Sie hat Angst um ihre Liebe, sie spürt, dass sie ganz allmählich schwindet. Mehrmals haben sie und Daniel es mit kurzfristigen Trennungen probiert, um ihre Gefühle besser zu ordnen. Dabei konnte sie sich nie des Gedankens erwehren, dass sie ihn vielleicht gerade zum letzten Mal sah. Sie nimmt es Daniel übel, dass er sie nicht zu verstehen scheint. Wenn er in ihren Sachen wühlt, um nach Medikamenten zu suchen, so doch nur deswegen, weil er kein Vertrauen in sie hat. Also liebt er sie nicht mehr. Ja, aber wenn er sie nicht mehr liebt, warum will er sie dann noch daran hindern, sich zugrunde zu richten?

Tausendmal dreht und wendet sie diese Fragen, ohne eine klare Antwort darauf zu bekommen. Sie leidet darunter, dass sie mit Daniel nicht mehr kommunizieren kann. Und sie trifft andere Leute, die sehr wohl noch ein Gespräch mit ihr suchen. Er hingegen regt sich ständig auf über sie. Sie hat den Eindruck, er erträgt es nicht mehr mit anzusehen, was aus ihr geworden ist – sie selbst erträgt es ja schließlich auch nicht mehr. Vielleicht kann er ihr einfach nicht mehr helfen, vielleicht gibt es ja jemand anderen, der ihr noch helfen kann.

Nun ist auch ihre Großmutter väterlicherseits, Rosa Albach-Retty, gestorben, im Alter von einhundertfünf Jahren. Sie war eine große Bühnenschauspielerin gewesen und hatte hochbetagt sogar noch das berühmte Wiener Burgtheater geleitet. Gegen Ende ihres Lebens hatte sie ihren Mann und ihren Sohn – Romys Vater – verloren, sich aber bis zum Schluss ihre Liebe zum Theater bewahrt und ihre tiefe Zuneigung zu ihrer Enkelin. Bei ihr war Romy geboren worden, war dann aber durch die Scheidung ihrer Eltern von ihr getrennt worden. Trotzdem hatte sie sie sich zum Vorbild genommen, sie stellte eine ihrer Wurzeln dar und nun war sie nicht mehr da.

Im Spätsommer 1980 beschließt die Familie Biasini, Ramatuelle zu verlassen, um wieder nach Paris überzusiedeln. Das würde für David besser sein, der seine Schulzeit somit auf einem Pariser Gymnasium fortsetzen kann.

Ihre neue Wohnung liegt in der Avenue Bugeaud, im 16. Arrondissement. Eine enge, laute, lebendige Straße, von der sich Romy ohne übermäßige Zuversicht erhofft, dass sie auch ihr wieder zu etwas mehr Lebendigkeit verhelfen wird.

Nach der *Bankiersfrau* hat sie in Claude Millers *Verhör* mitgewirkt. Sie hat darin nur zwei Szenen, in denen sie jedoch ihr ganzes Talent entfaltet. »Romy Schneider genügen zwei Szenen, um mehr zu erschüttern, als es die volle Aufführungsdauer mehrerer Filme vermag«, schreibt das *Figaro-Magazine* im September 1981.

Nur mit Michel Serrault hat sie sich nicht sonderlich gut verstanden. Vermutlich fühlte er sich irritiert von der Unausgeglichenheit, die sie ausstrahlt und die immer schwerer auf allen lastet. Es gibt glückliche Begegnungen im Leben, und diese gehörte eben nicht dazu. Romy und Serrault haben einander nichts zu sagen gehabt, und keiner kann etwas dafür. Wahrscheinlich hätten sie besser in anderen Zeiten zusammengearbeitet.

Im Herbst fährt sie nach Italien, um neben Marcello Mastroianni *Die zwei Gesichter einer Frau* von Dino Risi zu drehen. Einige Tage zuvor sind in der Wohnung in der Avenue Bugeaud harte Worte gefallen. Romy hat sogar von Scheidung gesprochen. Wollte sie nur provozieren? Daniel jedenfalls hat nicht mehr die Kraft, das sieht sie sehr wohl, und trotzdem geschieht es immer wieder, dass sie streiten.

Ob sich durch die erneute Trennungszeit, die vor ihnen liegt, wohl noch irgendetwas verändern lässt? Im Stillen hofft sie es. Ein junger Assistent aus Paris – Laurent Pétin heißt er – soll an dem Film mitarbeiten, der im norditalienischen Pavia gedreht wird. Er wird sich als derjenige erweisen, nach dem Romy seit Monaten unbewusst gesucht hat. Er würde sie verstehen. Sie fliegt wie geplant nach Pavia, steigt im Hotel ab, erscheint am vereinbarten Tag aber nicht am Set.

»Ich erhielt einen Anruf aus Pavia«, schreibt Daniel Biasini in seinem Buch[1]: ›Monsieur Biasini, wo steckt Ihre Frau? Sie ist im Hotel nicht erreichbar, sie ist nicht am Drehort erschienen – wir stehen alle da und warten.‹«

Daniel begreift sofort, dass da gerade etwas Ernstes passiert sein muss. Er denkt weniger an die Drohungen des Produktionsleiters, der von Vertragsbruch spricht, und ebenso wenig an den Skandal, der dann fällig wäre, als vielmehr an die Gesundheit seiner Frau. Voller Sorge um sie fährt er augenblicklich nach Pavia, stürzt ins Hotel und hinauf zu Romys Zimmer: »Ich öffnete die Zimmertür und prallte zurück. Romy stierte mich aus weit geöffneten, starren Augen an. Sie hatte einen Morgenmantel an. Ihr Blick war zwar auf mich gerichtet – aber er ging durch mich hindurch, verlor

---

[1] *Meine Romy*, von Daniel Biasini, aufgezeichnet von Marco Schenz, Knaur, 2000

sich irgendwo in endloser Ferne. Halb saß sie, halb lag sie auf ihrem Bett. Ihre Bewegungen kamen sehr verzögert, wie Filmaufnahmen in Superzeitlupe.

Zuerst war sie kaum ansprechbar. Sie schien völlig verzweifelt. Es dauerte einige Zeit, bis ich ein paar Brocken aus ihr herausbekommen hatte. In ihren Taschen fand ich einige Packungen Optalidon in Zäpfchenform – eine Schachtel war aufgerissen, es fehlten drei Stück. Romy gestand, dass sie sich einen ›Cocktail‹ gemixt hatte – drei Flaschen Rotwein hatten ihre Wirkung nicht verfehlt. Romy war wie gelähmt.«

Die Angst sei es wieder gewesen, erklärt sie Daniel. Angst vor dem Drehen, vor der Begegnung mit den anderen und auch die Angst zu versagen.

Daniel Biasini beschließt, seiner Frau zu helfen, soweit es in seinen Kräften steht. Er sorgt dafür, dass sie erst einmal ungestört schlafen kann, dann ruft er die Produktionsgesellschaft an und überredet sie, sich drei Tage zu gedulden, bis Romy die Dreharbeit aufnimmt. Er selbst bleibt noch eine Woche in Pavia, kümmert sich um seine Frau, unternimmt lange Spaziergänge mit ihr und passt auf, dass sie weder trinkt noch Medikamente schluckt.

Bei seiner Abreise fühlt er sich nahezu beruhigt. Wieder zurück in Frankreich aber wahrt er die Distanz, die Romy selbst zwischen ihnen beiden bereits aufgebaut hat.

Nach Pavia ist er gefahren, weil es ihr sehr schlecht ging, das ist schon richtig, und der Gedanke, dass diese Krise ein Hilferuf war, wäre durchaus nicht abwegig. Nach ihrer letzten Aussprache in Paris stand ihre Beziehung beinahe vor dem Scheitern, und man ging allgemein davon aus, dass sie sich zwangsläufig eine neuerliche »Auszeit« gönnen würden. Daniels Anreise und sein Aufenthalt in Pavia sollten ihr nur helfen, wieder ein wenig zu sich zu kommen.

Dort nun, bei den Dreharbeiten zu *Die zwei Gesichter einer Frau*, hat Romy zarte Bande zu Laurent Pétin zu knüpfen begonnen. Dort hat sie neue Hoffnung geschöpft. Mit ihm konnte sie reden, und er hörte ihr zu.

Wieder einmal befand sie sich in einem Zustand totaler Verwirrung. Ihre Einsamkeit, ihre Trennung von Daniel und die seltenen Telefonanrufe zermürbten sie. Ganze Nächte brachte sie schlaflos zu mit der quälenden Frage, ob Daniel wohl deshalb nicht anrief, weil sie ihm gleichgültig geworden war oder weil er ihr ganz einfach eine Chance geben wollte, sich neu zu ordnen und zu versuchen, selbst aus ihrem Dilemma herauszufinden. Der Alkohol hatte sie wieder, mitsamt all jenen Drogen, durch die sie morgens völlig verquollen und zerschlagen erwachte, sichtbar die Spuren in ihrem Gesicht durch die Tabletten und den Cognac, von dem sie nachts immer eine Flasche auf ihrem Nachttisch stehen hatte.

Man brauchte Stunden, um sie zu schminken, und ihr Freund Michel Deruelle verwandte liebevoll all seine Kunst darauf, wobei er sich sogar große Mühe gab, mit ihr zu scherzen, um die Atmosphäre dieser Sitzungen etwas zu entkrampfen. Wie zu allen, die ihr ein wenig echte Aufmerksamkeit und aufrichtige Zuneigung schenkten, hatte Romy zu Michel eine besondere Beziehung aufgebaut. Ihm schrieb sie beispielsweise kleine Briefchen, wenn sie nachts wieder einmal nicht schlafen konnte. Und dann schlich sie auf leisen Sohlen den Korridor entlang zu seinem Zimmer, um ihm den Zettel unter der Tür durchzuschieben.

Eines Nachts hat sie ein erneuter Anfall heimgesucht: Die Angst, das Grauen vor den bedrohlichen Schatten, die sie überallhin verfolgten. Wie ein gehetztes und bereits besiegtes Tier hat sie sich schließlich in eine Ecke ihres Zimmers geflüchtet, in der sie sich zitternd zusammengekauert verkriecht. Es war Michel, der ihr am Morgen zu Hilfe kam und sie wieder so weit auf die Beine stellte, dass sie wieder ihre Arbeit, gewissermaßen den Kampf des Lebens, angehen konnte, in etwa so, wie man gegen einen unbesiegbaren Feind ins Feld zieht.

Einige Monate später, bei der Premiere des Films, äußert sich der Regisseur Dino Risi mit Worten über Romy, die die Qual der Schauspielerin die gesamten Dreharbeiten hindurch wie auch die Art und Weise, wie ihre unmittelbare Umgebung sie empfunden hatte, zusammenfassen: »Romy ist schon was Besonderes, sie zeigt, was andere Schauspielerinnen nicht zeigen: ihre private Sensibilität. Sie gehört zu den Schauspielerinnen, die mit Leib und Seele in ihrer Rolle aufgehen. Die Figur der Anna hier steht an der Grenze des Realen. Von Natur aus besitzt Romy etwas Irreales, das im Leben schwer zu fassen ist ... In ihrer Lebensweise liegt etwas Gespenstisches, als ob sie von einem anderen Stern käme. Das ist eine der Komponenten ihres Charmes.«

Ebenso richtig bemerkt die am Tag nach der Premiere erschienene Zeitungskritik von *Le Monde*: »Romy Schneider, das Gesicht von Krankheit und Leid gezeichnet, als wäre sie nicht geschminkt, spielt die Rolle der Anna mit erstaunlichem Talent. Doch drückt sie mit ihrer vollkommenen, strahlenden Schönheit auch eine wilde Liebe, einen Jugendtraum aus, der die behütete Welt, die die ihre ist, ins Schwanken bringt.«

Ihre natürliche, vollkommene und strahlende Schönheit, von der der Journalist spricht, zu bewahren, bereitet ihr indessen mehr und mehr Mühe. Gegen Ende des Jahres 1980 tritt sie so in Erscheinung, wie man sie künftig nur noch zu sehen bekommt: aufgeschwemmt, mit Ringen unter den Augen und einem vom Alkohol gezeichneten Gesicht.

Kurz vor Weihnachten spielte sich in ihrer Wohnung in der Avenue Bugeaud erneut eine Auseinandersetzung zwischen ihr und Daniel ab. Er hat sie im Besitz von Tabletten erwischt, von denen er gehofft hatte, dass sie sie aus ihrem täglichen Leben endgültig verbannt hatte. Von Laurent erzählt sie Daniel nichts.

Und was gäbe es da wohl zu sagen? Wenn der junge Mann ihr etwas gibt, was ihr Ehemann ihr nicht mehr gibt, so sieht man das zumindest nicht. Sie ist weder glücklicher noch heiterer. Vermutlich etwas unausgeglichener.

Daniel lehnt sie ab, weil sie spürt, dass er sie nicht mehr akzeptiert, so wie sie ist, mit ihrer ewigen Unzufriedenheit, ihren zerstörerischen Ängsten und ihrer Forderung nach einer Liebe, die alles geben kann und bis zum Schluss alles geben muss. Er ist es, der geht, davon ist sie überzeugt. Er ist es, der sie im Stich lässt, wie andere zuvor auch. Würde er sie immer noch lieben, wie er ihr gelobt hatte, wäre es nicht so weit mit ihr gekommen. Dann wäre sie jetzt nicht Romy Schneiders Schatten und Gespenst zugleich.

Gleichzeitig fühlt sie sich schuldig. Klar, wie immer. Was da gerade mit Laurent im Gange ist, ist mehr als nur Treulosigkeit Daniel gegenüber, es ist ein Treuebruch auch ihren Kindern gegenüber. Indem sie ihn begeht, ist er ihr zugleich unerträglich.

Daniel zieht sich immer weiter zurück. Im Januar 1981 ist er bei der Rallye Paris-Dakar dabei. Kaum zurück, fliegt er nach Los Angeles. David und Sarah halten sich meist bei den Biasinis auf, Daniels Eltern, die für David wie leibliche Großeltern sind.

Als das Paar in der Wohnung der Avenue Bugeaud wieder zusammentrifft, gibt es Streit wegen des immer gleichen Themas. Daniel geht auf die Suche nach Medikamenten, mit denen Romy so viel Missbrauch treibt. Wenn er, nachdem er ihre Sachen durchwühlt hat, fündig wird und auf Optalidontabletten stößt, wirft er sie kurzerhand in die Toilette. Als Romy ihn eines Tages dabei überrascht, kommt es zum heftigen Zusammenstoß zwischen den beiden.

Trotz allem wiegen sie sich in der Illusion, weiterhin ein gemeinsames Leben zu führen, und so nimmt Daniel im Frühjahr David nach Los Angeles mit.

Er hat noch keine Ahnung von der Beziehung zwischen Romy und Laurent. Und er kommt erst einige Zeit nach seiner Rückkehr darauf, und er wird sich deswegen umso verletzter fühlen, als er so ziemlich der Letzte ist, der davon erfährt.

Nach seiner Rückkehr aus Los Angeles gibt Romy sich feindseliger als je zuvor. So wird Daniel immer der Überzeugung bleiben, dass da irgendjemand war, der seine Abwesenheit nutzte, um ihn bei seiner Frau in Misskredit zu bringen.

Romy bezichtigt ihn gar, er habe David zum Haschischrauchen verleitet! Auch hier kann er einfach nicht glauben, dass sie von ganz allein auf diese Idee gekommen sein soll, auch wenn die innige Freundschaft, die ihren Sohn mit Daniel verbindet, eifersüchtige Anwandlungen bei ihr hervorruft, die sie nicht mehr kontrollieren kann.

Im Januar 1981 beschließen sie endgültig, sich scheiden zu lassen. Nach so vielen Trennungen wurde dies unvermeidlich. Zumal auch die Beziehung zwischen Romy und Laurent immer mehr Bedeutung gewonnen hat. David ahnte es schon seit längerem. Auf seine Art hat er versucht, die Dinge zu ändern. Er wehrt sich gegen die Vorstellung, dass ein anderer Mann denjenigen ersetzen soll, der ihm so wunderbar den Vater zu ersetzen vermochte. Er versucht alles, geht sogar soweit, gegen seine Mutter aggressiv zu werden. Er lehnt Laurent ab und schreit das, so laut er kann, hinaus. Vor allem will er nicht, dass man ihm sein Zuhause schon wieder zerstört. Er leidet. Alle leiden. Doch es ist einfach zu spät, und das spürt der Junge. Mit der letzten Energie, die ihm für diesen Kampf bleibt, kündigt er seiner Mutter an, dass er nicht weiter bei ihr wohnen will, wenn Daniel geht. Mit Laurent will er nichts zu tun haben. Und wenn er schon ein neues Leben führen soll, dann lieber an Daniels Seite bei seinen »Großeltern« Biasini.

Romy ist viel zu schwach, fühlt sich vor allem zu schuldig, als dass sie sich dem auch noch widersetzen könnte. Sie weiß, was ihr Sohn in der Vergangenheit alles verloren hat. Sie weiß, was sie ihm wegzunehmen im Begriff ist. Und sie will es nicht noch weiter treiben. Später, so hofft sie, wird er schon zurückkommen. Gewiss wird er ihr verzeihen.

Im Mai wird ihre Scheidung von Daniel ausgesprochen. Alles tut ihr weh. »Es reicht. Das ist keine Ehe mehr«, hat sie lediglich gesagt, als sie die Scheidung einreichte. »Mein Leben lang habe ich mein Geld in Männer investiert. Jetzt zeigt es sich: Das hat sich alles nicht gelohnt.«

Die Spaziergängerin von Sanssouci erwartet sie. Sie meint, dass sie nun wieder zu leben beginnen wird – möglicherweise. Doch nur noch ein paar Tage, und sie wird zu sterben beginnen.

21

Die beste Zeit zu sterben ...

»Gib nach, mein Herz,
Wir haben nun genug gekämpft.
Und wenn mein Leben endet,
Feiglinge waren wir nicht –
Wir taten, was wir konnten.

Ach, meine Seele,
Geh oder bleib,
Du musst dich nur entscheiden.
Doch taste nicht so mein Innerstes ab,
Mal aufmerksam, mal fahrig und verwirrt –
Geh oder bleib,
Du musst dich nun entscheiden.

Ich nämlich kann nicht mehr.«

Henri Michaux, *L'Espace du dedans*

Seit jeher wandte sie sich gern gen Himmel. Sie empfand den Himmel wie einen Blick, dem man begegnet.
  Dann starb David. Sie blickte zwar weiterhin dort hinauf, manchmal jedenfalls, aber es geschah nicht mehr auf dieselbe Weise. Sie suchte den Blick des Himmels nicht mehr. Ihren kleinen Jungen vielleicht. Gewiss aber eine Antwort. Innerhalb von zehn Monaten hat sie sich darüber klar werden müssen, dass es dort oben nichts zu finden gab, nichts als Leere. Weder einen kleinen Jungen noch eine Antwort, ja, nicht einmal einen traurigen Blick.

So lange schon treibt sie in diesem sonderbaren Zustand, der weder Leben noch Tod ist, ziellos umher. Angst hat sie keine mehr. Weder vor dem Bleiben noch vor dem Gehen. Darüber hat das »Andere« zu entscheiden. Das »Andere«, das ist das Leben oder das Schicksal. Letztendlich ist ihr aufgegangen, dass man niemals die Wahl hat. Nur weiß man das eben nicht, und so glaubt man dennoch selbst zu entscheiden ... Jetzt weiß sie Bescheid. Sie wartet. Ob es nun irgendwie weitergeht oder nicht, was sie einstweilen tun soll, solange das alles noch dauern wird, das ist eigentlich nicht *ihr* Problem.

Sie muss so tun, als ob. Und im Übrigen verschwindet ja vielleicht alles ganz plötzlich, so plötzlich, wie es gekommen ist. Dann muss sie bereit sein. Immer schon hatte sie etwas von einem tapferen, kleinen Soldaten. Auf Gedeih und Verderb. Wenn sie leben muss, wird sie eben leben. Wenn sie sterben muss, wird sie eben sterben. Sie hat es nicht mehr in der Hand – hatte sie das jemals? –, und nun ist das Leben an der Reihe, seine Pflichten zu übernehmen. In diesem merkwürdigen Spiel kann von einem Augenblick zum anderen alles passieren.

»So oder so, man setzt seine Existenz auf eine Sekunde, einen Schrei, einen banalen Vorfall. Man spielt mit seinem Leben im Wettlauf gegen die Zeit ...«, schrieb André Héléna. Damit wäre alles gesagt.

Und so denkt sie also ständig an den Tod, macht den einen oder anderen kleine Geschenke, die sie mit geheimnisvollen Anspielungen auf einen nahen Abschied verbrämt. Gleichzeitig jedoch richtet sie ihr neues Haus ein, geht in einigen Projekten auf, darunter vor allem ein Film von Laurent Heynemann, den sie mit Alain Delon drehen will, und dessen in subtiler Weise verheißungsvoller Titel *L'un contre l'autre* (Einer gegen den anderen) heißen soll. Danach will sie, gleichfalls fürs Kino, Ulrike Meinhof spielen, den weiblichen Kopf der Baader-Meinhof-Bande.

Es gibt da auch noch ihre anderen Probleme, all ihre anderen Probleme. Kaum dass sie sie hie und da einmal andeutungsweise erwähnt. Meist zieht sie es vor, dazu nur zu lächeln. Sie ist finanziell ruiniert. Es heißt, sie schulde dem Fiskus viel Geld. Tatsächlich ist ihr erst kürzlich ein Bescheid zugestellt worden. Über mehr als eine Million Francs! »Und wo, meinen die, soll ich das hernehmen?«, fragt sie, als ginge sie das alles gar nicht so direkt an. All diese Scherereien um Geld und Steuerschulden sind Teil eines anderen Lebens. Sie gehören zu einer anderen Romy Schneider. Wenn man sie zum Zahlen auffordert, neigt sie zu der Antwort, sie habe eh schon sehr viel bezahlt. Viel zu viel. Und wenn der eine oder andere aus ihrer engsten Umgebung vorsichtig anmerkt, sie müsse aber doch ein wenig Geld haben, so erwidert sie amüsiert: »Aber sicher habe ich Geld! Die Frage ist nur wo?«

Zum Glück, trotz seiner Jugend, ist Laurent da, der aufpasst und die Schläge auffängt und Romy zu schützen versucht.

Der Tod ist in ihrer Nähe, und sie tut alles, um es nicht zu bemerken. Später, als sie schon nicht mehr lebt, sollte Jean-Claude Brialy, ein enger Freund von Romy und zugleich auch der Mann, der sie wohl am liebsten hatte, seine Empfindungen über sie in Worte fassen. Mit äußerster Behutsamkeit sollte er den wahren Gründen für ihren Tod noch am nächsten kommen:

»Menschen wie sie ziehen das Unglück an. Sie hat nie aufgehört, nach der Liebe zu suchen. Und nicht etwa nach jener Art Liebe, wie Delon sie ihr geben konnte, sondern nach einer Liebe, die mit inniger Freundschaft und Vertrauen verbunden war. Was folgte, waren viele Liebesgeschichten, Momente großen Glücks und großen Unglücks. Romys Leben erinnert mich an einen Ausspruch von Jean Cocteau: ›Man muss wissen, wie weit man zu weit gehen kann.‹ Romy ist sehr weit gegangen, und sie ist nie zurückgekehrt. Zwei, drei Monate hat sie bei mir gewohnt. Sie wollte wieder lernen zu atmen, zu schlafen, zu lesen, fernzusehen, sich mit Freunden zu unterhalten. (...) Doch ihr Zustand verschlechterte sich zusehends. Sie hat viel zu viel Wein getrunken, zu viele Tabletten geschluckt. Nicht, um sich zu vergiften oder sich langsam umzubringen, wie allzu häufig behauptet wurde, sondern ganz einfach, weil sie nicht schlafen konnte, weil sie nervös war, weil sie ewig Angstzustände hatte. Die Medikamente, die der Arzt ihr verschrieben hatte, waren nicht übermäßig stark, aber sie hat es damit übertrieben. Allzu oft hat sie üble Schläge einstecken müssen. Zu oft hat man sie verletzt ...«

Und dann kam der letzte Tag.

Der Frühling stand in voller Entfaltung, der schöne Monat Mai, dessen Tage gezählt waren, ging zur Neige. Auch sie zählte die Tage, vor allem, um sich zu vergewissern, dass ihre Tage überhaupt zählten.

An jenem Tag ist sie vielleicht zum Friseur gegangen. Sie hat ihre Mutter in Deutschland angerufen. Sie hat versucht, sich nicht von der Erinnerung an David überrollen zu lassen. An ihn denken, na schön – sie denkt ohnehin ständig an ihn –, aber sie darf sich nicht ganz und gar darin verlieren. Tagsüber mag es ja noch gehen. Da ist es hell, da ist Sarah, da gibt es Dinge zu erledigen, und es gibt Leute, die um sie herum sind, ja, sogar solche, die witzig sind und sie zum Lachen bringen können!

Nachts aber ist alles anders. Wenn die anderen schlafen, wenn das Licht fort ist und die Geräusche, wenn das Leben zur Ruhe kommt und verstummt ... Vor jeder Nacht muss sie sich innerlich wappnen wie vor einer Mutprobe. Da gibt es all diese Schlaf- und Beruhigungsmittel, die sie schluckt oder vielmehr mit hochprozentigen Getränken oder endlos vielen Gläsern Wein mischt. Gefährlich soll das sein? Was kann für sie jetzt noch gefährlich werden? Angst wird sie nie mehr haben, egal, was passiert.

An diesem Abend ist sie, gemeinsam mit Laurent, bei Freunden zum Essen eingeladen. Das ist schon mal ein Stück von der Nacht, das sie nicht allzu mühsam herumbringen muss. Danach werden sie in die Wohnung zurückkehren: Sie wird dann wieder bei Sarah sein, die das Kindermädchen Bernadette hütet. Die Kleine ist diese Woche krank gewesen, und um bei ihr zu bleiben, hat Romy ein Interview abgesagt, das sie der Frauenzeitschrift *F-Magazine* geben sollte. Wenn sie heimkommt, muss das noch erledigt werden: Sie will der Journalistin schreiben, um sich zu entschuldigen und ihr einen neuen Termin zuzusagen.

Gegen ein Uhr morgens sind sie nach Hause gekommen. Romy ist ins Kinderzimmer gegangen, um nach ihrer Tochter zu sehen. Alles ist in Ordnung, das Kind schläft. Ein zärtlich gehauchter Kuss, wie sie ihr schon Hunderte zuvor gab und niemals wieder geben wird. Es ist ein Kuss für die Nacht. Er wird ein Kuss fürs Leben sein.

Laurent geht gleich zu Bett. Er ist müde. Romy zieht sich noch nicht für die Nacht um. Sie hat nicht vor, sofort zu schlafen. Oder vielmehr hat sie nicht vor, es zu versuchen; sie weiß ja, dass es unmöglich ist.

Sie setzt sich in den Voltaire-Sessel, in dem sie sich gern zum Schreiben niederlässt. Auf dem Wohnzimmertisch stehen ein Glas und eine Flasche Bordeaux. Sie hat sich Briefpapier und Schreibzeug geholt. Dieser Journalistin will sie schreiben und dann noch, naja, ein bisschen die Zeit totschlagen, wie man so sagt.

Die Minuten fließen dahin. Sie holt sich im Schlafzimmer ein paar Beruhigungsmittel und kehrt ins Wohnzimmer zurück. Wieder schreibt sie oder tut zumindest so. Über dem Kamin hat sie ein Foto von David stehen. Von Zeit zu Zeit betrachtet sie es, als wollte sie hineintauchen. In regelmäßigen Abständen füllt und leert sie ihr Glas.

Die Nacht hat sich ihrer noch immer nicht erbarmt, trotz des Alkohols und der Schlafmittel. Allnächtlich findet dieser Kampf statt. Hat sie überhaupt Lust, sich nur für ein paar Stunden davontragen zu lassen, um danach wieder aufzutauchen? Wartet sie nicht vielmehr darauf, dass die Nacht sie einmal endgültig fortträgt? Ohne Wiederkehr. Abwarten, einfach alles geschehen lassen.

Ein paar Worte schweben im Raum, sie stammen von einem in Vergessenheit geratenen Schriftsteller. Sie sind von Jacques Rigaut, doch in diesem Augenblick hier stehen sie ihr zu: »Es gibt keinen Grund zu leben, aber es gibt auch keinen Grund zu sterben. Der einzige Weg, der uns bleibt, um unsere Geringschätzung für das Leben zu bekunden, ist, es anzunehmen. Das Leben ist der Mühe nicht wert, es zu verlassen ...«

Unter diese Worte mischen sich noch andere, fernere. Etwa die trotzige Herausforderung in ihrem Aufschrei am Set bei den Dreharbeiten zur *Spaziergängerin*: »Leben ist Scheiße!« Das war vor wenigen Monaten; auch diese Worte standen ihr, weiß Gott, wirklich zu, und sie hatten dieselbe Aussage.

Wann hat sie begonnen wegzudämmern?

Sie ist nun neben der leeren Flasche und dem Bild ihres Kindes zusammengebrochen. Sie sitzt da, nach wie vor in ihre weiße Bluse und die Hose gekleidet, die sie für den

Abend ausgesucht hatte. Wie viel Zeit ist wohl vergangen? Wievielmal ist sie nicht plötzlich so eingeschlafen? Die Nacht schreitet voran. Ganz in ihrer Nähe liegen Sarah und Laurent in tiefem Schlaf. Es ist jetzt Samstag. Morgen wird Pfingstsonntag sein. Es ist schwül. Unmerklich beginnt der Tag, die Nacht allmählich abzulösen. Der Himmel dort oben ist voll schlimmer Verheißungen.

Laurent Davenas, Leiter der Sektion 8 der Pariser Staatsanwaltschaft[1], erhält einen Anruf: Romy Schneiders Lebensgefährte hat soeben den Notarzt gerufen, der wiederum das zuständige Polizeirevier benachrichtigte. Der junge Mann stehe noch unter Schock, sei völlig fassungslos und wisse gar nicht, was er sagen oder tun soll, wiederhole aber zwischen unklaren Klagelauten immer wieder mit stockender Stimme, dass die Schauspielerin tot sei. In Begleitung des Gerichtsmediziners Dr. Deponge begibt sich Laurent Davenas unverzüglich in die Rue Barbet-de-Jouy.

»Wir kamen bei der Wohnung an«, erzählt Laurent Davenas[2], »und Laurent Pétin öffnete uns. Ich habe sofort erkannt, dass er sich im Schockzustand befand. Er wirkte wie gelähmt, als stünde er unter dem Eindruck einer Schreckensvision. Das Entsetzen stand ihm in den Augen und lag in jeder seiner Bewegungen. Sicher, Romy Schneider war tot, das mochte einiges erklären, aber Derartiges nun auch wieder nicht. Als er dann zu erzählen begann, begriff ich allmählich. Nachdem er etwa gegen ein Uhr dreißig zu Bett gegangen war und Romy allein im Wohnzimmer zurückge-

---

[1] Laurent Davenas ist heute der Vertreter des Generalstaatsanwalts am Kassationshof/Paris. In den letzten Jahren war er Oberstaatsanwalt im Département Essonne.
[2] Gespräch mit dem Autor

lassen hatte, war er sehr schnell eingeschlafen. Mitten in der Nacht ist er aufgewacht – wann genau das war, daran erinnerte er sich nicht mehr – und spürte, dass Romy nicht neben ihm lag. Da stand er, noch völlig schlaftrunken, auf und ging ins Wohnzimmer. Da saß Romy und schlief. Tief und fest. Ohne auch nur einen Versuch zu unternehmen, sie aufzuwecken, hob er sie aus dem Sessel und trug sie, nicht ohne Schwierigkeiten, ins Schlafzimmer, wo er sie ins Bett legte. Es war sieben Uhr dreißig, als ihn plötzlich ganz merkwürdige, alarmierende Gefühle aus dem Schlaf rissen; erst nachdem er ihr Gesicht berührt hatte, begriff er: Romy Schneider war tot. Seit wann genau, werden wir nie erfahren. Fest stand lediglich, dass ihm da erst bewusst geworden war, dass er eine ganze Weile neben dem Leichnam der Frau, die er liebte, geschlafen hatte. Woraus sich das Grauen und die Verwirrung in seinem Blick, sein geistesabwesendes Gebaren und dieser Schockzustand erklärten.«

Und vor allem liefert es die Erklärung dafür, weshalb er nie wieder über diesen Abschnitt seines Lebens sprechen wollte. So, als fürchtete er, diese Schreckensvision könne ihn jederzeit wieder einholen, um ihn nie mehr loszulassen. Dieses nie vollständig ausgelöschte Bild eines Morgens im Mai, vor über zwanzig Jahren ...

»Als wir das Schlafzimmer betraten«, fährt Laurent Davenas fort, »sahen wir Romy Schneider auf dem Bett liegen. Sie schien zu schlafen. Sehr schnell konnte Dr. Deponge feststellen, dass ihr Körper weder Würgemale noch Hämatome oder Verletzungen anderer Art aufwies, die sie sich hätte selber zufügen oder die ihr jemand anderes hätte zufügen können. Seine Untersuchung dauerte eine volle Stunde. Die Möglichkeit einer Tötung musste definitiv ausgeschlossen werden können. Falls wir genauer nachforschen wollten, um in Erfahrung zu bringen, woran Romy

Schneider gestorben war, und womöglich zu entdecken, dass es kein natürlicher Tod war, musste eine Autopsie vorgenommen werden. Doch bevor ich diese Entscheidung treffen wollte, sah ich mich erst einmal in der Wohnung um. Im Schlafzimmer lag ein leeres Fläschchen Barbiturate. Auf dem Wohnzimmertisch stand jene Weinflasche, gleichfalls leer. Wir fühlten uns von der Stille der Wohnung durchdrungen und andächtig berührt durch das Bild, das sie uns bot. Nichts rechtfertigte die Annahme, Romy Schneider habe den Tod gewählt und sich umgebracht, doch ebenso wenig berechtigte uns nichts zu der Behauptung, sie habe weiterleben wollen ...

Ich hatte nicht viel Zeit, um mich zu entscheiden. Man würde diesen Todesfall immerhin offiziell melden müssen: Mit der Erklärung, sie sei eines natürlichen Todes gestorben? Oder aber unter Ankündigung einer baldigen Autopsie des Leichnams der Schauspielerin? Falls ich letztere Lösung wählte, öffnete ich sämtlichen Gerüchten Tür und Tor. Auch wenn ich das gar nicht beabsichtigte, riskierte ich, diesen Tod zu einem Skandal werden zu lassen. Und im Falle, dass die Autopsie die Frage nicht eindeutig klären könnte. Warum dann dies alles? Für immer läge ein Verdacht auf den letzten Augenblicken von Romy Schneiders Leben. Und außerdem, was würde es im Grunde schon ausmachen, ob sie nun Selbstmord begangen hatte oder nicht? Ich hatte mit Sicherheit festgestellt, dass es keine Fremdeinwirkung gegeben hatte. Ich hatte auch feststellen können, dass sie ein Gemisch aus Barbituraten und Alkohol zu sich genommen hatte. Die Blut- und Urinanalysen sollten das später bestätigen. Ich wusste, dass sie wenig und schlecht schlief und durch den Tod ihres Sohnes vor nicht ganz einem Jahr einen Schock erlitten hatte, von dem sie sich nie wieder erholen konnte ... Waren das nicht Gründe genug zum Sterben und dafür, dass ihr Herz das eines Tages nicht mehr mitmachte? Weil ihr Herz zu lange Zeit zu viel hatte aushalten müssen und sich mit den Schicksalsschlägen abgenutzt hatte ... Was hätte eine Autopsie in dieser Geschichte wohl zu suchen gehabt? Ich hätte anordnen können, dass man diese Frau in Stücke schneidet, und hätte das ohne weiteres auch erreicht. Doch das hätte nichts geändert. Weder an ihrem Tod noch an der Wahrheit ihres Todes. Was auch immer künftig noch geschieht, dieser Tod gehört ihr, nur ihr allein, für immer.«

Noch zwanzig Jahre danach steht Laurent Davenas zu seiner Entscheidung. Doch ist ihm bewusst, dass sie denjenigen, die sich nie mit der offiziellen Erklärung zufrieden gegeben haben, dienlich gewesen sein mochte. »Romy hat Selbstmord begangen«, lautete die Schlagzeile bei *France-Soir* am Nachmittag des 29. Mai. Und Tatsache ist, dass ja auch nie das Gegenteil bewiesen wurde.

Trotzdem hat der Filmproduzent Paul Lévy um zwölf Uhr mittags Folgendes bekannt gegeben: »Romy hat keinen Selbstmord begangen, sie ist eines natürlichen Todes gestorben.« Wenige Minuten später erscheint Jean-Michel Darrois, der Rechtsanwalt der Schauspielerin, auf der Außentreppe des Gebäudes und verliest eine kurze Erklärung: »Der Befund des Gerichtsmediziners Dr. Deponge lautet auf natürliches Ableben infolge Herzversagens.« »Was, um Himmels willen, ist natürlich am Tod einer schönen jungen Frau von 43 Jahren?«, sollte sich Magda Schneider noch lange Zeit fragen.

Die Skeptiker geben sich mit den vorgebrachten Gründen nicht zufrieden: ein Zuviel an Alkohol und diversen Medikamenten, ein verbrauchter Organismus und ein Herz, das am Ende seiner Kräfte angelangt war ... Als wären das zu simple Gründe. Und noch dazu hatte man es unterlassen, eine Autopsie durchzuführen! Diese Leute, die sich niemals von irgendetwas überzeugen lassen, hören nicht einmal hin, wenn Delon sagt: »...In Wirklichkeit ist Romy an gebrochenem Herzen gestorben. Ihr Sterben begann mit dem Tod ihres Sohnes David.«

Was, offen gesagt, hätte eine Autopsie überhaupt bewiesen? Dass Romy Schneider kurz vor ihrem Tod Alkohol, viel Alkohol, getrunken und Barbiturate geschluckt hatte ... Aber genau das tat sie ja jeden Tag, jeden Abend und seit Monaten schon!

All den Schlagzeilen, die da mit »Selbstmord« kommen, ist gewiss der Kommentar des *Quotidien de Paris* vorzuziehen, da er der Wahrheit um so vieles näher kommt: »Romy Schneider starb ganz einfach an einer großen Lebensmüdigkeit.«

Am Morgen jenes 29. Mai verlassen Laurent Davenas und seine Leute das Haus Nr. 11 in der Rue Barbet-de-Jouy. Sie überlassen es den ersten herbeigeeilten Freunden, die sich nun in die Wohnung drängen, wo Romy endlich Schlaf gefunden hat.

Alain Delon, der die Nachricht in seinem Autoradio gehört hat, ist unter den Ersten. Augenblicklich erklärt er sich bereit, die Dinge in die Hand zu nehmen: die Formalitäten, die Benachrichtigung der Angehörigen, die Vorkehrungen für die Beerdigung ... Noch in den ersten Stunden organisiert er Romys Begräbnis in Boissy-Sans-Avoir und denkt gleichzeitig auch daran, Davids sterbliche Überreste zu einem baldigst möglichen Termin gleichfalls dorthin überführen zu lassen. Auf diese Weise werden Mutter und Sohn unter derselben Grabplatte liegen.

Im Krankenhaus, wo er soeben eine harmlose Operation vornehmen ließ, erhält Jacques Rouffio um sieben Uhr dreißig einen Anruf von seiner Freundin Monique Lange: »Romy ist tot«, teilt sie ihm am Telefon mit. »Ich nahm einen Stock und begab mich sofort zu ihrer Wohnung in der Rue Barbet-de-Jouy.«

Kurz darauf treffen Michel Piccoli – ihm stehen die Tränen in den Augen, als er das Gebäude betritt –, Claude Berri und Romys Anwalt Jean-Michel Darrois ein.

Sonderbarerweise wird mit der Ankunft eines jeden die Stille in der Wohnung stärker spürbar. Hie und da wird die Atmosphäre tiefster Betroffenheit von einem Schluchzen unterbrochen.

Plötzlich hört man laute Schläge, als polterte jemand gegen eine Wand. Und genauso ist es auch: In fassungsloser Ohnmacht schlägt Gérard Depardieu mit voller Wucht wieder und wieder den Kopf gegen eine Wand im Flur, und in der gesamten Wohnung hallt seine Trauer wider.

Stumm und mit verschlossenem Gesicht, ist Jean-Claude Brialy eingetroffen, im Arm dreiundvierzig Rosen (Romys Alter), die er seiner Freundin ans Kopfende legt: »Sie war sehr schön, friedlich und ruhig. Zum ersten Mal hatte ich den Eindruck, dass sie wirklich gut und fest schlief. Aber Romy mit geschlossenen Augen war nicht mehr Romy, denn Romy, das war ihr Blick, der oftmals zwischen Blau und Grün changierte und allzu oft von Sonnenschein in Regen oder gar Sturm überging. Ich bin nach wie vor überzeugt davon, dass sie am Ende ihres Lebens Angst vor sich selber hatte.«

Alain Delon hat von vornherein erklärt, dass er nicht zur Beerdigung kommen werde. Später dann wolle er allein in aller Stille das Grab der Frau aufsuchen, mit der er einmal verlobt gewesen war und gelebt hat.

Am 2. Juni 1982 wird der helle Eichensarg, dessen Deckel ein goldenes Kreuz ziert, in die kleine Kirche St. Sébastien von Boissy-Sans-Avoir getragen. Romys Geleitzug bilden ihre Angehörigen, einige enge Freunde und etwa knapp hundert Menschen, die ihr nahe standen und die ihrer anderen Familie angehören, der Filmwelt.

Magda Schneider, die einen Herzinfarkt erlitten hat, war es unmöglich, aus Deutschland anzureisen. Wolfie, Romys einziger Bruder ist da, in Begleitung seiner Frau und Tochter. Unweit von ihnen, aber keineswegs beieinander, stehen Daniel Biasini und Laurent Pétin.

Und dann sind da noch all die anderen: Michel Piccoli, Jean-Claude Brialy, Gérard Depardieu, Bernard Fresson, Jean Rochefort, Marc Porel ... Die Regisseure, denen sie allen so gute Dienste geleistet hatte: Claude Sautet, Robert Enrico, Jacques Deray, Pierre Granier-Deferre, Francis Girod, Bertrand Tavernier ...

Jacques Rouffio wird einige zutiefst bewegende Worte sagen, als sie zu Grabe gelassen wird. Ein paar Tränen fließen, und im strahlenden Sonnenschein nimmt man endgültig Abschied.

Romy ist fort. Schon. Endlich? Unwillkürlich erinnert man sich an ein Gedicht von Robert Browning:

> *Sieh, ein jedes unsrer unerfüllten Leben*
> *Hängt schütter, müde und aufgelöst umher.*
> *Uns fehlten tiefe Seufzer, freies Lachen,*
> *Begehren, Festgelage, Seelenqual und – Glück.*

Ob sie andernorts, dort drüben, wohl finden wird, wonach sie hier vergeblich suchte? Wird sie endlich der Liebe begegnen, die ihr immer verwehrt war? Die Liebe, das ist ein Ort. Sie hat ihr ganzes Leben damit zugebracht, nach jemandem zu suchen, der das Verlangen hatte, sich mit ihr zusammen dort niederzulassen. Manchmal ist ihr das auch gelungen. Doch sehr lange hat es nie gedauert. Einige Tage darauf wirft die Entdeckung ihres allerletzten Testaments, datiert vom 10. Mai 1982 und von ihr selbst in Zürich von Hand geschrieben, die Frage auf, die manche Gemüter nun schon seit zwanzig Jahren umtreibt. Mehr noch, sie bringt Romys Exmann, Daniel Biasini, dazu, ihre geistige Verfassung zu jenem Zeitpunkt infrage zu stellen.[1]

Hier ist nun das fragliche Testament, so, wie Romy Schneider es verfasst hatte. Nach alter Gewohnheit hatte sie etliche Worte unterstrichen ...

<u>Mein Testament</u>

10. 5. 1982 – Zürich

Ich bitte
Herrn DR. H.
<u>alles</u>
was ich – <u>Romy Schneider</u> –,
besitze,: an <u>Laurent Petin</u>, und meine <u>Tochter Sarah</u>,
zu überweisen – ! –
ich <u>meine</u>: es ist, nochmals
gesagt, <u>mein Testament</u>, – all
mein Besitz, gehört, & ist
<u>bestimmt</u> für <u>MR. Laurent Petin</u>
<u>und Sarah</u>! Dies ist mein Wille
und <u>bleibt</u>
meine Entscheidung – – Romy Schneider

---

[1] »Aus dieser Zeit stammt auch ein etwas seltsam anmutendes Stück Papier, das später in vielen Magazinen und Romy-Biografien abgedruckt wurde. Ein ominöses Testament, in einem Hotelzimmer verfasst. Ich weiß nicht, unter welchen Umständen jener merkwürdige – übrigens später nicht anerkannte – ›Letzte Wille‹ entstanden ist, den Romy am 10. Mai 1982 in Zürich verfasste. In einer fast wirren, verzweifelten Schrift auf einem Schmierpapier hatte sie Laurent Pétin und Sarah (!) – man beachte die Reihenfolge – als Alleinerben eingesetzt.« *Meine Romy*, von Daniel Biasini, *op. cit.*. S. 269

Nun, im Grunde genommen kommt es nicht darauf an. Romy Schneiders letztes Testament mag einen vielleicht überraschen, aber ist es denn wirklich schockierend, wenn man weiß, dass es sich auf eben die beiden Menschen bezieht, die in Romys Einsamkeit und Zerrissenheit damals der einzige Trost für sie waren? Hat man sich die Mühe gemacht nachzusehen, ob Laurent Pétin nicht sogar recht erheblich am Kauf des Hauses beteiligt war? Bekannt ist lediglich, dass Romy damals tief in Steuerschulden steckte und dass sie gewiss nicht die Mittel hatte, ein Haus zu kaufen. Ist dieses Testament nicht vielleicht, mehr noch als eine Erkenntlichkeit, ein Versuch, die Dinge wieder zurechtzurücken? Und was kann in diesem Fall natürlicher sein, als dass Laurent Pétin dieses Haus, das immerhin sein Eigen ist, heute bewohnt?

Laurent Davenas traf am 29. Mai die Entscheidung, keine Autopsie vornehmen zu lassen, und noch mehr als zwanzig Jahre danach sind ihm all diejenigen, die Romy geliebt haben, dankbar dafür. Auf diese Weise hat man ihr im Tode ihren Frieden gelassen. Weshalb stirbt man eines Tages, etwas früher oder später? Braucht man denn wirklich für alles Erklärungen?

Es gibt vielleicht eine schönere Art, an sie und an ihren Tod zu denken. Nämlich zu akzeptieren, dass sie am Ende ihren Verwundungen erlegen ist.

Bibliografie

Romy Schneider, Éric Neuhoff, Éditions Solar, 1980
Romy Schneider, S. Pommier und P.J.B. Benichou, Éditions PAC, 1982
Romy, Catherine Hermary-Vieille, Éditions Olivier Orban, 1986
Romy Schneider, Ein Leben in Bildern, Renate Seydel, Schirmer/Mosel Verlag, 1988
Ich, Romy, Tagebuch eines Lebens, Hrsg. von Renate Seydel, Langen Müller Verlag, 1988
Meine Romy, Daniel Biasini, aufgezeichnet von Marco Schenz, Langen Müller Verlag, 1998

Rollenverzeichnis für Film, Fernsehen und Theater

Die Jahreszahlen bezeichnen das jeweilige Entstehungsjahr. Erklärung der Abkürzungen: RS = Romy Schneider (der in Klammern genannte Name ist die Rollenbezeichnung); D = Deutschland, E = Spanien, F = Frankreich, GB = England, I = Italien, ISR = Israel, Ö = Österreich, USA = Amerika. Alternativ- und ausländische (Original-)Titel sind in Klammern gesetzt.

1953
Wenn der weiße Flieder wieder blüht (D)
Regie: Hans Deppe
RS (Evchen Forster), Magda Schneider, Willy Fritsch, Paul Klinger, Albert Florath, Nina von Porembsky, Götz George

1954
Feuerwerk (D)
Regie: Kurt Hoffmann
RS (Anna Oberholzer), Lilli Palmer, Karl Schönböck, Claus Biederstaedt, Werner Hinz, Käthe Haack, Rudolf Vogel, Lina Carstens, Liesl Karlstadt, Ernst Waldow

Mädchenjahre einer Königin (Ö)
Regie: Ernst Marischka
RS (Victoria), Adrian Hoven, Magda Schneider, Karl-Ludwig Diehl, Paul Hörbiger

1955
Die Deutschmeister (Ö)
Regie: Ernst Marischka
RS (Constanze Hübner), Magda Schneider, Siegfried Breuer jr., Hans Moser, Paul Hörbiger, Gretl Schörg, Wolfgang Lukschy, Adrienne Gessner, Susi Nicoletti, Josef Meinrad

Der letzte Mann (D)
Regie: Harald Braun
RS (Niddy Hövelmann), Hans Albers, Joachim Fuchsberger, Rudolf Forster, Michael Heltau, Camilla Spira

Sissi (Ö)
Regie: Ernst Marischka
RS (Prinzessin Elisabeth von Bayern, genannt Sissi), Karlheinz Böhm, Magda Schneider, Gustav Knuth, Uta Franz, Vilma Degischer, Josef Meinrad

1956
Sissi, die junge Kaiserin (Ö)
Regie: Ernst Marischka
RS (Sissi, Kaiserin Elisabeth), Karlheinz Böhm, Gustav Knuth, Magda Schneider, Josef Meinrad, Senta Wengraf, Vilma Degischer, Walther Reyer

Kitty und die große Welt (D)
Regie: Alfred Weidenmann
RS (Kitty Dupont), Karlheinz Böhm, O. E. Hasse, Peer Schmidt, Charles Regnier

Robinson soll nicht sterben (D)
Regie: Josef von Baky
RS (Maud Cantley), Horst Buchholz, Erich Ponto, Magda Schneider, Mathias Wieman, Gustav Knuth, Gert Fröbe

1957
Monpti (D)
Regie: Helmut Käutner
RS (Anne-Claire), Horst Buchholz, Boy Gobert, Bum Krüger

Scampolo (D)
Regie: Alfred Weidenmann
RS (Scampolo), Paul Hubschmid, Victor de Kowa, Elisabeth Flickenschildt, Georg Thomalla, Walter Rilla, Eva Maria Meineke, Peter Carsten, Willy Millowitsch, Wolfgang Wahl

Sissi – Schicksalsjahre einer Kaiserin (Ö)
Regie: Ernst Marischka
RS (Kaiserin Elisabeth), Karlheinz Böhm, Magda Schneider, Gustav Knuth, Josef Meinrad, Vilma Degischer, Walther Reyer, Uta Franz, Senta Wengraf

1958
Mädchen in Uniform (D/F)
Regie: Geza Radvanyi
RS (Manuela von Meinhardis), Lilli Palmer, Therese Giehse, Sabine Sinjen, Christine Kaufmann, Blandine Ebinger

Christine (F/I)
Regie: Pierre Gaspard-Huit
RS (Christine Weiring), Alain Delon, Jean-Claude Brialy, Sophie Grimaldi, Micheline Presle, Fernand Ledoux

Die Halbzarte (Ö)
Regie: Rolf Thiele
RS (Nicole Dassau und Eva), Carlos Thompson, Magda Schneider, Rudolf Forster, Josef Meinrad, Gertraud Jesserer

1959
Ein Engel auf Erden (Mademoiselle Ange) (D/F)
Regie: Geza Radvanyi
RS (Engel und Stewardeß), Henri Vidal, Jean-Paul Belmondo,
Michele Mercier, Ernst Waldow

Die schöne Lügnerin (D/F)
Regie: Axel von Ambesser
RS (Fanny Emmetsrieder), Jean-Claude Pascal, Helmut Lohner,
Charles Regnier, Hans Moser, Josef Meinrad, Marcel Marceau,
Helmut Qualtinger

Katja (Katja – die ungekrönte Kaiserin) (F)
Regie: Robert Siodmak
RS (Katja Dolgoruki), Curd Jürgens, Pierre Blanchard,
Antoine Belpetre, Monique Melinand, Margo Lion

1960
Die Sendung der Lysistrata
(D/Fernsehen/NDR)
Regie: Fritz Kortner
RS (Myrrhine/Uschi Hellwig), Barbara Rütting, Karin Kernke,
Ruth Maria Kubitschek, Peter Arens, Wolfgang Kieling,
Karl Lieffen

1961
Schade, dass sie eine Dirne ist (Dommage qu'elle soit une
putain) (F, Théâtre de Paris)
Schauspiel in 2 Akten von John Ford
Inszenierung: Luchino Visconti
RS (Annabella), Alain Delon, Valentine Tessier,
Pierre Asso, Daniel Sorano, Silvia Montfort
120 Aufführungen

Boccaccio '70 (I/F)
Regie: Luchino Visconti
RS (Pupé), Tomas Milian, Paolo Stoppa, Romolo Valli

Der Kampf auf der Insel (Le combat dans l'île) (F)
Regie: Alain Cavalier
RS (Anne), Jean-Louis Trintignant, Henri Serre, Pierre Asso,
Diana Leporier

1962
Die Möwe
Schauspiel in 4 Akten von Anton Tschechow
Inszenierung: Sacha Pitoëff
RS (Nina), Sacha Pitoëff, Pierre Palau, Lucienne Lemarchand

Der Prozess (Le procès) (F/D/I)
Regie: Orson Welles
RS (Leni), Anthony Perkins, Jeanne Moreau,
Elsa Martinelli, Madeleine Robinson, Orson Welles,
Akim Tamiroff, Fernand Ledoux

Die Sieger (The Victors) (USA)
Regie: Carl Foreman
RS (Regine), George Hamilton, George Peppard, James
Mitchum, Peter Fonda, Eli Wallach, Rosanna Schiaffino,
Melina Mercouri, Jeanne Moreau, Elke Sommer, Michael
Callan, Albert Finney, Senta Berger, Peter Vaughan

L'amour à la mer (F)
Regie: Guy Gilles
Daniel Maasmann, Geneviève Thénier, Guy Gilles und RS
(Gastauftritt)

1963
Der Kardinal (The Cardinal) (USA)
Regie: Otto Preminger
RS (Anne-Marie Lebedur), Tom Tryon, Raf Vallone, John Huston, Burgess Meredith, Josef Meinrad, Carol Lynley, John Saxon, Peter Weck

1963/1964
Leih mir deinen Mann (Good Neighbour Sam) (USA)
Regie: David Swift
RS (Janet Lagerlof), Jack Lemmon, Michael Connors, Edward G. Robinson, Dorothy Province

1964
L' enfer (F, unvollendet)
Regie: Henri-George Clouzot
RS (Odette Prieur), Dany Carrel, Serge Reggiani, Jean-Claude Bercq

Was gibt's Neues, Pussy? (What's New, Pussycat?) (GB/F)
Regie: Clive Donner
RS (Carole Werner), Peter Sellers, Peter O'Toole, Capucine, Paula Prentiss, Woody Allen, Ursula Andress, Howard Vernon

1965
Halb elf in einer Sommernacht (10:30 P. M. Summer) (USA/E)
Regie: Jules Dassin
RS (Claire), Melina Mercouri, Peter Finch, Julian Mateos, Isabel Maria Perez

1966
Romy. Anatomie eines Gesichts (D/Fernsehen/BR)
Regie: Hans Jürgen Syberberg
Dokumentarfilm

Schornstein Nr. 4 (La voleuse) (F/D)
Regie: Jean Chapot
RS (Julia Kreuz), Michel Piccoli, Hans-Christian Blech,
Sonia Schwarz

Spion zwischen zwei Fronten (Triple Cross) (GB/F/D)
Regie: Terence Young
RS (Die Gräfin), Christopher Plummer, Yul Brynner,
Gert Fröbe, Trevor Howard, Harry Meyen

1968
Otley (GB)
Regie: Dick Clement
RS (Imogen), Tom Courtenay, Alan Badel, James Villiers

Der Swimmingpool (La piscine) (F/I)
Regie: Jacques Deray
RS (Marianne), Alain Delon, Maurice Ronet, Jane Birkin

1969
Inzest (My Lover, My Son) (GB)
Regie: John Newland
RS (Francesca Anderson), Donald Houston, Dennis Waterman,
Patricia Brake

Die Dinge des Lebens (Les choses de la vie) (F/I)
Regie: Claude Sautet
RS (Hélène), Michel Piccoli, Lea Massari, Gerard Latigau

1970
Die Geliebte des anderen (Qui?) (F/I)
Regie: Leonard Keigel
RS (Marina), Maurice Ronet, Gabriele Tinti, Simone Bach

Bloomfield (GB/ISR)
Regie: Richard Harris
RS (Nina), Richard Harris, Kim Burfield,
Maurice Kaufmann

La Califfa (I/F)
Regie: Alberto Bevilacqua
RS (La Califfa), Ugo Tognazzi, Bisacco, Marina Berti

Das Mädchen und der Kommissar
(Max et les ferrailleurs) (F/I)
Regie: Claude Sautet
RS (Lily), Michel Piccoli, Bernard Fresson, Georges Wilson,
François Perier

1971
Das Mädchen und der Mörder – Die Ermordung Trotzkis
(L'assassinat de Trotsky) (F/I/GB)
Regie: Joseph Losey
RS (Gita Samuels), Alain Delon, Valentina Cortese,
Richard Burton

1972
Ludwig II. (Ludwig) (I/F/D)
Regie: Luchino Visconti
RS (Elisabeth von Österreich), Helmut Berger, Trevor
Howard, Silvana Mangano, Gert Fröbe, Helmut Griem,
Folker Bohnet, John Moulder-Brown

Cesar und Rosalie (César et Rosalie) (F/I/D)
Regie: Claude Sautet
RS (Rosalie), Yves Montand, Sami Frey, Umberto Orsini,
Isabelle Huppert, Eva Maria Meineke

1973
Le Train – Nur ein Hauch von Glück (Le train) (F/I)
Regie: Pierre Granier-Deferre
RS (Anna Kupfer), Jean-Louis Trintignant, Nike Arighi,
Franco Mazzieri

Sommerliebelei (Un amour de plui) (F/D/I)
Regie: Jean-Claude Brialy
RS (Elisabeth), Nino Castelnuovo, Suzanne Flon, Mehdi El,
Jean-Claude Brialy

Das wilde Schaf (Le mouton enragé) (F/I)
Regie: Michel Deville
RS (Roberte Groult), Jean-Louis Trintignant, Jane Birkin,
Jean-Pierre Cassel, Florinda Bolkan

1973/1974
Trio Infernal (Le trio infernal) (F/I/D)
Regie: Francis Girod
RS (Philomena Schmidt), Michel Piccoli, Mascha Gonska,
Monica Fiorentini, Andrea Ferreol

1974
Nachtblende (L'important c'est d'aimer) (F/D/I)
Regie: Andrzej Zulawski
RS (Nadine Chevalier), Fabio Testi, Jacques Dutronc,
Klaus Kinski

Die Unschuldigen mit den schmutzigen Händen
(Les innocents aux mains sales) (F/I/D)
Regie: Claude Chabrol
RS (Julie Wormser), Rod Steiger, Paolo Giusti,
Jean Rochefort, Hans Christian Blech

1975
Das alte Gewehr – Abschied in der Nacht
(Le vieux fusil) (F/D)
Regie: Robert Enrico
RS (Clara), Philippe Noiret, Caroline Bonhomme,
Catherine Delaporte, Jean Bouise, Madeleine Ozeray

1976
Die Frau am Fenster (Une femme à sa fenêtre) (F/I/D)
Regie: Pierre Granier-Deferre
RS (Margot Santorini), Philippe Noiret, Victor Lanoux,
Umberto Orsini, Delia Boccardo

Mado (F/I/D)
Regie: Claude Sautet
RS (Hélène), Michel Piccoli, Ottavia Piccolo, Jacques Dutronc,
Bernard Fresson, Charles Denner

Tausend Lieder ohne Ton (D/Fernsehen/ZDF)
Regie: Claudia Holldack
Eva Mattes, Jo Herbst, Dorothea Moritz und RS (Gastauftritt)

1976/1977
Gruppenbild mit Dame
(Portrait de groupe avec dame) (D/F)
Regie: Aleksandar Petrovic
RS (Leni Gruyten), Brad Dourif, Michel Galabru, Vadim
Glowna, Richard Münch, Vitus Zeplichal, Fritz Lichtenhahn,
Rüdiger Vogler, Rudolf Schündler, Isolde Barth, Witta
Pohl, Kurt Raab

1978
Eine einfache Geschichte (Une histoire simple) (D/F)
Regie: Claude Sautet
RS (Marie), Bruno Cremer, Claude Brasseur, Francine Berge,
Vera Schroder, Peter Semler

1979
Blutspur (Bloodline) (USA/D)
Regie: Terence Young
RS (Helene Martin), Audrey Hepburn, Ben Gazzara, James Mason, Maurice Ronet, Omar Sharif, Gert Fröbe, Claudia Mori, Irene Papas

Die Liebe einer Frau (Clair de femme) (F/I/D)
Regie: Constantin Costa-Gavras
RS (Lydia), Yves Montand, Romolo Valli, Lila Kedrova, Heinz Bennent

Der gekaufte Tod (La mort en direct) (F/D)
Regie: Bertrand Tavernier
RS (Katherine Mortenhoe), Harvey Keitel, Harry Dean Stanton, Thérèse Liotard, Max von Sydow

1980
Die Bankiersfrau (La banquière) (F)
Regie: Francis Girod
RS (Emma Eckhert), Jean-Louis Trintignant, Jean-Claude Brialy, Claude Brasseur

1981
Das Verhör (Garde à vue) (F)
Regie: Claude Müller
RS (Chantal Martinaud), Lino Ventura, Michel Serrault, Guy Marchand

Die zwei Gesichter einer Frau (Fantasma d'amore) (I)
Regie: Dino Risi
RS (Anna), Marcello Mastroianni, Eva Maria Meineke, Wolfgang Preiß

1982
Die Spaziergängerin von Sanssouci
(La Passante du Sanssouci) (F/D)
Regie: Jacques Rouffio, Jacques Kirsner
RS (Elsa Wiener/Lina Baumstein), Michel Piccoli,
Wendelin Werner, Helmut Griem, Dominique Labourier,
Maria Schell, Gérard Klein, Mathieu Carrière